Assessments para a gestão estratégica de pessoas nas organizações

Assessments para a gestão estratégica de pessoas nas organizações

Erika Gisele Lotz
Icaro Victor Barboza

Rua Clara Vendramin, 58 – Mossunguê
CEP 8120-170 – Curitiba – Paraná – Brasil
Fone: (41) 2106-4170
www.intersaberes.com
editora@intersaberes.com

Conselho editorial
Dr. Alexandre Coutinho Pagliarini
Drª. Elena Godoy
Dr. Neri dos Santos
Mª. Maria Lúcia Prado Sabatella

Editora-chefe
Lindsay Azambuja

Gerente editorial
Ariadne Nunes Wenger

Assistente editorial
Daniela Viroli Pereira Pinto

Preparação de originais
Gilberto Girardello Filho

Edição de texto
Camila Rosa
Palavra do Editor

Capa
Iná Trigo (*design*)
Irina Vaneeva, sunso7butterfly,
alik_design/Shutterstock (imagem)

Projeto gráfico
Allyne Miara

Diagramação
Rafael Ramos Zanellato

Equipe de *design*
Iná Trigo

Iconografia
Maria Elisa Sonda
Regina Claudia Cruz Prestes

Dados Internacionais de Catalogação na Publicação (CIP)
(Câmara Brasileira do Livro, SP, Brasil)

Lotz, Erika Gisele
 Assessments para a gestão estratégica de pessoas nas organizações / Erika Gisele Lotz, Icaro Victor Barboza. -- 1. ed. -- Curitiba, PR : Editora Intersaberes, 2023

 ISBN 978-85-227-0486-6

 1. Administração estratégica 2. Carreira profissional 3. Gestores de pessoas I. Barboza, Icaro Victor. II. Título.

23-148326   CDD-658.3

Índice para catálogo sistemático:
1. Gestão de pessoas : Organizações : Administração   658.3
Eliane de Freitas Leite – Bibliotecária – CRB 8/8415

1ª edição, 2023.

Foi feito o depósito legal.

Informamos que é de inteira responsabilidade dos autores a emissão de conceitos.

Nenhuma parte desta publicação poderá ser reproduzida por qualquer meio ou forma sem a prévia autorização da Editora InterSaberes.

A violação dos direitos autorais é crime estabelecido na Lei n. 9.610/1998 e punido pelo art. 184 do Código Penal.

Sumário

Apresentação   11

Capítulo 1
Assessment education e gestão estratégica de pessoas   **18**
1.1 O que é *assessment*?   20
1.2 Como são realizados os *assessments*?   21
1.3 Aplicação de *assessment* nas organizações   22
1.4 O que não é *assessment*   24
1.5 Considerações sobre *assessment education*   27
1.6 Calibrando a jornada   29
1.7 Pontos e contrapontos na aplicação de *assessments*   31
1.8 Como aplicar *assessments* na organização   34
1.9 Considerações sobre o analista   41
1.10 Princípios éticos para a aplicação e a apresentação das informações   43
1.11 Lei Geral de Proteção de Dados (LGPD)   45
1.12 O protagonismo dos *assessments* na gestão estratégica de pessoas   46
1.13 *Assessments* e mapeamento de inteligência emocional   55

Capítulo 2
Big Five — 58
2.1 Considerações iniciais — 60
2.2 Modelo Big Five — 63
2.3 Contextos de aplicação na gestão de pessoas — 83
2.4 Ganhos e contribuições para a organização e para o parceiro interno de negócios — 105

Capítulo 3
Myers-Briggs Type Indicator (MBTI) — 108
3.1 O que é? — 110
3.2 Funções dominantes e funções secundárias — 114
3.3 Os tipos psicológicos junguianos na versão de Myers e Briggs — 119
3.4 Tipos de Myers-Briggs — 122
3.5 Analistas, diplomatas, sentinelas e exploradores — 154
3.6 Contexto de aplicação do MBTI nas organizações — 158

Capítulo 4
Assessment DISC e sabotadores — 162
4.1 *Assessment* DISC — 164
4.2 Inteligência positiva e sabotadores — 207

Capítulo 5
Motivadores e âncoras de carreira — 246
5.1 O que são motivadores — 248
5.2 O que são âncoras de carreira — 275

Capítulo 6
**Valores e linguagens de reconhecimento
e recompensa** **294**
6.1 O que são valores humanos 296
6.2 O que são linguagens de reconhecimento e recompensa 312

Considerações finais 331
Referências 333
Sobre os autores 341

Conhece-te a ti mesmo e conhecerás o universo e os deuses.

Sócrates

Apresentação

É com grande alegria que lhe apresentamos esta obra. Apaixonados que somos pelo desenvolvimento humano, acreditamos fortemente que o trabalho representa uma chance de desafiar nosso potencial, de florescer, de realizar nossos propósitos de vida e contribuir para a construção de um mundo melhor, assumindo o protagonismo no lugar e no momento em que estamos.

Ao longo de nossa jornada profissional, fomos nos tornando cada vez mais entusiasmados com o potencial de clareza das informações que os *assessments* geram e com as oportunidades de transformação que eles promovem nos ambientes organizacionais. Também somos testemunhas dos relevantes impactos que os *feedbacks* dessas ferramentas fornecem no âmbito pessoal, ou seja, trata-se de um ganha-ganha para os atores envolvidos.

No nível organizacional, entre os ganhos estão: qualidade e saúde do ambiente relacional; eficácia e assertividade da comunicação entre gestores e subordinados hierárquicos; redução de riscos de contratação; fortalecimento de equipes que abraçam a diversidade para a alta *performance*; elevação da produtividade; maior engajamento; e retenção de talentos.

Por sua vez, no nível individual, entre outros, os ganhos incluem: autodescoberta; clara noção dos próprios talentos; oportunidades de desenvolvimento; escolhas conscientes de estratégias para superar desafios internos e externos; pontos de motivação; e entendimento do comportamento do outro, com a geração de maior empatia.

Portanto, abraçamos com muito entusiasmo esta chance de compartilhar com você alguns instrumentos de *assessment* que utilizamos em algumas décadas na consultoria e mentoria de gestão e desenvolvimento de pessoas em organizações. Desse modo, selecionamos um conjunto de instrumentos que podem ser usados, os quais estão apresentados entre os Capítulos 2 e 6.

Iniciamos nosso estudo calibrando toda a jornada, para que sempre tenhamos em perspectiva os aspectos éticos referentes à aplicação dos *assessments*, bem como o profundo respeito à diversidade, à complexidade e à sensibilidade do ser humano que está diante de nós quando aplicamos tais instrumentos para diferentes propósitos.

Antes de avançarmos, salientamos que, ao estudar cada *assessment*, você deverá evitar a atribuição de rótulos e julgamentos de valor. Ou seja, é essencial ter em mente que o ser humano tem um potencial infinito de aprendizagem e de mudança e que a vontade individual é capaz de operar milagres na transformação do indivíduo. Julgamentos e rótulos apenas representam uma conduta reducionista e nada contribuem para a essência do propósito dos *assessments*, que é promover o autoconhecimento e alicerçar estratégias de desenvolvimento, tanto individuais como do time.

Organizamos este livro em seis capítulos.

No Capítulo 1, esclarecemos os conceitos e as aplicações dos *assessments* nas organizações e a influência destes nas tomadas de decisões e na gestão estratégica de pessoas. Além disso, relacionamos essa influência a alguns aspectos, tais como: a redução de riscos de contratação no processo seletivo; o desenho e a aplicação de programas de desenvolvimento; a escolha de planos de recompensas congruentes com a percepção e a linguagem de reconhecimento dos integrantes da organização; o alinhamento de estratégias para uma comunicação interpessoal eficaz. Descrevemos também os passos para a aplicação dos diversos *assessments* nas organizações e enfatizamos os princípios éticos relacionados à apresentação das informações coletadas.

No Capítulo 2, abordamos o Modelo Big Five em sua modalidade subclínica, isto é, que não tem o objetivo de laudar a personalidade – dado que isso é atribuição exclusiva de psicólogos devidamente preparados. Na modalidade mencionada, o Big Five vem recebendo cada vez mais destaque no ambiente organizacional, uma vez que se volta às cinco dimensões da personalidade: neuroticismo, abertura à experiência, extroversão, amabilidade e conscienciosidade. Elas permitem identificar padrões de comportamento, o que pode contribuir para evitar riscos de permeabilidade à corrupção e tendências assediadoras, assim como para reconhecer e selecionar profissionais com perfil favorável à liderança positiva e capacidade de suportar o estresse. Ainda, tratamos do protocolo de análise e dos contextos de aplicação em diversas situações de risco e vulnerabilidade que podem ser enfrentadas pelas organizações, a fim de evitar que sejam feitas contratações duvidosas que possam gerar um impacto negativo no clima organizacional e na imagem da marca perante as comunidades interna e externa.

No Capítulo 3, apresentamos o Modelo Myers-Briggs Type Indicator (MBTI), com destaque para seus conceitos basilares, as funções dominantes, as funções secundárias e os tipos psicológicos (ao todo, 16). Em seguida, abordamos os quatro grupos em que se organizam as 16 personalidades do MBTI: analistas, diplomatas, sentinelas e exploradores. Também discutimos os protocolos de análise e os contextos de aplicação dessa ferramenta nas organizações.

O Capítulo 4 está dividido em duas partes. A primeira é dedicada ao *assessment* DISC, que envolve quatro fatores comportamentais – dominância, influência, estabilidade e conformidade –, os quais descrevem estilos de comportamento, necessidades comuns e aspectos de motivação considerando-se a hierarquia de predominância de cada fator. Além disso, conceituamos os perfis natural e adaptado. Também mostramos que, com o DISC, é possível identificar o tipo ideal de ambiente de trabalho, bem como estratégias de gerenciamento alinhadas aos fatores comportamentais predominantes. Sugerimos, por fim, aplicações desse modelo nas seguintes esferas: processos seletivos; *onboarding*; acompanhamento de *performance*; *feedbacks*; programas de treinamento e desenvolvimento; desenho de políticas de benefícios; e prática de liderança.

Por sua vez, na segunda parte do capítulo, tratamos do *assessment* de sabotadores, os quais se desenvolvem à luz do conceito basilar de inteligência positiva. De acordo com esse modelo, os sabotadores não detectados na mente geram a maioria dos empecilhos que um ser humano experimenta ao longo de sua vida, e sabemos que as consequências disso são enormes. Descrevemos o sabotador crítico, tido como universal, e seus cúmplices: o insistente; o prestativo; o hiper-realizador; a vítima; o hiper-racional; o hipervigilante; o inquieto; o controlador; e o esquivo. Cada um tem características, sentimentos, pensamentos e mentiras específicos, que se constituem em recursos utilizados para justificar os impactos causados tanto no nível individual como nas outras pessoas. Além disso, o protocolo de análise leva em conta as intensidades alta e baixa para cada sabotador. Por fim, indicamos algumas oportunidades de aplicação tanto para o desenvolvimento particular como para o do grupo.

Na primeira parte do Capítulo 5, discorremos sobre o *assessment* de motivadores, cujo alicerce foi a obra de Eduard Spranger, que, em 1928, publicou *Types of Man*. Nesse livro, por meio de observações e pesquisas, o autor identificou e definiu com clareza seis atitudes distintas que atuam no comportamento humano, teórica, econômica, estética, social, política e religiosa. Também denominadas *motivadores*, elas protagonizam as reações positivas ou negativas do indivíduo a determinado estímulo ou comunicação, além de impulsionarem comportamentos e fornecerem informações sobre paixões, paradigmas de pensamento e direcionamentos de escolha de vida e carreira. Além de analisarmos os motivadores à luz das intensidades alta e baixa, apresentamos o contexto de aplicação de cada um, com destaque para o desenvolvimento de estratégias de reconhecimento, a criação de um ambiente favorável à produtividade e o estímulo a projetos de cidadania corporativa.

Na segunda parte do capítulo, abordarmos o *assessment* de âncoras de carreira, desenvolvido por Edgar Schein. Esse modelo descreve um conjunto de autopercepções relativas a talentos e habilidades, motivos e necessidades, atitudes e valores das pessoas com relação ao trabalho que realizam ou que buscam desenvolver. As âncoras de carreira, também chamadas de *inclinações profissionais*, são assim classificadas: Autonomia e Independência (AI); Competência Administrativa Geral (CAG); Competência Técnica e Funcional (CTF); Criatividade Empresarial (CE); Dedicação a uma Causa (DC); Desafio Puro (DP); Segurança e Estabilidade (SE); Estilo de Vida (EV). São estruturas que norteiam decisões de carreira considerando-se motivos, valores pessoais e bases de competências percebidas pelo indivíduo, assim como perfazem critérios de avaliação e escolhas profissionais. Finalizando o capítulo, enfocamos o contexto de aplicação nos níveis individual e de grupo.

Na primeira parte do Capítulo 6, tratamos do *assessment* de valores, desenvolvido por Richard Barrett, que relaciona valores como princípios/crenças a comportamentos/estados de existência que transcendem situações específicas, que orientam a seleção/avaliação de comportamentos/eventos e que são ordenados por importância. Os valores correspondem a aspectos cognitivos referentes a três imperativos humanos universais: necessidades biológicas, necessidades sociais de interação e necessidades de sobrevivência e bem-estar dos grupos.

Já na segunda parte do capítulo, explicamos o que é o *assessment* de linguagens de reconhecimento e recompensa. Esse modelo, elaborado por Gary Chapman e Paul White, objetiva identificar a linguagem de reconhecimento e de valorização pessoal e profissional, isto é, propõe-se a reconhecer a principal linguagem de valorização pessoal, a linguagem secundária e a linguagem menos significativa. Palavras de afirmação, tempo de qualidade, presentes, atos de serviço e toque físico são as cinco linguagens do inventário de motivação vinculadas à valorização pessoal. Além disso, sugerimos algumas possibilidades de contextos de aplicação, sobretudo no que tange à oferta de *feedbacks* e ao desenho de planos de benefícios, de carreira e de treinamentos.

A afirmação "Se eu vi mais longe, foi por estar sobre ombros de gigantes", atribuída a Isaac Newton (2023), vai ao encontro de nosso sentimento com esta obra, pois ela é resultado de estudos promovidos por "gigantes" que nos deixaram belíssimas contribuições e que até hoje nos ajudam a apurar nosso olhar sobre a essência e o comportamento humano.

Esperamos que os conhecimentos compilados e abordados neste material sejam úteis para que você desenvolva o autoconhecimento e adote um olhar mais empático sobre o outro e a diversidade. Desejamos igualmente que, em sua leitura, você encontre os subsídios necessários para construir sua carreira.

Dedicamos esta obra a todos aqueles que acreditam na capacidade de transformação do ser humano.

1 Assessment education e gestão estratégica de pessoas

Icaro Victor Barboza
Erika Gisele Lotz

As pessoas são os principais elementos impulsionadores da organização. São capazes de conduzi-la à excelência a partir de seus talentos.

(BlogRH, 2017)

Neste capítulo, discutiremos os seguintes temas:

» o que é *assessment* e seus limites de aplicação na organização;
» mapa geral dos passos para a aplicação, a análise de informações e a devolutiva responsável dos resultados de *assessment*;
» responsabilidade e importância do preparo do profissional que conduzirá o processo de *assessment*;
» riscos que análises superficiais e inferências descontextualizadas podem gerar para a tomada de decisão e os impactos danosos aos atores do processo;
» como *assessments* podem apoiar processos de gestão estratégica de pessoas, tais como seleção; treinamento e desenvolvimento; e sucessão.

1.1 O que é *assessment*?

Eu sou eu e minha circunstância, e se não salvo a ela, não me salvo a mim.

(Ortega y Gasset, 2023)

Assessment é um termo de língua inglesa cuja tradução é "avaliação". Ele se refere às ferramentas que facilitam o conhecimento dos talentos e das oportunidades para o desenvolvimento de pessoas. O uso de ferramentas de *assessment* conquistou notoriedade tendo em vista a gestão estratégica de pessoas, dada sua acurácia e as amplas oportunidades que proporciona aos processos de seleção, desenvolvimento e sucessão, entre outros.

Assessments são instrumentos que permitem:

» a aplicação da autopercepção, com foco no desenvolvimento comportamental;
» a verificação de preferências e tendências comportamentais;
» a identificação de fatores e critérios intrínsecos a que o indivíduo recorre para tomar decisões.

Por meio dos *assessments*, é possível identificar características comportamentais dos colaboradores, os quais denominaremos **parceiros internos de negócios**. Assim, combinados a outros recursos investigativos relacionados a competências técnicas e comportamentais, tais ferramentas possibilitam verificar o grau de compatibilidade, as características do candidato e os requisitos do cargo.

Ainda, os *assessments* permitem traçar o perfil da equipe e do gestor e criar estratégias eficazes de comunicação e liderança com e para o time, além de oportunizar a identificação de pontos fortes e de caminhos de desenvolvimento para a alta *performance*.

Além da atuação no processo de seleção, esses instrumentos são recursos valiosos para: a construção e o alinhamento societário; o acompanhamento de *performance*; a produção de *feedbacks* e *feedfowards*; a elaboração e o acompanhamento de trilha de desenvolvimento profissional/Plano de Desenvolvimento Individual (PDI); o processo de treinamento e desenvolvimento; a gestão do clima organizacional; a formação de equipes, entre outros.

1.2 Como são realizados os *assessments*?

Os *assessments* são aplicados por meio de inventários, sendo que muitos deles são realizados mediante plataformas digitais – portanto, de maneira muito simples. No ambiente virtual, o profissional avaliado recebe um *link* com a chave de acesso e responde a um breve questionário. Ao clicar no botão designado para concluir e enviar as respostas, o *software* produz o relatório, o qual é enviado a quem solicitou o mapeamento.

Mas atenção: o relatório do *assessment*, com as características do profissional ou com a combinação do perfil do grupo isoladamente, não faz o uso estratégico da ferramenta. Ou seja, a atuação do profissional habilitado tecnicamente para o manejo da ferramenta é imprescindível para realizar a análise e a devolutiva ao respondente ou ao grupo e, com a participação de gestores e do RH, traduzir as informações obtidas em políticas e práticas de gestão estratégica de pessoas.

1.3 Aplicação de *assessment* nas organizações

Richard Whiteley (1992), apresentador e jornalista inglês, cofundador da Forum Corporation, empresa de consultoria em prestação de serviços e autor do *best-seller A empresa totalmente voltada para o cliente*, afirma que as organizações que obtêm maior admiração e rentabilidade contam com pessoas felizes em seus quadros de funcionários.

Mas como manter pessoas felizes na organização? Embora a resposta a essa simples pergunta seja ampla, profunda e complexa, podemos começar pelos seguintes aspectos:

» manter a pessoa certa no lugar certo;
» identificar os pontos fortes e as oportunidades de desenvolvimento pessoal e de fortalecimento de carreira;
» mapear as áreas de fragilidade que demandam atenção e desenvolvimento;
» levantar necessidades e oportunidades de capacitação e desenvolvimento;
» identificar os fatores impulsionadores e os de afastamento, de modo a utilizar tais informações para melhorar os processos de liderança;
» estabelecer uma comunicação assertiva considerando o perfil comportamental do profissional ou da equipe;
» promover a convivência entre diferentes perfis e valores.

É justamente para auxiliar nesses aspectos da gestão de pessoas nas organizações que vemos o protagonismo e a potência dos assessments.

Enfim, todos os aspectos elencados podem não definir a felicidade das pessoas em uma organização, mas contribuem fortemente para isso. Parceiros internos de negócios, quando satisfeitos, florescem em seu potencial, desempenho e produtividade. Com efeito, a empresa eleva seus indicadores de *employer branding*, *employee experience*, rentabilidade, competitividade, sustentabilidade e longevidade.

É importante ter em mente que os instrumentos de *assessment* não são dicotômicos, ou seja, não contemplam os conceitos de certo ou errado, bom ou mau, competente ou incompetente. Tais avaliações devem ser mensuradas mediante instrumentos próprios, como testes psicológicos ou técnicos. Sua utilização só será coerente a partir de uma referência orientativa para interpretação. Dessa forma, o analista preparado saberá extrair, junto ao profissional respondente ou à equipe, as mensagens para o desenvolvimento e a aplicação considerando cada contexto vislumbrado.

Outro aspecto a ser observado é que os instrumentos de *assessment* não representam um fim em si mesmos, isto é, não promovem mudanças. Para que tenham a eficiência e a efetividade desejadas, faz-se necessário contar com analistas preparados para realizar a leitura técnica e transformar dados em informações, a fim de promover *insights* que orientem a definição de estratégias a serem colocadas em prática pelo indivíduo, pelo grupo e pela organização.

1.4 O que não é *assessment*

Tão importante quanto ter clareza sobre o que é *assessment* é saber diferenciar o que não é *assessment*. Há uma série de possibilidades para a investigação de aspectos de natureza técnica e comportamental de que a organização pode lançar mão para coletar informações a respeito das pessoas. Entrevistas e dinâmicas de grupo, testes de conhecimentos e testes práticos e psicológicos são alguns exemplos.

A seguir, no Quadro 1.1, apresentamos alguns detalhes acerca dessa importante diferenciação.

Quadro 1.1 – O que não é *assessment*

Entrevista de triagem	Realizar pré-seleção, obter esclarecimentos sobre dados que o candidato apresenta no currículo e verificar informações relevantes, como disponibilidade para viagens e predisposição para mudança de domicílio, caso necessário, entre outras.
Entrevista tradicional	Conhecer as áreas da vida do candidato, por exemplo, seu histórico profissional, escolar e familiar e seus objetivos.
Entrevista comportamental com foco em competências	Identificar no perfil dos candidatos comportamentos específicos que são pré-requisitos para o sucesso do cargo para o qual estão sendo selecionados.
Entrevista com estudo de caso	Avaliar a capacidade analítica e de resolução de problemas do candidato. O entrevistador – que, via de regra, é o gestor da área ou solicitante da vaga – solicita que ele faça a análise de um caso de mercado em que haja um problema relativo à área de atuação do cargo e apresente uma solução.

(continua)

(Quadro 1.1 – continuação)

Entrevista com foco na linha da vida Biografia	Conhecer eventos desafiadores da vida do candidato e os aprendizados e competências que ele considera ter desenvolvido a partir da vivência de tais situações.
Entrevista com foco em cultura	Conhecer os valores e as expectativas dos candidatos de modo a identificar compatibilidade ou incompatibilidade em relação ao *fit* cultural.
Entrevista técnica	Corroborar e aprofundar as informações sobre conhecimentos técnicos, habilidades e experiências do candidato, item fundamental na escolha do candidato que melhor responda às expectativas da empresa. É realizada pelo gestor solicitante da vaga como uma das etapas finais do processo seletivo.
Testes de conhecimento	São testes que visam avaliar objetivamente o grau de conhecimento do candidato para a área em questão, podendo-se considerar a divisão entre conhecimentos gerais e conhecimentos específicos.
Testes de desempenho	São testes eminentemente de cunho prático que podem ser realizados para: a simulação de uma venda; a elaboração de um relatório; a confecção de uma planilha dinâmica no Excel etc. Também é preciso considerar os cargos que demandam elevada aptidão física. Tais testes avaliam: (i) força muscular; (ii) resistência cardiovascular; (iii) qualidade do movimento – flexibilidade, equilíbrio e coordenação motora.

(Quadro 1.1 - conclusão)

Testes psicológicos[1]	Amplamente utilizados para selecionar pessoas nas organizações, podem incluir inventários, escalas, questionários ou tarefas que demandem a projeção e/ou a expressão gráfica do comportamento da pessoa avaliada. Os testes psicológicos somente podem ser adquiridos e aplicados por psicólogos que apresentem sua inscrição no Conselho Regional de Psicologia (CRP), e a aplicação e a correção também são exclusividade desses profissionais, pois sua atuação é regulamentada pelo Conselho Federal de Psicologia (CFP), que publica anualmente a relação de testes considerados válidos.
Dinâmicas de grupo	A palavra *dinâmica* se origina da palavra grega *dynamis*, que significa "energia", "ação", "força". A dinâmica de grupo permite identificar o movimento e as inter-relações estabelecidas por meio de um desafio proposto ao grupo.

Fonte: Elaborado com base em Lotz; Burda, 2015.

Embora todas essas práticas forneçam informações a respeito da história, das experiências e das tendências comportamentais, nesta obra assumimos o entendimento de que os *assessments* são alicerçados em métodos oriundos de estudos e pesquisas, podendo, mediante o uso de instrumentos, revelar padrões que permitam a identificação e a análise de tendências comportamentais.

---

[1] Segundo o art. 1º da Resolução n. 2, de 24 de março de 2003, do CFP, "Os Testes Psicológicos são instrumentos de avaliação ou mensuração de características psicológicas, constituindo-se um método ou técnica de uso privativo do psicólogo, em decorrência do que dispõe o § 1º do Art. 13 da Lei n. 4.119/62" (CFP, 2003).

1.5 Considerações sobre *assessment education*

Por *assessement education* entendemos as orientações fundamentais para a aplicação, a análise e a utilização das informações obtidas com o objetivo de promover o desenvolvimento do profissional e/ou a tomada de decisão por parte da organização no que tange aos diversos processos de gestão de pessoas.

Sob essa perspectiva, iniciar a preparação da organização, assim como dos profissionais que nela atuam, para a adesão da utilização de *assessment* com vistas aos processos de gestão de pessoas pelo *assessement education* é condição *sine qua non* para ajustar a direção. Trata-se de encontrar um foco que proporcione a clareza necessária, por meio de investigação, acerca dos aspectos de comportamento observados.

Em outras palavras, o *assessment education* promove a assertividade e a coerência na interpretação e utilização das informações para as tomadas de decisão requeridas.

Aplicar um *assessment* não significa apenas solicitar ao respondente que registre suas preferências em um questionário e, com base nisso, recorrer às informações geradas por determinado relatório.

Ou seja, a organização que optar por aplicar *assessments* em processos seletivos, em programas de desenvolvimento e em alinhamentos de cultura e carreira deve se manter sensível à responsabilidade associada a essa prática. Isso porque, **embora os *assessments* forneçam informações preciosas e diretrizes sólidas para o desenvolvimento e o fortalecimento do profissional, quando interpretados de forma superficial, podem gerar consequências desastrosas aos diversos atores envolvidos no processo.**

Tendo isso em vista, compreender aspectos predominantes de um comportamento, identificar pontos de força e oportunidades de crescimento, ampliar possibilidades de desenvolvimento pessoal e profissional e estimular a reflexão e o autoconhecimento configuram-se como os principais propósitos e motivações para que se considere a relevância da aplicação das ferramentas de *assessment*.

É imprescindível que o profissional que vai aplicar tais ferramentas seja tecnicamente preparado e responsável, de modo a assegurar a realização de uma leitura técnica capaz de consolidar informações para a apresentação de resultados que possam ser utilizados para o desenvolvimento tanto do profissional quanto da própria organização.

Portanto, em síntese, o *assessment education*:

» fornece informações iniciais para calibrar a jornada;
» tem o propósito de alinhar a finalidade da avaliação comportamental;
» esclarece e desenvolve a potencialidade e a amplitude do resultado;
» possibilita promover associações positivas e assegurar uma apresentação respeitosa e ética dos resultados, alinhada com o propósito;
» revela os limites de interpretação da ferramenta;
» sensibiliza para a necessidade de considerar um olhar amplo e sistêmico do comportamento.

Considerando o exposto, conseguimos compreender por que as organizações têm buscado cada vez mais profissionais devidamente capacitados e rigorosamente preparados para conduzir todo o processo, desde a escolha do *assessment*, a fim de oferecer uma devolutiva livre de rótulos ou julgamentos ao profissional respondente ou à equipe.

1.6 Calibrando a jornada

Antes de iniciarmos nossa jornada, convidamos você a fazer algumas reflexões sobre aspectos importantes relativos à aplicação de *assessments* nas organizações:

Para que os *assessments* sejam de fato ferramentas eficazes, o que é preciso saber inicialmente para calibrar a jornada?	A que devemos atentar para desenvolver a amplitude da análise e obter a amplitude dos resultados?	Como extrair das ferramentas associações positivas e assegurar uma apresentação dos resultados respeitosa e ética alinhada ao propósito do profissional e da organização?
Quais são os limites da interpretação?	O contexto deve ser considerado para ampliar o olhar de forma sistêmica e fugir das armadilhas das inferências isoladas?	Inferências isoladas podem ser danosas e levar a armadilhas de interpretação?

Note que cada uma das perguntas apresentadas descortina importantes áreas de investigação e cuidado para com o processo de aplicação dos *assessments* de forma ética, responsável e assertiva. Enfatizamos fortemente que é somente pelo atendimento desses critérios que de fato se chega ao resultado desejado: promover o desenvolvimento pessoal, profissional e organizacional.

Nesse sentido, o que é preciso para calibrar a jornada de aplicação de *assessments* nas organizações? Para isso, dois aspectos devem ser considerados: o contexto e a combinação de diversos instrumentos para a tomada de decisão.

1.6.1 Considerar o contexto

Ao analisar resultados de *assessments*, é fundamental fugir da armadilha de considerar aspectos isolados da informação. Em outras palavras, é de vital importância desenvolver um olhar sistêmico para a situação, a fim de compreender os resultados.

Você sabia que julgamentos pontuais, quando analisados de modo sistêmico, podem assumir diferentes significados? Sob essa perspectiva, a inobservância da análise de contexto induz a erros crassos de interpretação, os quais podem comprometer e prejudicar o processo de tomada de decisão em circunstâncias relevantes, como seleção, promoção ou desligamento.

Além disso, não podemos deixar de mencionar o impacto nada positivo que tal inobservância pode gerar para o indivíduo que se vê "classificado" e rotulado superficialmente. Nesse cenário, como resultado, em vez de autoconhecimento, autoconscientização, autoestima e autorresponsabilidade, o *assessment* pode promover ou acentuar ainda mais a dificuldade que a pessoa pode estar enfrentando naquele momento.

1.6.2 Combinar diversos instrumentos para a tomada de decisão

Para que a empresa possa se aproximar da eficácia na utilização de *assessments* para a tomada de decisão estratégica, é necessário recorrer à combinação dos resultados de *assessment* com outras formas de de investigação de natureza objetiva e subjetiva. Assim, será possível aprofundar a análise e obter outros subsídios para tomar decisões mais assertivas.

1.7 Pontos e contrapontos na aplicação de *assessments*

Assim como em todas as áreas que permeiam nossa existência, existem também no *assessment* pontos e contrapontos envolvidos em sua aplicação. Os pontos dizem respeito aos inegáveis ganhos para os atores presentes no processo e aos benefícios que trazem ao sistema. Porém, é preciso considerar igualmente os riscos ou as ameaças que os contrapontos podem oferecer.

Contrapontos são pontos de atenção, ou seja, conhecê-los é fundamental para gerar estratégias de modo a evitar determinados problemas. Ao identificar os contrapontos, torna-se possível, de antemão, definir uma estratégia com o objetivo de mitigar ou impedir a ocorrência de eventos com impactos indesejados. Essa é uma premissa da mentalidade *poka-yoke*.

Mentalidade *poka-yoke* = mentalidade preventiva

- Se alguma situação, processo e/ou procedimento gerou problemas ou levou à perda de tempo, foco ou recursos, é necessário melhorar o processo correlacionado, a fim de evitar a repetição de tal situação.
- É mais fácil prevenir um problema do que solucioná-lo depois de sua ocorrência.
- É fundamental evitar que eventos indesejáveis aconteçam.
- A mentalidade *poka-yoke* consiste na cultura da não correção.

Agora, acompanhe, no Quadro 1.2, alguns exemplos de pontos (aspectos altamente favoráveis referentes à prática de aplicação de *assessments*) e contrapontos (aspectos que demandam identificação, atenção e cuidado).

Quadro 1.2 – Pontos e contrapontos

PONTOS	CONTRAPONTOS
» Facilitar o autoconhecimento e ampliar a percepção sobre pontos fortes e de melhorias. » Identificar possibilidades de desenvolvimento dos colaboradores e das equipes. » Mapear estilos comportamentais sensíveis a conflitos e antecipar instruções que permitam construir um ambiente colaborativo e de tolerância. » Criar estratégias de comunicação interpessoal eficaz. » Elaborar programas assertivos de desenvolvimento. » Definir programas de recompensa e incentivo que atendam aos interesses de acordo com o perfil predominante do grupo. » Identificar compatibilidade de valores pessoais e organizacionais. » Alicerçar *feedbacks* e traçar metas de desenvolvimento.	» Baixo nível de preparação e capacitação quanto à metodologia de leitura, à interpretação e à apresentação dos dados contidos nos relatórios. » Acreditar que a tomada de decisão para seleção, carreira, sucessão, entre outros, possa ser alicerçada unicamente em uma determinada ferramenta de avaliação. » Utilizar o *assessment* para criar rótulos irreversíveis sobre as pessoas, desconsiderando que elas podem aprender e se desenvolver por ato de vontade, determinação e foco. » Justificar comparações e julgamentos depreciativos entre os colaboradores. » Acreditar que o *assessment* é um "oráculo" infalível e imutável, quando, na realidade, ele reflete a autopercepção do presente.

O antídoto para os contrapontos se encontra na acurácia e na observância dos aspectos metodológicos relativos à aplicação e à gestão de *assessments* na organização. A clareza a respeito dos contrapontos permite que seja possível elaborar e aplicar estratégias para eliminar essas ameaças ou impedir seu acontecimento, fazendo com que a organização se beneficie da aplicação dos *assessments*.

1.8 Como aplicar *assessments* na organização

Ao aplicar um *assessment*, em primeiro lugar, é preciso ter absoluta clareza do **propósito** da aplicação, do **resultado** que se deseja produzir e da forma como esse resultado se alinha ao **fortalecimento** da gestão de pessoas e da gestão estratégica.

1.8.1 Passos para a aplicação de *assessments* na organização

Toda aplicação de *assessment* (e aqui enfatizamos a generalização: **toda aplicação**) requer **preparação** e **rigor** nas etapas referentes ao método escolhido.

O método corresponde ao percurso ou caminho para se atingir algo. Trata-se de conjuntos de procedimentos por meio dos quais se alcança determinado objetivo ou resultado. Além disso, é preciso ter o cuidado de conhecer e dominar os protocolos de análise de cada instrumento. Isso porque a aplicação de *assessment* requer responsabilidade, sensibilidade, preparo e, sobretudo, um propósito claro de resultados que se deseja conseguir.

Nessa ótica, para além do rigoroso preparo técnico do analista, alguns passos devem ser observados, a fim de que a aplicação do *assessment* proporcione os resultados esperados

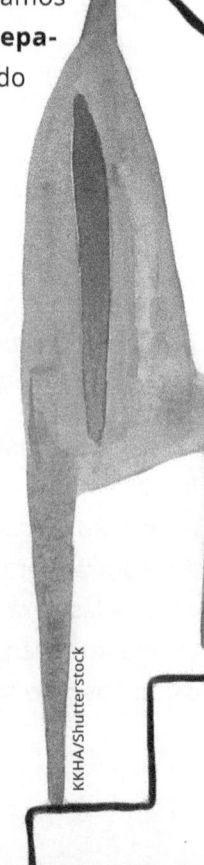

para todos os atores envolvidos no processo. Entre esses passos, destacamos os seguintes, os quais serão explanados em detalhes na sequência:

I. desenvolver um contexto de confiança;
II. alinhar o objetivo da aplicação;
III. decidir e informar sobre a escolha do *assessment*;
IV. acordar os critérios para a resolução adequada;
V. esclarecer as limitações e os limites dos resultados;
VI. realizar a leitura técnica e a interpretação dos indicadores;
VII. apresentar os resultados de acordo com o objetivo inicial.

Passo I:
Desenvolver um contexto de confiança

O primeiro passo é construir a confiança, pois ela pavimentará a relação entre o analista e o profissional que responde ao instrumento de *assessment*. Mas por que a confiança é o aspecto basilar para o êxito desse processo?

A palavra *confiança* tem origem latina – *confidere*, que se compõe do prefixo *com-*, que atua como intensificativo, e de *fidere*, que significa "crer", "acreditar", uma derivação do termo *fides* ("fé"). De acordo com o *Dicionário eletrônico Houaiss da língua portuguesa*, *confiança* significa: "crença na probidade moral, na sinceridade, lealdade, competência, discrição etc. de outrem; crédito, fé [...] crença de que algo não falhará, de que é bem-feito ou forte o suficiente para cumprir sua função" (Houaiss; Villar, 2009).

Portanto, o analista comportamental parte da premissa da confiança para alicerçar o relacionamento por duas frentes: uma consiste em confiar nas informações trazidas pelo profissional; a outra implica gerar a credibilidade necessária para se fazer ouvir. Trata-se, assim, de ter confiança no profissional para desenvolver a apresentação dos resultados, observando sem julgamentos as informações obtidas no processo.

A aplicação de um *assessment* configura uma parceria entre os atores do processo (analista, respondente e organização) que visa identificar, diagnosticar ou calibrar comportamentos a fim de que eles sejam mais eficazes para o objetivo proposto. Nessa ótica, é preciso haver uma intenção genuína de encontrar o fato, as sensações e as razões presentes, sem a intenção de induzir ou meramente aparentar.

Passo II:
Alinhar o objetivo da aplicação

O total entendimento do objetivo e do propósito de se aplicar o *assessment* é fundamental para estabelecer as diretrizes de análise e orientar a apresentação dos resultados. Com relação a esse aspecto, é interessante propor perguntas como:

» Qual é o objetivo da aplicação deste *assessment*?
» O foco é selecionar o candidato mais adequado à vaga?
» O foco é trabalhar um programa de desenvolvimento?
» O foco é identificar características da equipe de modo a fortalecer a liderança?
» O foco é conhecer os valores e os motivadores a fim de elaborar políticas e práticas de reconhecimento e recompensas?
» O que, de fato, queremos?

As respostas a essas perguntas, além de garantirem a clareza necessária ao resultado que se deseja produzir, permitem elevar a acurácia em relação à escolha do instrumento.

Passo III:
Decidir e informar sobre a escolha do *assessment*

Ao analista compete informar os atores envolvidos no processo e apresentar os argumentos técnicos sobre o instrumento selecionado, tendo em vista o propósito da aplicação – processo seletivo, programa de desenvolvimento, políticas e práticas de reconhecimento, plano de sucessão, entre outros exemplos.

Cada tipo e instrumento de *assessment* é capaz identificar, ampliar e aprofundar o conhecimento de um conjunto específico de características comportamentais. Assim, a escolha do instrumento a ser aplicado pelo analista deve ser congruente com os objetivos estratégicos da organização: identificar a pessoa de maior aderência ao cargo; detectar oportunidades de desenvolvimento de competências; identificar a compatibilidade destas com a cultura e o ambiente de trabalho etc.

Passo IV:
Acordar os critérios para a resolução adequada

Cada *assessment* apresenta um conjunto de instruções a serem repassadas ao respondente, sob pena de, quando não observadas, gerarem vieses de distorção nos resultados. Alguns *assessments* têm critérios de validação específicos, como tempo, condições de ambiente e disposições internas para seu melhor aproveitamento. Sob essa perspectiva, cabe ao analista comportamental comunicar as instruções e assegurar que elas sejam compreendidas pelo respondente.

Passo V:
Esclarecer as limitações e os limites do resultado

Uma pessoa é um todo complexo composto de personalidade, valores, competências, crenças, culturas, entre outros aspectos. Portanto, nenhum *assessment* isoladamente tem o poder de definir o respondente em sua totalidade.

O *assessment* é como uma peça de um grande quebra-cabeças; a combinação de todas as peças forma a imagem que equivale ao respondente. Mas o que seriam os limites e as limitações?

» **Limites**: instrumentos de *assessment* servem exclusivamente para identificar características de personalidade em nível subclínico, ou seja, em hipótese alguma oferecem diagnósticos de doenças mentais ou transtornos de personalidade. Nesse sentido, enfatizamos que fazer diagnósticos compete apenas a profissionais psicólogos e psiquiatras com a devida formação técnica para tal. Os *assessments* também levantam informações comportamentais de forma ampla com foco no desenvolvimento, excluindo qualquer tipo de interpretação relacionada a aspectos disfuncionais de natureza emocional ou psicológica.

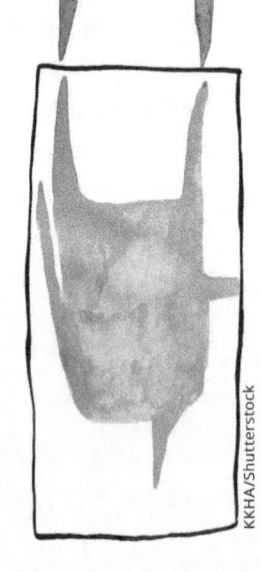

» **Limitações**: os resultados procedentes dos *assessments* são delimitados pelo nível de consciência presente do respondente a partir de sua visão de mundo e de si mesmo. Em outras palavras: cada *assessment* amplia a autopercepção do respondente, sendo sempre um reflexo ou uma tradução de tal percepção no momento presente. Ou seja, o *assessment* pode e deve ser atualizado sempre que o profissional sentir que passou por mudanças, aprendizados e desenvolvimento pessoal.

Passo VI:
Realizar a leitura técnica e a interpretação dos indicadores

O resultado de um *assessment* pode ser expresso por meio de diferentes modelos de relatórios, compostos por gráficos, terminologias e conceitos que assumem significados peculiares em determinado campo semântico e em distintos contextos.

O papel do analista comportamental é crucial para realizar a leitura e a interpretação dos resultados junto ao respondente, para que, respaldado por fundamentos de pesquisa científica que alicerçam cada metodologia, possa esclarecer conceitos e significados presentes no relatório. Caso isso não seja feito, o respondente poderá incorrer em interpretações equivocadas a respeito dos aspectos técnicos do instrumento presentes nas páginas que traduzem o resultado do *assessment*.

Passo VII:
Apresentar os resultados de acordo com o objetivo inicial

O analista não tem a função de emitir julgamentos de valor, atribuindo conotação positiva ou negativa a determinado conjunto de comportamentos. Tudo depende do contexto e do objetivo definido no passo I. Assim, a esse profissional compete sempre extrair a mensagem que promova o autoconhecimento e o desenvolvimento do profissional respondente.

Um comportamento investigado por meio de *assessment* não ultrapassa o nível de interpretação adequado ou inadequado, tendo em vista o contexto e o objetivo. Por exemplo: um profissional agressivo, disruptivo e inovador pode não ser considerado um bom líder para uma organização burocrática, conservadora e apegada a conceitos e práticas tradicionais; no entanto, pode ser um excelente líder para uma outra organização que valorize suas características comportamentais como fatores de sucesso.

Como os *assessments* fornecem, ao mesmo tempo, informações preciosas que oferecem diretrizes sólidas para o desenvolvimento e o fortalecimento do profissional, eles devem ser interpretados profundamente, pois, do contrário, poderão gerar consequências desastrosas para os diversos atores envolvidos no processo.

Diante disso, vale enfatizar que compreender os aspectos predominantes de um comportamento, identificar os pontos de força e as oportunidades de desenvolvimento, ampliar as possibilidades e estimular a reflexão e o autoconhecimento configuram-se como os principais propósitos e motivações inerentes à aplicação das ferramentas de *assessment*.

Dessa forma, as organizações buscam por profissionais devidamente capacitados, rigorosamente preparados para oferecer devolutivas livres de rótulos ou de julgamentos e responsáveis o suficiente para assegurar uma leitura técnica capaz de consolidar as informações para a apresentação dos resultados, os quais poderão ser utilizados para o desenvolvimento tanto do profissional quanto da organização.

1.9 Considerações sobre o analista

No contexto de aplicação do *assessment*, a empresa deve ter muito cuidado com a escolha do analista, pois esse profissional será o responsável por orientar a escolha do instrumento, proceder à aplicação, analisar as informações e oferecer as devidas devolutivas (que podem ser ao respondente, ao seu gestor e à organização) para a criação de políticas e práticas de gestão de pessoas.

Logo, é fundamental que o analista combine o rigoroso preparo técnico com um conjunto de habilidades e competências socioemocionais, conforme apresentamos a seguir:

» **Ser capacitado tecnicamente**: para realizar a leitura e a interpretação dos elementos do relatório do *assessment* que se propõe a utilizar. Cada *assessment* implica uma capacitação técnica específica por entidade educacional certificada e reconhecida pela metodologia. A habilitação para um *assessment* não capacita nem habilita o uso de outro, mesmo que as estruturas de ambos revelem similaridades.

» **Habilidade de observar**: trata-se de discriminar sutilezas e detalhes, bem como congruências e incongruências na linguagem corporal. Isso será fundamental para se posicionar durante uma devolutiva, oferecendo espaço para o esclarecimento de dúvidas ou para a contextualização de uma informação (tanto pelo parceiro interno de negócios como pelo participante do processo).

» **Habilidade de escuta ativa**: a escuta ativa constitui uma técnica de comunicação que objetiva aumentar a conexão entre os participantes de um diálogo, seja em um atendimento, seja em uma reunião, seja em um *feedback*. Trata-se de um esforço consciente para ouvir com atenção e imparcialidade, considerando as palavras, os sentimentos e o formato para que se possa obter o melhor entendimento possível da mensagem como um todo.
» **Habilidade de perguntar**: implica investigar contextos e estimular reflexões à luz dos resultados levantados pelo *assessment*, sempre com foco no aprendizado e no desenvolvimento, e nunca para impor limitações. O analista deve atentar ao contexto da pergunta, assim como à finalidade, sem ultrapassar os limites da proposta da devolutiva.
» **Habilidade de comunicar de forma elegante e assertiva**: para o analista atingir o objetivo da devolutiva, não basta comunicar a informação; é preciso ter consciência de que é o responsável pelo resultado de sua comunicação. Desse modo, é fundamental considerar aspectos como: ter a exata noção dos objetivos; buscar evidências do entendimento; promover conexão emocional; conduzir o processo com clareza e respeito.

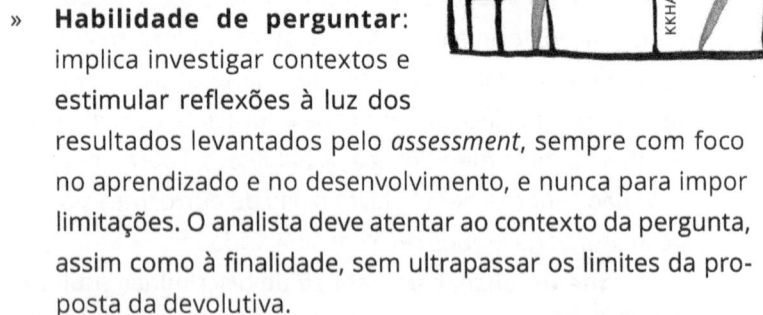

Diante do exposto, cabe questionar: O analista pode pertencer à organização ou necessariamente deve ser um agente externo, como no caso de um consultor?

Sim, o analista pode pertencer ao quadro da empresa – por exemplo, um profissional de RH –, desde que tenha o preparo técnico para tal. Esse preparo inclui a capacitação na ferramenta escolhida. Também pode ser um profissional externo, como um consultor, contanto que siga rigorosos critérios de capacitação técnica.

1.10 Princípios éticos para a aplicação e a apresentação das informações

Antes de avançarmos no estudo dos aspectos éticos da aplicação e da apresentação das informações, vamos refletir sobre uma parábola que ilustra o perigo implícito na interpretação.

O historiador grego Heródoto conta uma história que serve como uma analogia quanto ao nosso desejo de saber o futuro. Havia um rei que era muito poderoso, mas se sentia ameaçado pelo exército do rei vizinho. Resolve, então, invadir aquele reino antes que uma guerra fosse declarada. Acredita que sairá vitorioso graças ao elemento surpresa, mas, ainda assim, decide consultar o oráculo de Delfos para saber o que vai acontecer caso prossiga com a invasão. O oráculo responde: "O grande rei vencerá". Diante disso, certo de que sairá vitorioso, o rei invade o território vizinho. Contudo, tem de recuar, pois o inimigo, em defesa própria, invade suas terras e toma seu reino. Derrotado, novamente vai em busca do oráculo, agora para reclamar que a previsão estava errada. O oráculo responde que havia acertado na previsão. A interpretação do rei de que ele era "o grande rei" é que estava equivocada (Dutra, 2023).

Um ponto pacífico referente à aplicação e à apresentação dos resultados é o fato de que não importa apenas o que se diz e como se diz. A esse respeito, precisamos considerar um tema de vital importância: os princípios éticos.

A aplicação de *assessments* tem a finalidade de descrever o funcionamento de indivíduos ou grupos e coletar indícios sobre comportamentos ou desempenhos em situações específicas, a fim de desenvolver o indivíduo ou o grupo e de elevar sua consciência acerca de suas potencialidades, com transparência e respeito.

Nessa ótica, o uso de *assessments* é proibido para:

» realizar atividades que caracterizem negligência, preconceito, exploração, violência, crueldade ou opressão;
» induzir a convicções políticas, filosóficas, morais, ideológicas, religiosas, raciais e de orientação sexual;
» favorecer o uso de conhecimento da estrutura comportamental e normatizar a utilização de ações como instrumentos de castigo, tortura ou qualquer forma de violência.
» emitir diagnóstico clínico.

O analista deve se pautar por princípios éticos, que se fundamentam no respeito e na promoção da liberdade, da dignidade, da igualdade e da integridade do ser humano, conforme exposto na notória Declaração Universal dos Direitos Humanos.

1.11 Lei Geral de Proteção de Dados (LGPD)

De acordo o Ministério Público Federal (MPF), a Lei n. 13.709, de 14 de agosto de 2018, conhecida como Lei Geral de Proteção de Dados (LGPD),

> tem como principal objetivo proteger os direitos fundamentais de liberdade e de privacidade e o livre desenvolvimento da personalidade da pessoa natural. Também tem como foco a criação de um cenário de segurança jurídica, com a padronização de regulamentos e práticas para promover a proteção aos dados pessoais de todo cidadão que esteja no Brasil, de acordo com os parâmetros internacionais existentes. (Brasil, 2023)

Essa regulamentação gerou um forte impacto nas organizações, que se viram obrigadas a investir mais em segurança de dados, assim como a desenvolver ou aperfeiçoar políticas de gestão das informações, o que envolve a proteção tanto dos dados relativos aos parceiros internos de negócios como dos referentes a candidatos em processo seletivo. Isso porque a lei inclui qualquer dado processado em território nacional, de nacionalidade brasileira ou não, que seja capaz de identificar uma pessoa natural. A LGPD também qualifica os aspectos sensíveis com relação à etnia, à vida sexual e à saúde, à filiação partidária e à convicção religiosa (Brasil, 2018).

É comum que, durante todo o processo de seleção e recrutamento até o desligamento, as equipes de gestão de pessoas coletem dados pessoais dos candidatos ou de funcionários (cargo de ocupação, remuneração, plano de saúde etc.). Todas essas informações se caracterizam como pessoais e devem ser protegidas.

Isso significa que quaisquer informações referentes a determinado parceiro interno de negócios precisam ser resguardadas conforme as diretrizes da lei pelo RH, mediante políticas, processos e protocolos de segurança. Essa tarefa abrange tanto os dados que já estão em posse da organização quanto novas informações que venham a ser acessadas.

Cabe observar ainda que o tratamento dos dados de familiares e dependentes também faz parte desse contexto de aplicação da lei. Por essa razão, é urgente promover uma gestão estratégica de pessoas desde o processo de seleção até o canal de recebimento de currículos (que contém dados sensíveis).

1.12 O protagonismo dos *assessments* na gestão estratégica de pessoas

Tirem-nos as vinte pessoas mais importantes, e eu digo-vos que a Microsoft iria tornar-se numa empresa sem importância.

(Gates, 2023)

De acordo com Chiavenato (2014, p. 10), "Qualquer organização pode comprar máquinas ou equipamentos, comprar tecnologias para se equiparar aos concorrentes. Isso é relativamente fácil, mas construir competências é extremamente difícil, leva tempo, aprendizado e maturação"

Acreditamos piamente que as pessoas são fonte inesgotável de talento, criatividade e inovação, e são tais características que determinam a competitividade e a rentabilidade da empresa. Por esse motivo, a gestão de pessoas tem assumido cada vez mais protagonismo no processo da gestão estratégica nas organizações.

1.12.1 O que é gestão estratégica?

Afinal, especificamente, o que é gestão estratégica de pessoas? A gestão estratégica consiste em uma forma de gerir que promove o alinhamento de esforços, recursos e processos das diversas áreas da empresa, de modo a contribuir para o atingimento dos objetivos traçados no planejamento da organização.

É o que é exatamente a gestão estratégica de pessoas? Trata-se de uma forma de gerir por meio da qual os objetivos das pessoas são alinhados aos da organização, com o propósito de que ambos possam crescer e se desenvolver juntos. É uma abordagem sistêmica que, além de promover esse alinhamento, busca caminhos, políticas e práticas para gerar ganhos mútuos (Lotz, 2021), conforme podemos ver na Figura 1.1.

KKHA/Shutterstock

Figura 1.1 – Gestão estratégica de pessoas

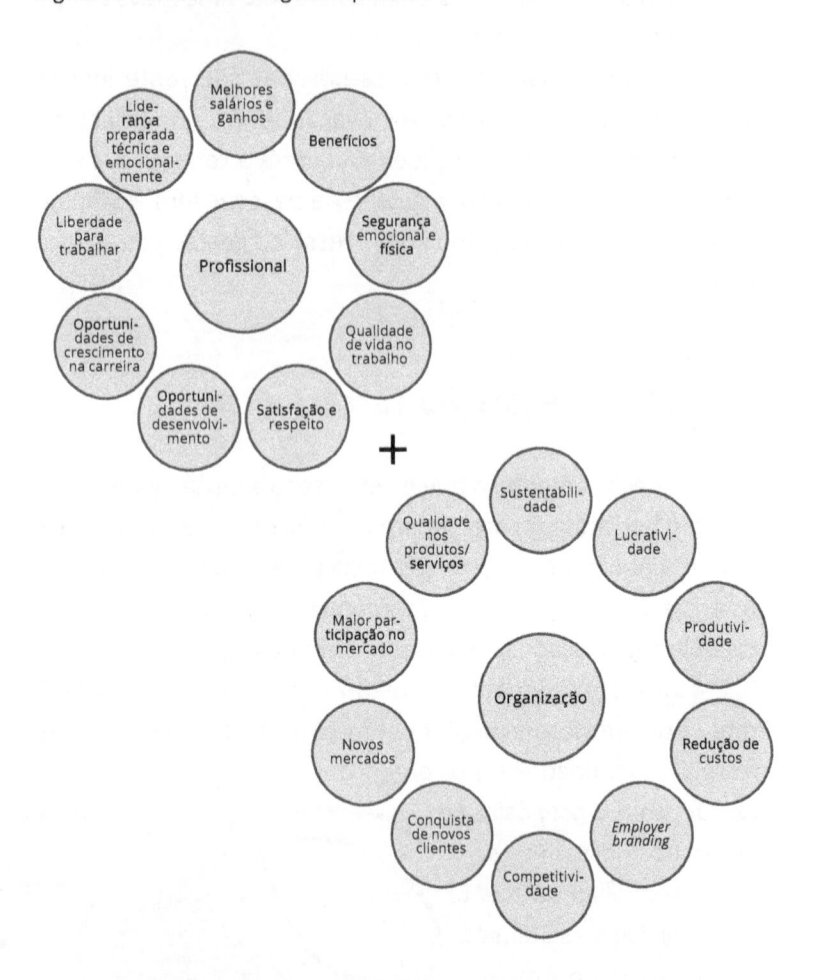

Profissional: Melhores salários e ganhos; Benefícios; Segurança emocional e física; Qualidade de vida no trabalho; Satisfação e respeito; Oportunidades de desenvolvimento; Oportunidades de crescimento na carreira; Liberdade para trabalhar; Liderança preparada técnica e emocionalmente.

+

Organização: Sustentabilidade; Lucratividade; Produtividade; Redução de custos; *Employer branding*; Competitividade; Conquista de novos clientes; Novos mercados; Maior participação no mercado; Qualidade nos produtos/serviços.

Em outras palavras, na gestão estratégica de pessoas, estas são concebidas como **parceiras**, e não como **recursos**.

Mão de obra, funcionário, empregado, funcionário, capital humano, parceiro interno de negócios! Você sabia que cada organização tem uma ideologia própria a respeito do papel das pessoas na tarefa organizacional? E mais, você sabia que a terminologia adotada para se referir às pessoas informa muito a respeito da percepção de papel que a organização confere a elas? (Chiavenato, 2014, p. 6)

Como mencionamos anteriormente, a diferença não é apenas semântica, mas conceitual e filosófica, o que gera profundos impactos nas políticas e práticas das organizações em relação ao modo como estas fazem a gestão de pessoas. A seguir, no Quadro 1.3, destacamos algumas dessas diferenças.

Quadro 1.3 – Pessoas como recursos *versus* pessoas como parceiras internas de negócios

Pessoas como recursos	Pessoas como parceiras
» Empregados isolados nos cargos » Horário rigidamente estabelecido » Preocupação com normas e regras » Subordinação ao chefe » Dependência da chefia » Alienação à organização » Executoras de tarefas » Ênfase nas destrezas manuais » Mão de obra	» Colaboradores agrupados em equipes » Metas negociadas e compartilhadas » Preocupação com resultados » Atendimento e satisfação do cliente » Vinculação à missão e à visão » Interdependência com colegas e equipe » Participação e comprometimento » Ênfase na ética e na responsabilidade » Fornecedoras de atividades » Ênfase no conhecimento » Inteligência e talento

Fonte: Chiavenato, 2014, p. 3.

Observe que a forma de tratar e gerir pessoas é nutrida pela cultura organizacional, ou seja, a empresa, ao adotar o valor de pessoas como parceiras internas do negócio, passa a gerir **com pessoas**.

Quando concebidas como recursos, as pessoas se restringem a ser executoras de tarefas, subordinadas ao modelo de comando-controle, com pouca ou nenhuma participação nas decisões. São objetos servis ou sujeitos passivos produtivos.

Em contrapartida, quando geridas como parceiras internas do negócio, são compartes e, portanto, orquestradas como talentos. Assim, colocam suas habilidades a serviço do negócio e de sua visão de futuro. Por meio de suas competências, consolidam a vantagem competitiva, a rentabilidade e a sustentabilidade do negócio (Chiavenato, 2014).

Observe na sequência, no Quadro 1.4, as concepções que alicerçam a filosofia e o conjunto de práticas que regem a gestão de pessoas.

Quadro 1.4 – Concepções que alicerçam a gestão estratégica de e com pessoas

Pessoas como seres humanos	» Dotadas de personalidade própria, são profundamente diferentes entre si, e cada um tem uma história pessoal e diferenciada.
Pessoas como ativadoras de recursos organizacionais	» Impulsionadoras da organização, são capazes de dotá-la com um talento indispensável à sua constante renovação e competitividade em um mundo cheio de mudanças e desafios
Pessoas como parceiras da organização	» Fazem investimentos na organização – como esforço, dedicação, responsabilidade, comprometimento e riscos (daí o vínculo de reciprocidade).
Pessoas como talentos fornecedores de competências	» São elementos vivos, portadores de competências essenciais ao sucesso organizacional.
Pessoas como capital humano e intelectual	» Principais ativos organizacionais, agregam inteligência ao negócio.

As organizações podem adquirir equipamentos e máquinas sofisticadas, com a mais alta tecnologia, para fazer frente às exigências do mercado e equiparar-se aos concorrentes.

No entanto, construir competências, ter uma equipe comprometida, resiliente, criativa e inovadora, a fim de consolidar os objetivos estratégicos da organização... Esse é o verdadeiro desafio e propósito da gestão estratégica de pessoas. É exatamente nesse sentido que os *assessments* assumem protagonismo tanto para o estímulo ao autoconhecimento, para a saúde do ambiente psicossocial e para a melhoria do clima organizacional quanto para a criação de políticas e práticas que possibilitem essa gestão.

1.12.2 *Assessments* e os processos de gestão estratégica de pessoas

Ao investir no capital humano, a organização assegura que os objetivos e os resultados sejam alcançados e consolidados, o que, com efeito, se reflete na produtividade da empresa, na imagem da marca e na competitividade no mercado.

Agora que já estudamos o que são *assessments*, vamos analisar em quais processos da gestão estratégica de pessoas eles podem ser aplicados.

O Quadro 1.5, a seguir, abre o panorama e especifica os *assessments* que podem ser aplicados nos mais diferentes processos.

Quadro 1.5 – *Assessments* e os processos de gestão estratégica de pessoas

Processo de gestão estratégica	Operação	*Assessment*
Provisão Gestão da porta de entrada	Seleção	Valores Forças impulsionadoras e motivadores DISC
	Recrutamento interno	Valores Forças impulsionadoras e motivadores DISC Big Five
Aplicação	*Fit* cultural	Valores Forças impulsionadoras e motivadores DISC
	Acompanhamento de *performance*	DISC Acompanhamento de *performance* Big Five
Treinamento e desenvolvimento	Individual	Valores Forças impulsionadoras e motivadores DISC Linguagem de valorização Big Five
	Liderança	Valores Forças impulsionadoras e motivadores DISC Linguagem de valorização Big Five
	Times	Valores Forças impulsionadoras e motivadores DISC Linguagem de valorização

(continua)

(Quadro 1.5 – conclusão)

Processo de gestão estratégica	Operação	*Assessment*
Retenção e sustentabilidade	Carreira	Âncora de carreira Forças impulsionadoras
	Sucessão	Âncora de carreira Forças impulsionadoras e motivadores Big Five

Como podemos observar, existem *assessments* mais alinhados a determinados propósitos da organização, ou seja, o propósito pode ser: o processo seletivo; o processo sucessório; a carreira; programas de desenvolvimento individual ou de líderes etc. Assim como é essencial ter total clareza a respeito do *assessment* a ser utilizado para determinado propósito, é preciso saber exatamente qual é o escopo de cada *assessment*. É o que apresentamos no Quadro 1.6, a seguir.

Cabe esclarecer que os *assessments* indicados não esgotam todos os instrumentos. Apenas selecionamos os mais adotados por organizações de diversos países.

Quadro 1.6 – Escopo de cada *assessment*

Assessment	Escopo	Autor	Ano
Âncora de carreira	Identifica a combinação de áreas percebidas de competências, motivos e valores das quais o indivíduo não abre mão, dado que estabelece sua identificação com o estilo de trabalho.	Edgar Schein	1970
DISC	Compreende quatro fatores comportamentais: dominância, influência, estabilidade e conformidade, os quais descrevem estilos de comportamento, necessidades comuns e fatores de motivação pela hierarquia de predominância de cada fator.	William Martson	1928
Motivadores	Permite identificar as forças impulsionadoras e como estas se refletem em informações referentes à ambição, à facilidade para formar e desenvolver equipes, ao altruísmo, ao empreendedorismo etc.	Eduard Spranger	1914
Linguagem de valorização e reconhecimento	Possibilita identificar a principal linguagem de valorização dos profissionais que se relacionam no dia a dia de trabalho.	Gary Chapman	2011
Valores	Identifica valores que refletem o que é importante, descrevendo as motivações individuais. Em conjunto com as crenças, são os fatores causais que orientam a tomada de decisões.	Richard Barrett	-
Big Five	Identifica as cinco dimensões da personalidade e as facetas a elas relacionadas.		-

(continua)

(Quadro 1.6 – conclusão)

Assessment	Escopo	Autor	Ano
Sabotadores	Identifica os sabotadores – denominação atribuída a um conjunto de padrões mentais automáticos e habituais. Cada um desses padrões tem a própria voz, crenças, suposições etc., que trabalham contra o indivíduo.	Shirzad Chamine	2012

Os *assessments* fornecem uma multiplicidade de benefícios para as organizações que os adotam corretamente. Isso porque contribuem para o conhecimento no nível individual, além de permitirem o levantamento de informações valiosas para a gestão de pessoas.

1.13 *Assessments* e mapeamento de inteligência emocional

A inteligência emocional está diretamente ligada ao sucesso profissional, pois tem como premissas básicas o autoconhecimento, o controle emocional, a automotivação e as habilidades de reconhecer as emoções de outras pessoas e de gerenciar relacionamentos interpessoais. Daniel Goleman (2001, p. 337) definiu a inteligência emocional como a "capacidade de identificar os nossos próprios sentimentos e os dos outros, de nos motivarmos e de gerir bem as emoções dentro de nós e nos nossos relacionamentos".

Como pedra angular do sucesso de qualquer parceiro interno de negócios, a gestão estratégica de pessoas, durante muito tempo, foi refém da subjetividade inerente às avaliações de inteligência emocional. É extremamente difícil mensurar as emoções, mas é possível investigar e mapear seu nível de desenvolvimento mediante a observação dos comportamentos. A emoção é um combustível para as ações. É nela que encontramos o apoio significativo dos instrumentos de *assessments*, que fornecem a oportunidade de avaliar e desenvolver comportamentos, muitas vezes sustentados pelos níveis de inteligência emocional.

A aplicação de instrumentos como o DISC, o Big Five, o MBTI e o *assessment* de sabotadores, apresentados nesta obra, auxilia tanto o profissional – que pode conhecer profundamente seu próprio comportamento e o dos outros, servindo de orientação para o desenvolvimento de sua automotivação, bem como realizar de forma mais consciente a gestão dos relacionamentos – como a organização em sua gestão estratégica de pessoa – identificando a necessidade de treinamentos de desenvolvimento humano, programação de *team buiding*, implantação de programas de *mentoring* e *coaching* etc.

Sabemos que os traços de personalidade e as características do comportamento influenciam o desempenho nas atividades. Isso se evidencia ainda mais quando identificamos preditivamente ambientes impulsionadores ou desafiantes. Da mesma forma, podemos antecipar conflitos relacionais em uma equipe ao integrarmos personalidades de traços diferentes, o que exigirá maior nível de inteligência emocional dos integrantes em situações de pressão e estresse presentes no dia a dia.

2 Big Five

Icaro Victor Barboza
Erika Gisele Lotz

Conhecer os outros é inteligência, conhecer-se a si próprio é verdadeira sabedoria. Controlar os outros é força, controlar-se a si próprio é verdadeiro poder.

(Lao-Tsé)

Neste capítulo, discutiremos os seguintes temas:

» *assessment* subclínico de personalidade;
» protocolo do Big Five (OCEAN);
» contextos de aplicação do Big Five na gestão estratégica de pessoas.

2.1 Considerações iniciais

Este capítulo tem por objetivo explicar em que consiste o *assessment* para levantamento de informações acerca da personalidade.

O que vem à sua mente quando falamos em personalidade? Para você, personalidade e comportamento são conceitos sinônimos? Podemos dizer que uma pessoa não tem personalidade?

Para nos debruçarmos sobre essas questões, consideramos relevante apresentar a você a diferença entre personalidade e comportamento.

Personalidade é uma palavra de origem latina (*persona*) que significa "máscara" e se refere à tendência a se comportar de determinada maneira que persiste ao longo da vida. Em resumo, trata-se de blocos de construção que exprimem quem somos, ou seja, nossos traços específicos. Trata-se de um rol de características e de uma organização que determina as interações de uma pessoa consigo mesma, bem como com outros e o meio ambiente (Domino; Domino, 2006).

Tamborim (2021, p. 14) também define *personalidade* como "um conjunto dinâmico e organizado de características possuídas por uma pessoa e que influencia exclusivamente seu ambiente, cognição, emoções, motivações e comportamentos em várias situações".

Já para Allport (1961, p. 28), trata-se da organização dinâmica e interna de um indivíduo e seus sistemas psicossociais os quais determinam suas características comportamentais e pensamentos.

A personalidade oferece as estruturas para os padrões de pensamento e sentimentos de um indivíduo, considerando-se determinados ajustes sociais demonstrados consistentemente ao longo dos anos.

Little (2017) defende que a personalidade é constituída por três naturezas: a primeira é de ordem biogênica, ou seja, diz respeito a fatores genéticos; a segunda é de ordem sociogênica, influenciada por fatores sociais; e a terceira é de ordem idiogênica – do grego *idio*, que significa "pessoal" –, influenciada por projetos pessoais. Sobre a primeira natureza, a de ordem biogênica, o autor postula que

> cada um destes traços tem uma forte base biogênica e os alcances na neurociência de personalidade estão agora identificando as estruturas e caminhos neurais subjacentes. Como as mesmas dimensões emergem em praticamente todos os países, culturas e grupos linguísticos, estas podem ser consideradas como dimensões universais da personalidade. (Little, 2017, p. 14, tradução nossa)

Contudo, a base biogênica vem acompanhada da **sociogênica**. Nas palavras de Little (2017, p. 20-21, tradução nossa):

> Se as forças biogênicas moldam sua primeira natureza, então as forças sociogênicas esculpem sua segunda natureza. A partir dessa perspectiva, quem você é e como você está não depende dos seus traços estáveis, mas das circunstâncias recorrentes da sua vida. Você está moldado pela educação e pelas oportunidades que lhe são dadas, pelas normas de que está imbuído e pelas maneiras que as outras pessoas esperam que você seja.

O autor apresenta ainda uma terceira e poderosa natureza, que pode impactar fortemente as duas anteriores, que é a de ordem absolutamente pessoal, relacionada aos projetos de vida, à qual denominou **idiogênica**:

> Se quiséssemos conhecê-lo completamente, começaríamos com a sua primeira natureza, identificando seus traços biogênicos, como onde você está na escala BIG FIVE. Então identificaríamos sua segunda natureza, as influências sociogênicas que fornecem os papéis e *scripts* por meio dos quais você se envolve com o seu mundo. Mas há o seu eu idiogênico, o seu pessoal ou particular para si mesmo. (Little, 2017, p. 24, tradução nossa)

Assim, retomando um dos questionamentos iniciais, sobre a ideia de que uma pessoa não tem personalidade, em referência a alguém que não se posiciona ou que é altamente influenciável, podemos assumir que esse entendimento não procede. Pelo contrário, a dificuldade de se posicionar pode ser um traço de personalidade.

A personalidade é uma fonte de criação de crenças e valores, estruturas profundas que impactam diretamente o comportamento das pessoas. As características, assim como a intensidade e a combinação delas, são o que torna cada ser humano único. ao passo que o comportamento, em uma definição simples e objetiva, diz respeito ao modo de agir perante o ambiente.

Neste capítulo, apresentaremos dois possíveis *assessments* de personalidade: o Big Five, também intitulado OCEAN, e o Myers-Briggs Type Indicator (MBTI).

2.2 Modelo Big Five

Em que pese o Modelo Big Five estar no campo de estudos da psicologia da personalidade, vale destacar que o *assessment aqui apresentado tem* **caráter subclínico, ou seja, em hipótese alguma oferece diagnóstico de personalidade, já que tal ação compete exclusivamente à psicologia e à psiquiatria, e não ao campo da gestão de pessoas**.

O modelo que trazemos nesta obra é fruto de uma longa jornada de pesquisas, iniciadas em por Fiske, Norman e Smith, entre outros. McCrae e Costa expandiram esse modelo e confirmaram a validade transcultural dos traços identificados. O Big Five nasce da hipótese léxica: interpretar lexicamente o significado das palavras e dos adjetivos a elas relacionados, o que permite mapear o perfil linguístico.

Por meio da inteligência artificial, diversas tecnologias inovadoras passaram a mapear a personalidade por meio desse modelo. Destacamos as soluções desenvolvidas pela International Business Machines Corporation (IBM), por meio da plataforma IBM Watson.

Watson, assim batizado em homenagem a Thomas J. Watson, fundador da IBM, é um supercomputador em nuvem que, ao associar inteligência artificial a *softwares* sofisticados, obtém a otimização de *performance* analítica por meio da aplicação da linguagem natural.

O modelo de personalidade Big Five também é denominado **OCEAN**, ou teoria dos cinco fatores, conforme indica o Quadro 2.1.

Quadro 2.1 – Modelo OCEAN

O	*Openness*	Abertura
C	*Conscientiousness*	Conscienciosidade
E	*Extraversion*	Extroversão
A	*Agreeableness*	Amabilidade
N	*Neuroticism*	Neuroticismo

Fonte: Elaborado com base em Little, 2017.

O modelo em questão consiste em uma "taxonomia sugerida, ou agrupamento para traços de personalidade, desenvolvida a partir da década de 1980 na teoria dos traços psicológicos" (Tamborim, 2021, p. 52).

O Modelo Big Five não é dicotômico, dado que concebe uma escala dimensional, sendo que nela o indivíduo ocupa uma posição que vai de zero a cem.

As dimensões desse modelo estão expressas na Figura 2.1, a seguir.

Figura 2.1 – Dimensões do Modelo Big Five

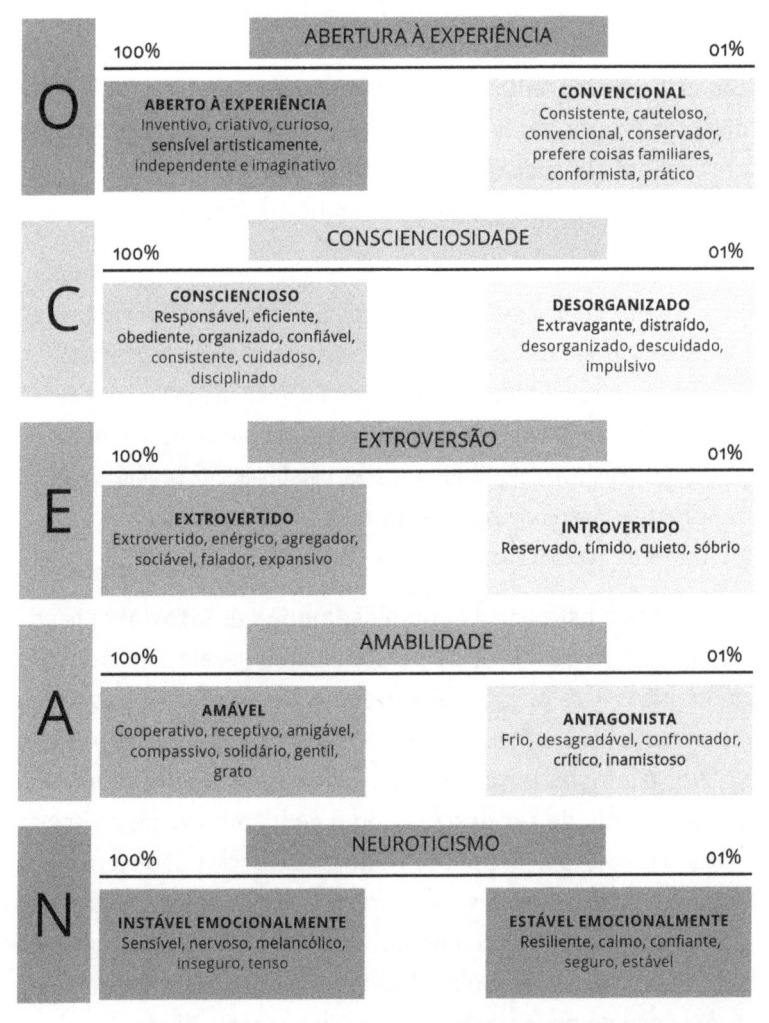

	100%	ABERTURA À EXPERIÊNCIA	01%
O	**ABERTO À EXPERIÊNCIA** Inventivo, criativo, curioso, sensível artisticamente, independente e imaginativo		**CONVENCIONAL** Consistente, cauteloso, convencional, conservador, prefere coisas familiares, conformista, prático

	100%	CONSCIENCIOSIDADE	01%
C	**CONSCIENCIOSO** Responsável, eficiente, obediente, organizado, confiável, consistente, cuidadoso, disciplinado		**DESORGANIZADO** Extravagante, distraído, desorganizado, descuidado, impulsivo

	100%	EXTROVERSÃO	01%
E	**EXTROVERTIDO** Extrovertido, enérgico, agregador, sociável, falador, expansivo		**INTROVERTIDO** Reservado, tímido, quieto, sóbrio

	100%	AMABILIDADE	01%
A	**AMÁVEL** Cooperativo, receptivo, amigável, compassivo, solidário, gentil, grato		**ANTAGONISTA** Frio, desagradável, confrontador, crítico, inamistoso

	100%	NEUROTICISMO	01%
N	**INSTÁVEL EMOCIONALMENTE** Sensível, nervoso, melancólico, inseguro, tenso		**ESTÁVEL EMOCIONALMENTE** Resiliente, calmo, confiante, seguro, estável

Fonte: Elaborado com base em Tamborim, 2021.

A depender do traço dominante, aquele que recebe a maior pontuação (tendendo a 100%), e do traço secundário, de menor pontuação (tendendo a 1%), temos composições de fatores que podem predizer determinadas preferências no processo de tomada de decisão e de comportamento (Tamborim, 2021).

O Modelo BIG FIVE, desenvolvido para compreender a relação entre **personalidade** e **comportamento**, foi definido por diversos grupos independentes de pesquisadores com base na aplicação da análise fatorial de descritores verbais de comportamento humano, como explica Tamborim (2021, p. 53):

> O modelo inicial foi proposto por Ernest Tupes e Raymond Christal em 1961, mas não conseguiu atingir um público acadêmico até os anos 1980. Em 1990, J. M. Digman avançou seu modelo de 5 fatores de personalidade, que Lewis estendeu ao mais alto nível de organização. Descobriu-se que esses cinco domínios abrangentes englobam a maioria dos traços de personalidade conhecidos e supõe-se que representem a estrutura básica por trás de todos os traços de personalidade.

A técnica estatística denominada **análise fatorial** aplicada aos dados da pesquisa de personalidade revelou associações semânticas, isto é, palavras utilizadas para descrever aspectos da personalidade, frequentemente aplicadas à mesma pessoa.

Por exemplo, um sujeito com alta amabilidade tem maior probabilidade de ser descrito como gentil em vez de grosseiro. Por seu turno, uma pessoa com alta conscienciosidade tem maior probabilidade de ser descrita como responsável em vez de pouco comprometida, assim como um indivíduo com baixa conscienciosidade tem maior probabilidade de ser descrito como alguém com senso de dever incipiente e pouca assertividade.

Cada uma das dimensões elencadas no modelo é constituída por um conjunto de **fatores primários** específicos relacionados a elas. Dessa forma, cada pessoa apresenta graus e combinações diferentes de tais características. Nesse sentido, em vez de afirmarmos que um sujeito tem ou não determinada característica, pelo Modelo Big Five podemos dizer que ele apresenta um espectro entre os dois extremos.

Cada dimensão é composta por seis facetas, em um somatório de **30 domínios**. Por essa razão, não se pode "avaliar" um indivíduo quanto aos seus traços de personalidade reduzindo-o a uma visão binária, tendo em vista a pontuação de um ou de outro traço.

Uma vez que cada dimensão tem domínios específicos relacionados, não é possível estabelecer uma relação tão excludente, já que a preferência por determinados comportamentos apenas pode ser conhecida considerando-se os cinco domínios principais, assim como os índices de suas 30 facetas subordinadas. (Tamborim, 2021). As facetas de cada dimensão são apresentadas no Quadro 2.2, a seguir.

Quadro 2.2 – Facetas de cada dimensão do Modelo Big Five

O	C	E	A	N
Abertura à experiência	Conscienciosidade	Extroversão	Amabilidade	Neuroticismo
Imaginação	Foco	Nível de atividade	Confiança – Perdão	Agressividade
Emocionalidade	Cautela	Assertividade	Moralidade	Ansiedade
Interesses artísticos e estéticos	Responsabilidade/Obediência	Bom humor	Altruísmo	Melancolia
Aventureiro/Desejo de experimentação	Organização	Busca por excitação	Cooperação	Autoconsciência
Curiosidade intelectual	Autodisciplina	Amistosidade	Modéstia	Imoderação
Liberalismo	Autoeficácia	Gregarismo	Simpatia	Vulnerabilidade

Fonte: Elaborado com base em Tamborim, 2021; Little, 2017.

Na sequência, para uma melhor compreensão acerca do que esperar do comportamento, considerando-se a distribuição dos traços dominantes e secundários, abordaremos cada uma das dimensões e as respectivas facetas.

2.2.1 Dimensão abertura

Também chamada de *abertura à experiência*, essa dimensão do estilo cognitivo distingue as pessoas imaginativas e criativas das pessoas práticas e convencionais.

Trata-se da medida do quão aberta e imaginativa é a experiência um indivíduo. Apresenta dois subcomponentes essenciais: um relacionado às disposições intelectuais e outro relacionado aos aspectos experienciais da abertura sensorial.

A abertura à experiência é constituída por aspectos estruturais e motivacionais. Pessoas com alta abertura à experiência buscam diferentes alternativas e modos de fazer as coisas.

Em termos de estrutura, elas têm um estilo fluido de consciência que favorece a associação de novas ideias a partir de elementos remotamente conectados. Por sua vez, sujeitos com menor abertura à experiência se sentem mais confortáveis com experiências que lhes soam familiares e tradicionais (Tamborim, 2021).

2.2.1.1 Facetas da abertura à experiência

Imaginação, emocionalidade, interesses artísticos, busca por excitação, curiosidade intelectual e liberalismo constituem as facetas da abertura à experiência, conforme apresenta o Quadro 2.3, a seguir.

Quadro 2.3 – Abertura à experiência

IMAGINAÇÃO	Capacidade de utilizar a fantasia como forma de criar para si um mundo interior rico e interessante.
» **Alta pontuação** Tendem a ser imaginativos e criativos; têm uma mente fértil e cheia de ideias. » **Baixa pontuação** Tendem a ser mais orientados a fatos e aspectos concretos da experiência do que à fantasia e a aspectos subjetivos.	
EMOCIONALIDADE	Capacidade de acessar os próprios sentimentos e ter consciência deles.
» **Alta pontuação** São conscientes de suas emoções; sentem-se bem ao falar abertamente sobre emoções e sentimentos que influenciam sua visão de mundo e suas ações. » **Baixa pontuação** São mais reservados em relação ao seu mundo interior e não costumam pensar nem se manifestar abertamente sobre seus sentimentos, podendo ser percebidos pelos outros como pessoas frias.	
INTERESSES ARTÍSTICOS	Capacidade de apreciar e amar a beleza, tanto na natureza quanto nas artes.
» **Alta pontuação** São facilmente envolvidos e absorvidos em eventos artísticos e naturais, embora não sejam necessariamente treinados artisticamente ou talentosos. » **Baixa pontuação** Apresentam baixa sensibilidade estética ou interesses em atividades artísticas e criativas.	

(continua)

(Quadro 2.3 – conclusão)

BUSCA POR EXCITAÇÃO	Forte desejo de experimentar novas atividades e coisas diferentes.
» **Alta pontuação** Ficam facilmente entediados com rotina e familiaridade; são aventureiros e sempre motivados e dispostos a experimentar novidades e a fazer coisas de um jeito diferente e inovador; são abertos a conhecer novas pessoas, lugares, culturas etc. » **Baixa pontuação** Apreciam rotinas, coisas previsíveis e situações com as quais tenham familiaridade e preferem não modificar suas dinâmicas; costumam se mostrar bastante desconfortáveis com mudanças.	
CURIOSIDADE INTELECTUAL	Capacidade de abstrair e filosofar sobre assuntos com os quais têm contato.
» **Alta pontuação** Apreciam brincar com ideias; têm mente aberta a novas concepções e representações incomuns; prezam por debater questões intelectuais e filosóficas; gostam de enigmas, quebra-cabeças e atividades de elevada abstração, nas quais possam aplicar pensamento analítico e crítico. » **Baixa pontuação** Preferem lidar com pessoas ou coisas em vez de ideias; não apreciam exercícios intelectuais ou que consideram de pouca aplicação e relevância prática.	
LIBERALISMO	Forte prontidão para desafiar autoridades, valores tradicionais e convenções preestabelecidas.
» **Alta pontuação** Tendem a desafiar a autoridade e a questionar valores tradicionais, pois acreditam que a mudança é positiva, mas, para isso, é preciso quebrar padrões. » **Baixa pontuação** Preferem a segurança da tradição e das regras; apreciam o sentimento de manutenção e o senso de estabilidade; acreditam fortemente que regras existem para serem cumpridas.	

Fonte: Elaborado com base em Tamborim, 2021.

Pessoas com pontuação alta nessa dimensão tendem a apresentar: grande variedade de interesses, tanto nas ciências quanto nas artes; abertura a novas ideias e conhecimentos; apreço por descobrir e explorar coisas novas, por experimentar o diferente; interesse pela estimulação intelectual; busca por níveis elevados de compreensão; sensibilidade ao belo, seja este na natureza ou na arte; assertividade e vocalidade sobre emoções e opiniões; perseverança e flexibilidade.

2.2.2 Dimensão conscienciosidade

A conscienciosidade remete à maneira como a pessoa controla, regula e direciona seus impulsos. Refere-se ao "traço de personalidade de ser cuidadoso e diligente [...] implica o desejo de fazer bem uma tarefa e de levar a sério as obrigações para com os outros. Pessoas conscienciosas tendem a ser eficientes e organizadas, ao contrário de pessoas despreocupadas e desordenadas" (Tamborim, 2021, p. 95).

2.2.2.1 Facetas da conscienciosidade

Foco, cautela, responsabilidade, ordem, autodisciplina e autoeficácia são as facetas que constituem a dimensão da conscienciosidade, como podemos observar no Quadro 2.4.

Quadro 2.4 – Conscienciosidade

FOCO	Capacidade de se esforçar para alcançar os objetivos propostos e desejo de ser reconhecido por seus feitos.

» **Alta pontuação**
Estabelecem metas ambiciosas para si mesmos e trabalham arduamente para alcançá-las; o forte desejo por serem reconhecidos como bem-sucedidos os mantém no caminho certo em direção a seus objetivos elevados; apresentam senso de direção na vida; quando em pontuações muito elevadas, podem ser excessivamente obstinados e obcecados com seu trabalho.

» **Baixa pontuação**
Tendem a ser mais acomodados com seu nível de conquistas e não sentem a necessidade de estabelecer objetivos muito ambiciosos; contentam-se em sobreviver com uma quantidade mínima de trabalho, o que pode fazer com que sejam vistos por outros como pessoas preguiçosas.

CAUTELA	Capacidade de se dispor a pensar de forma cuidadosa antes de agir.

» **Alta pontuação**
Tendem a ser deliberados e a destinar um tempo maior analisando meticulosamente as possibilidades e os desdobramentos de suas decisões antes de tomá-las.

» **Baixa pontuação**
Tendem a ser mais audaciosos e preferem tomar decisões que os fazem agir imediatamente; não gastam tempo deliberando sobre qual decisão seria melhor, sem considerar prováveis consequências das alternativas disponíveis.

RESPONSABILIDADE	Capacidade de ter um forte senso de obrigação para com suas responsabilidades.

» **Alta pontuação**
Tendem a ser regulares, obedientes e levam regras e obrigações a sério, mesmo que estas sejam por vezes inconvenientes e/ou desagradáveis.

» **Baixa pontuação**
Tendem a ser desleixados, descuidados e displicentes; fazem o que querem quando querem; importam-se pouco, ou quase nada, com as obrigações.

(continua)

(Quadro 2.4 – conclusão)

ORDEM	Capacidade de ter autoestrutura, senso de arrumação e asseio.

» **Alta pontuação**
Tendem a ser organizados e têm forte necessidade de estruturas; apreciam viver de acordo com rotinas e horários; mantêm listas e fazem planos; este traço está diretamente relacionado à produtividade no âmbito profissional.
» **Baixa pontuação**
Tendem a ser desestruturados e não gastam muita energia em termos de organização em seu dia a dia.

AUTODISCIPLINA	Capacidade de persistir em tarefas difíceis e/ou desagradáveis até que estas sejam concluídas.

» **Alta pontuação**
Tendem a ser bastante persistentes e não veem problemas ao se dedicarem a tarefas que demandam muito, pois são perseverantes e seguem fazendo o que for preciso até que a tarefa seja concluída, superando a relutância de iniciar novas tarefas e permanecendo no caminho certo, apesar das distrações.
» **Baixa pontuação**
Tendem a ser intermitentes e entram em sofrimento quando se deparam com uma tarefa difícil por longo período, acabando por procrastinar em vez de dedicar tempo e atenção para concluí-la.

AUTOEFICÁCIA	Capacidade de ser confiante nas próprias habilidades para conquistar objetivos e coisas. Pode ser descrita também como forte senso de competência.

» **Alta pontuação**
Tendem a ser confiantes em suas habilidades; acreditam que têm inteligência, bom senso, motivação e autocontrole; sentem que têm tudo aquilo de que precisam para serem bem-sucedidos naquilo que se dispõem a fazer.
» **Baixa pontuação**
Tendem a se sentir ineficazes e têm a sensação de que não estão no controle de sua vida; costumam duvidar de suas capacidades e frequentemente questionam seus próprios resultados e objetivos; tal comportamento pode estar intimamente relacionado a processos de autossabotagem e ao complexo de impostor.

Fonte: Elaborado com base em Tamborim, 2021.

2.2.3 Dimensão extroversão

Essa dimensão é marcada pelo engajamento pronunciado com o mundo externo. Trata-se do estado de obter gratificação principalmente fora de si mesmo. Pessoas extrovertidas se sentem energizadas e prosperam quando estão perto de outras pessoas. Apreciam fortemente atividades que envolvem encontros sociais e tendem a funcionar bem em grupos. É provável que o extrovertido não experimente tanto prazer em passar tempo sozinho em comparação com os momentos em que está com outras pessoas.

Já as pessoas introvertidas tendem a ser vistas como mais reservadas e reflexivas. São caracterizadas como sujeitos cuja energia tende a se expandir por meio da reflexão e a diminuir durante a interação (Tamborim, 2021).

Os introvertidos preferem atividades solitárias, como ler, meditar e escrever. É muito provável que uma pessoa com essa característica preze pelo tempo que passa sozinha e que encontre menor recompensa no tempo que gasta com outras pessoas.

> Você sabia que relacionar timidez à introversão é um grande equívoco? De acordo com Susan Cain (2012), a introversão é uma preferência, ao passo que a timidez tem gênese na angústia. Indivíduos introvertidos preferem atividades solitárias às sociais e não necessariamente as temem, como é o caso de pessoas tímidas. A timidez está relacionada ao traço de neuroticismo, e não à introversão.

2.2.3.1 Facetas da extroversão

Nível de atividade, assertividade, bom humor, busca por excitação, amistosidade e gregarismo são as facetas que constituem a dimensão extroversão. O Quadro 2.5, a seguir, detalha cada uma delas.

Quadro 2.5 – Extroversão

NÍVEL DE ATIVIDADE	Capacidade de gerenciar uma vida em compasso apressado, cheia de atividades e sempre ocupada, bem como de fazer coisas rápida, energética e vigorosamente.
» **Alta pontuação** Tendem a se mover com rapidez, energia e vigor e geralmente se envolvem em muitas atividades; são vistos como energéticos; apreciam a rotina ocupada, com muitas atividades e, de preferência, aceleradas. » **Baixa pontuação** Tendem a ser mais descontraídos; apreciam um ritmo mais relaxado e tranquilo na vida; não se sentem compelidos a ter uma rotina agitada e cheia de compromissos e atividades.	
ASSERTIVIDADE	Capacidade de direcionar atividades para outras pessoas, de liderar e tomar a frente quando estão em grupos.
» **Alta pontuação** Tendem a se posicionar como porta-vozes de grupos; sentem-se confortáveis em liderar e buscam sempre estar à frente das atividades. » **Baixa pontuação** Tendem a ser mais "recatados", preferindo escutar a falar, sobretudo se estiverem em configuração de grupo.	
BOM HUMOR	Capacidade de experimentar uma multiplicidade de sentimentos e estados positivos, incluindo entusiasmo, satisfação e felicidade. Esta escala mede o humor e os sentimentos positivos, e não as emoções negativas (que fazem parte do domínio neuroticismo).
» **Alta pontuação** Tendem a ser alegres e buscam compartilhar esses sentimentos com outras pessoas. » **Baixa pontuação** Tendem a ser mais solenes, não apreciam brincadeiras e não são tão propensos a um estado de espírito enérgico e alto.	

(continua)

(Quadro 2.5 – conclusão)

BUSCA POR EXCITAÇÃO	Capacidade de buscar cada vez mais por experiências excitantes e que gerem sensações diferentes.
» **Alta pontuação** Tendem a se entediar facilmente sem altos níveis de estimulação; apreciam a agitação e a excitação; são propensos a assumir riscos e a viver muitas emoções. » **Baixa pontuação** Tendem a preferir atividades quietas, calmas e seguras, dado que se sentem sobrecarregados com barulho e comoção; são adversos à busca frenética por emoções.	
AMISTOSIDADE	Capacidade de gostar genuinamente de outras pessoas e de demonstrar sentimentos positivos direcionados a elas.
» **Alta pontuação** Tendem a fazer amizades facilmente. » **Baixa pontuação** Tendem a ser reservados; têm um forte desejo de reservar tempo a si mesmos, longe dos outros; costumam se sentir sobrecarregados em multidões.	
GREGARISMO	Capacidade de perceber a companhia de outras pessoas como agradável e recompensadora, sobretudo a excitação de um grande público.
» **Alta pontuação** Tendem a achar a companhia de outras pessoas agradavelmente estimulante e recompensadora; apreciam a emoção das multidões. » **Baixa pontuação** Tendem a ter um forte desejo de dedicar mais tempo para si; são vistos como mais independentes; podem ser percebidos por outros como distantes e reservados.	

Fonte: Elaborado com base em Tamborim, 2021.

2.2.4 Dimensão amabilidade

A dimensão amabilidade mede a facilidade da pessoa em se conectar com os outros. Esse traço reflete as diferenças individuais quanto à preocupação com a cooperação e a harmonia social, bem como quanto à valorização do convívio com os demais. A amabilidade é uma característica social e se correlaciona positivamente com a qualidade dos relacionamentos mantidos com os membros da equipe.

Além disso, o traço prediz positivamente as habilidades de liderança transformacional. Nesse caso, o líder apresenta como característica essencial a capacidade de inspirar e motivar as pessoas que estão sob sua liderança, valorizando e destacando o que cada profissional do time tem de melhor e aplicando toda a potência a favor do desempenho coletivo (Gomes, 2022).

2.2.4.1 Facetas da amabilidade

Confiança, moralidade, altruísmo, cooperação, modéstia e empatia são as facetas que constituem a dimensão amabilidade, como indica o Quadro 2.6.

Quadro 2.6 – Amabilidade

CONFIANÇA	Capacidade de assumir que a maioria das pessoas em seu entorno são honestas, justas e com boas intenções; disponibilidade de perdoar; capacidade de não guardar rancor.
» **Alta pontuação** Tendem a ser mais crédulas na benignidade dos outros; acreditam no melhor das pessoas e compartilham sua confiança com grande facilidade; tendem a reconquistar a confiança, a restabelecer relações amigáveis e a perdoar o ofensor. » **Baixa pontuação** Tendem a ser mais cautelosos em relação às intenções de outras pessoas e não confiam facilmente; são vistas como desconfiadas e têm a tendência a acreditar que quem se aproxima tem alguma intenção oculta e/ou maliciosa.	

(continua)

(Quadro 2.6 – continuação)

MORALIDADE	Capacidade de não ser pretensioso ou de se utilizar de manipulação ao lidar com os outros.

» **Alta pontuação**
Tendem a ter um forte senso moral e acreditam fortemente que é errado obter vantagens de pessoas vulneráveis, mesmo que estas nunca venham a ter conhecimento disso; são transparentes e honestas.

» **Baixa pontuação**
Tendem a se sentir confortáveis para recorrer a "truques" sujos com o objetivo de obter o que almejam, o que inclui manipular, mentir, bajular e agir de maneira cínica e falsa; esta faceta é preditora de comportamentos nocivos e contraproducentes em um ambiente corporativo profissional.

ALTRUÍSMO	Capacidade de se sentir genuinamente recompensado ao ajudar os outros.

» **Alta pontuação**
Tendem a acreditar que ajudar outras pessoas é genuinamente recompensador, ou seja, trata-se de uma forma de autorrealização, e não de autossacrifício; geralmente estão dispostos a ajudar aqueles que precisam, buscando sempre novas formas de fazer isso ao máximo e para o maior número de pessoas possível.

» **Baixa pontuação**
Tendem a se preocupar mais em cuidar de si mesmos e não buscam tanto se importar com os outros; são vistos de forma mais antagônica e podem ser percebidos como pessoas individualistas; pedidos de ajuda soam mais como imposições do que como oportunidades de autorrealização.

COOPERAÇÃO	Capacidade de ter como objetivo evitar confrontos.

» **Alta pontuação**
» Tendem a fazer o máximo para se relacionarem bem com os outros, mesmo que muitas vezes acabem renunciando às próprias necessidades, caso acreditem que isso possa favorecer a convivência; tendem a ser alvos perfeitos de indivíduos com baixa moralidade; além de fazerem tudo para evitar o confronto, em geral são indivíduos que se satisfazem com pouco e são facilmente contentados.

» **Baixa pontuação**
» Tendem a ser confrontadores e não demonstram nenhum tipo de timidez quando sentem a necessidade de manifestar suas vontades e opiniões, mesmo que isso promova situações desconfortáveis para outras pessoas. Isso não significa que sejam encrenqueiros e que gostem de arrumar confusão, mas são sujeitos de gênio forte e que não fogem de argumentar, posicionar-se e colocar seu ponto de vista à prova; não buscam agradar os outros a todo custo.

(Quadro 2.6 – conclusão)

MODÉSTIA	Capacidade de se demonstrar despretensioso, modesto e humilde.
» **Alta pontuação** Tendem a não afirmar que são melhores do que outros. É importante destacar que a modéstia não significa baixa autoestima; as pessoas com essa característica apenas não apreciam "holofotes" e glórias, dado que se sentem desconfortáveis em ser o centro das atenções. » **Baixa pontuação** Tendem a ser orgulhosos e têm grande consideração por si próprios. Demonstram-se satisfeitos com quem são e sentem-se muito confortáveis em ser o centro das atenções; também consideram importante, e como objetivo de vida, obter luxo, objetos de alto valor e dinheiro; quando bem dosada, esta faceta pode ser um preditor eficaz de sucesso profissional e financeiro.	
EMPATIA--SIMPATIA	Capacidade de demonstrar compaixão e empatia.
» **Alta pontuação** Tendem a ser empáticos, buscam olhar e compreender os fatos sob a perspectiva de outras pessoas, experimentam os sentimentos e demonstram compaixão. » **Baixa pontuação** Tendem a não se compadecer com facilidade dos desafortunados, sob a crença de que as pessoas deveriam confiar mais em si mesmas do que depender dos outros.	

Fonte: Elaborado com base em Tamborim, 2021.

2.2.5 Dimensão neuroticismo

Neuroticismo, também denominado *emocionalidade negativa*, é a tendência do indivíduo a sentir ansiedade, raiva ou depressão. É conhecido como instabilidade emocional. O neuroticismo está estreitamente relacionado à baixa tolerância ao estresse. Indivíduos com alta pontuação nessa dimensão tendem a ser reativos e a demonstrar elevada vulnerabilidade quando expostos a situações de estresse, assim como são propensos a interpretar como ameaçadoras situações comuns e corriqueiras. Para aprofundarmos nossa explicação, emprestamos de Tamborim (2021, p. 157) as seguintes palavras:

> No estudo da psicologia o neuroticismo foi considerado um traço de personalidade fundamental [...] os indivíduos com pontuações altas em neuroticismo são mais propensos do que a média a ser temperamentais e experimentar sentimentos de ansiedade, preocupação, medo, raiva, frustração, inveja, ciúme, culpa, depressão, mau humor e solidão. Acredita-se que essas pessoas reagem pior aos estressores e são mais propensas a interpretar situações comuns, a exemplo de frustrações menores, como algo desesperadoramente difícil.

Outro ponto a destacar é que sujeitos com altas pontuações nessa dimensão, além de perceberem pequenas frustrações como exageradamente difíceis, tendem a ter reações emocionais negativas que persistem por longos períodos, o que os leva a frequentemente estar de mau humor.

Cabe observar que as dificuldades em relação à regulação emocional podem impactar no sentido de reduzir a capacidade de pensar com clareza, de tomar decisões assertivas e de lidar com os fatores estressores naturais da vida de forma eficaz.

Além disso, é válido notar que "a falta de contentamento nas realizações de uma vida pode se correlacionar com altos escores de Neuroticismo e aumentar a probabilidade de cair em depressão clínica" (Tamborim, 2021, p. 158).

2.2.5.1 Facetas do neuroticismo

Agressividade, ansiedade, melancolia, imoderação, autoconsciência e vulnerabilidade são as facetas que compõem essa dimensão, como indica o Quadro 2.7.

Quadro 2.7 – Neuroticismo

AGRESSIVIDADE	Tendência a vivenciar a raiva e a ter sentimentos de irritabilidade.

» **Alta pontuação**
Tendem a ter um temperamento explosivo e atitudes difíceis, assim como a agir de forma agressiva, especialmente quando alguma coisa não ocorre da forma como esperavam.
» **Baixa pontuação**
Tendem a ter um temperamento moderado e geralmente é difícil que sintam irritação; são vistos como pessoas tranquilas e controladas.

ANSIEDADE	Tendência a vivenciar frequentemente a sensação de que algo desagradável, ameaçador ou perigoso está prestes a acontecer; o sistema de lutar e fugir é mais sensível e frequentemente acionado. Também conhecida como *propensão à preocupação*, esta faceta é um forte preditivo de distúrbios como síndrome do pânico e fobia social.

» **Alta pontuação**
Tendem a se sentir mais ansiosos e preocupados, dado que se ocupam antecipadamente com coisas pequenas e sem grande relevância; são tidos como excessivamente preocupados e ressaltados.
» **Baixa pontuação**
Tendem a ser indivíduos confiantes e tranquilos e a se manter calmos inclusive em situações de forte pressão.

MELANCOLIA	Tendência a se sentir triste e desanimado, assim como a reagir mais prontamente em situações corriqueiras (altos e baixos).

» **Alta pontuação**
Tendem à melancolia, por frequentemente pensarem em situações e experiências sentidas como negativas; são mais facilmente absorvidos por emoções de tristeza e sentem grande dificuldade de entrar em processo adaptativo; tendem a ter baixa energia e, até mesmo, dificuldade de iniciar atividades; esta faceta tem correlação positiva com diagnósticos de depressão.
» **Baixa pontuação**
Tendem a estar livres de sentimentos depressivos e a enxergar os desafios da vida de forma mais leve e otimista.

(continua)

(Quadro 2.7 – conclusão)

IMODERAÇÃO	Tendência a sentir desejos fortes e impulsos aos quais se manifesta dificuldade de resistir, mesmo ciente de possíveis arrependimentos no futuro; esta faceta está orientada ao prazer e à recompensa imediata em detrimento das consequências de longa duração.

» **Alta pontuação**
Tendem a ser vistos como hedonistas e a sentir fortes desejos direcionados a suas vontades, com grande dificuldade de manifestar resistência; costumam se sentir facilmente "tentados".

» **Baixa pontuação**
Tendem a ser autocontrolados e a demonstrar domínio sobre suas vontades, as quais não são particularmente intensas.

AUTOCONSCIÊNCIA	Tendência a se sentir sensível ao que outros pensam dele; suas preocupações com a rejeição e o ridículo fazem com que se sinta tímido e desconfortável ao interagir com os outros.

» **Alta pontuação**
Tendem a ser autoconscientes e a demonstrar forte sensibilidade em relação ao que outras pessoas possam pensar sobre eles.

» **Baixa pontuação**
Tendem a ser confiantes e dificilmente se sentem embaraçados em situações sociais.

VULNERABILIDADE	Tendência a demonstrar dificuldade para lidar com o estresse; esta faceta faz com que o indivíduo experimente pânico, confusão e desamparo quando sob pressão ou ao passar por situações emergenciais.

» **Alta pontuação**
Tendem a ser suscetíveis ao estresse e sentem-se facilmente sobrecarregados em situações de forte pressão.

» **Baixa pontuação**
Tendem a se manter calmos e equilibrados sob pressão; manifestam confiança e conseguem ter pensamentos claros sob estresse; são capazes de gerenciar eventos inesperados com calma e efetividade.

Fonte: Elaborado com base em Tamborim, 2021

É essencial sempre termos em mente que o indivíduo é uma **combinação complexa de todas as dimensões e as facetas descritos**. Nesse sentido o Modelo Big Five, quando aplicado nas organizações, tem por objetivo estimular o autoconhecimento e dar luz aos aspectos fortes e às oportunidades de desenvolvimento do indivíduo. Se for do desejo de cada um, ele pode fortalecer traços de modo a propiciar a obtenção de resultados edificantes para a vida e a carreira. Isso porque, graças à plasticidade cerebral, os traços de personalidade são uma tendência, mas não necessariamente um destino[1].

2.3 Contextos de aplicação na gestão de pessoas

A aplicação do Big Five constitui um importante instrumento de apoio para a gestão estratégica de pessoas. É possível observar direta e indiretamente seus reflexos nesse campo. Em termos práticos, ele oportuniza diversas inferências que podem ser utilizadas para diferentes práticas, como orientar seleção de pessoal, promover programas de desenvolvimento, além de permitir que se identifiquem influências no clima organizacional.

---

1 "O cérebro adulto é maleável e, devido à plasticidade, se adapta continuamente a novas circunstâncias. Essa **capacidade cerebral de mudanças** é atribuída à plasticidade cerebral, a qual sugere o cérebro estar bem constituído para a aprendizagem ao longo da vida e para adaptação ao ambiente" (Dorneles; Cardoso; Carvalho, citados por Costa; Silva; Jacóbsen, 2019, p. 466, grifo nosso).

Na sequência, apresentaremos algumas análises com o objetivo dasesclarecer a aplicação do modelo. Para tanto, retomemos as dimensões e os tratos que compõem o Big Five (Quadro 2.8).

Quadro 2.8 – Dimensões do Big Five

O	C	E	A	N
ABERTURA À EXPERIÊNCIA	CONSCIENCIOSIDADE	EXTROVERSÃO	AMABILIDADE	NEUROTICISMO
Imaginação	Foco	Nível de atividade	Confiança – Perdão	Agressividade
Emocionalidade	Cautela	Assertividade	Moralidade	Ansiedade
Interesses artísticos e estética	Responsabilidade/Obediência	Bom humor	Altruísmo	Melancolia
Aventureiro/desejo de experimentação	Organização	Busca por excitação	Cooperação	Autoconsciência
Curiosidade intelectual	Autodisciplina	Amistosidade	Modéstia	Imoderação
Liberalismo	Autoeficácia	Gregarismo	Simpatia	Vulnerabilidade

Fonte: Elaborado com base em Tamborim, 2021 – Little, 2017.

Primeiramente, cabe destacar que uma análise não é um julgamento de valor aleatório ou atrelado a preferências pessoais. No âmbito da gestão estratégica de pessoas, ela deve considerar a matriz de responsabilidades do cargo, caso em que também é chamada de *análise e descrição de cargos*, *ficha técnica de cargos*, *mapa de cargo* ou *arquétipo de cargo*.

Esse documento alicerça todas as políticas e práticas da gestão de pessoas. Ele é essencial porque apresenta requisitos de acesso do cargo, comportamentos de aderência à cultura e competências específicas para o desempenho de atividades, além de elencar atividades e entregas de valor que o ocupante do cargo deve fornecer à organização. Mas, atenção: é inadequado proceder à leitura e à interpretação das informações sem referência à matriz de responsabilidade do cargo ou posição.

A análise das facetas se tornam mais relevantes ou menos relevantes à medida que identificamos congruência ou inadequação em relação aos comportamentos, aos aspectos de tomada de decisão e ao ambiente do profissional, ainda que, em sua própria estrutura, a análise (a pontuação do espectro) possa iluminar pontos de desenvolvimento e de apoio.

Considerando o exposto, a seguir, analisaremos algumas de suas aplicações do modelo.

2.3.1 Tolerância ao estresse e a um ambiente de pressão

A palavra *estresse* vem do inglês *stress*, que significa "tensão", "insistência", "pressão". É um termo emprestado da física, usado para designar a tensão à qual estão expostos os materiais, ou seja, corresponde ao "grau de deformidade que uma estrutura sofre quando é submetida a um esforço" (Limongi França Rodrigues, 2002, p. 28).

Trata-se de um conjunto de reações que ocorrem em determinado organismo submetido a um esforço de adaptação. O estresse tem dois significados: como processo – tensão diante de uma situação de desafio por ameaça ou conquista; e como estado – resultado positivo ou negativo da tensão. As pressões às quais o organismo é submetido são denominadas *estressores*, cuja origem pode estar no meio externo ou no mundo interno. Os estressores disparam uma série de reações no organismo via sistema nervoso, que impactam o funcionamento dos órgãos e a regulação da emoção, influenciando a saúde do corpo, da mente e dos relacionamentos sociais (Gramms; Lotz, 2017).

» **Contexto**: embora os fatores estressores apresentem gêneses diversas – como ambiente (incerteza econômica ou política, mudanças tecnológicas etc.) e fatores organizacionais (demandas de tarefas, conflitos de papéis, qualidade do relacionamento interpessoal) e individuais (problemas familiares, de saúde ou econômicos), a gestão do estresse no ambiente corporativo é questão de qualidade de vida no trabalho e de resultados de produtividade. Nessa ótica, os "paradoxos da dinâmica corporativa atual têm cobrado um preço elevado dos profissionais da alta cúpula, que muitas vezes pagam os desgastes com a própria saúde, física e mental". (Lens &; Minarelli, 2006). Pressão por metas, por desempenho individual e da equipe, por produtividade, bem como instabilidades socioeconômicas e mudanças tecnológicas, são apenas alguns exemplos de estressores do mundo corporativo. Aliás, a pressão é um tema recorrente nas organizações que estão inseridas em um mercado hipercompetitivo. Por outro lado, percebemos que a dose conferida à gestão competitiva deve respeitar limites no que se refere a preservar a saúde mental e emocional dos parceiros internos de negócios.

» **Contribuição**: o Big Five pode contribuir para identificar profissionais com menor ou maior tolerância ao estresse e, assim, nortear gestores acerca de cuidados caso o nível de vulnerabilidade da equipe seja alto. É possível dividir esse nível em alta tolerância ao estresse e baixa tolerância ao estresse.

2.3.1.1 Alta tolerância ao estresse

Observe as informações apresentadas no Quadro 2.9, a seguir:

Quadro 2.9 – Tolerância ao estresse

DIMENSÕES DE ANÁLISE				
NEUROTICISMO			EXTROVERSÃO	CONSCIENCIOSIDADE
Vulnerabilidade	Ansiedade	Melancolia	Bom humor	Autoeficácia
Baixo	Baixo	Baixo	Alto	Alto

» **Desdobramentos**: há conjunto de fatores que impactam diretamente o nível de tensão que um profissional pode suportar, em face do qual o indivíduo possa manter a mente clara para a tomada de decisões. No entanto, a combinação das dimensões e facetas elencadas representa um forte preditor de uma pessoa que suporta pressões do ambiente e que tem tendência a não alimentar pensamentos enfraquecedores, mantendo seu nível de energia alto, reforçado pela faceta alta do bom humor, apesar do que possa estar ocorrendo em seu momento de vida, pois ela busca ressignificar os eventos indesejados ou inesperados, aprender com eles e seguir adiante. A alta autoeficácia faz com que o sujeito confie mais na força das suas asas do que na força dos galhos – metáfora apropriada para aquele que nutre a crença impulsionadora de que sempre tende a encontrar um caminho.

2.3.1.2 Baixa tolerância ao estresse

Agora, em comparação, observe as informações constantes no Quadro 2.10:

Quadro 2.10 – Baixa tolerância ao estresse

DIMENSÕES DE ANÁLISE					
NEUROTICISMO				EXTROVERSÃO	CONSCIENCIOSIDADE
Vulnerabilidade	Ansiedade	Melancolia	Autoconsciência	Bom humor	Autoeficácia
Alto	Alto	Alto	Alta	Baixo	Baixo

» **Desdobramentos**: mesmo com o conjunto de fatores biológicos, emocionais e sociais expostos no quadro anterior, a combinação da personalidade pode ser um preditor de elevadas possibilidades de um sujeito se desestabilizar em ambientes com forte pressão. O alto neuroticismo favorece a sensibilidade a eventos negativos. Isso significa que a pessoa produz pensamentos negativos que a inserem em estados enfraquecidos de recurso, levando sua energia a baixar consideravelmente. Além disso, pessoas com essa característica tendem a enfraquecer sua autoconfiança quando expostas a críticas, fator que pode ser agravado pela alta autoconsciência, que diz respeito ao juízo de valor feito pelos outros. Ainda, a melancolia pode favorecer a ruminação de sentimentos não positivos, fortalecidos pela tendência da alta ansiedade a projetar situações desagradáveis, ameaçadoras. Ademais, o baixo bom humor facilita a atribuição de peso e a negatividade em face das situações vivenciadas, o que não auxilia na construção de processos de ressignificação.

O profissional que reconhece essa tendência pode manter o aspecto da tolerância ao estresse e à pressão sob perspectiva – buscando desenvolver uma maior atenção ao diálogo interno, com vistas a elaborar processos de ressignificação dos eventos potencialmente desestabilizadores e a estratégias de *coping*[2] (ou seja, enfrentamento de estresse), fortalecendo seu lócus de controle[3].

Em síntese, o autoconhecimento contribui para que o indivíduo trace uma rota de autodesenvolvimento. Assim, ele pode identificar as áreas de atenção e buscar, por meio do comportamento consciente e do ato de vontade, acessar recursos que lhe possibilitem ter diferentes comportamentos e, por consequência, resultados também diferentes, produzindo reflexos quanto ao desenvolvimento de competências socioemocionais, tão requeridas pelo mercado de trabalho.

» **Implicação na gestão estratégica de pessoas**: um estudo realizado em Porto Alegre e em São Paulo, promovido pela International Stress Management Association (2014-2015), apontou que 89% das pessoas economicamente ativas, com idades entre 25 e 60 anos, sofrem de estresse por falta de reconhecimento no trabalho (Gramms; Lotz, 2017).

---

2 *Coping* é o "conjunto de esforços cognitivos e comportamentais utilizados pelos indivíduos com o objetivo de lidar com demandas específicas, internas ou externas, que surgem em situações de estresse e são avaliadas como sobrecarregando ou excedendo seus recursos pessoais" (Lazarus; Folkman, citados por Dell'Aglio; Hutz, 2002, p. 6).

3 O lócus de controle remete ao centro de controle, ou seja, a "quem está na direção". Trata-se de um filtro de referência determinado pela percepção que o indivíduo tem sobre o quanto é vítima de tudo o que lhe acontece ou o quanto está no comando de sua vida. Pessoas com lócus externo de controle tendem sempre a se sentir vítimas, seja de outras pessoas, do governo, seja da própria situação, ao passo que sujeitos com lócus interno de controle tendem a perceber que entre um estímulo (evento) e um resultado (comportamento) existe uma escolha (Gramms; Lotz, 2017).

Nessa ótica, segundo pesquisadores que se debruçam sobre a temática saúde no ambiente psicossocial, as organizações, por meio de práticas de gestão estratégica de pessoas, podem: incluir em suas políticas programas de reconhecimento e recompensa; promover rodadas de acompanhamento de *performance* e *feedbacks*, com o objetivo de identificar áreas de forças e oportunidades de desenvolvimento para enfrentar os desafios que se desenham para o cargo; fornecer programas de mentorias etc.

2.3.2 Tendência a comportamentos assediadores

» **Contexto**: o assédio no âmbito organizacional constitui-se em uma patologia grave, pois deprecia a qualidade no ambiente relacional, impacta a vida do assediado e pode acarretar o adoecimento. O assédio – moral, intelectual, sexual ou existencial, é caracterizado pela imposição, de uma pessoa para a outra, com o propósito de abalar a moral do assediado. Ou seja, o assédio fere a dignidade da pessoa, por se tratar de uma violência que destrói a autoestima e que pode levar ao adoecimento físico e emocional. Os danos decorrentes do assédio transcendem o nível pessoal e atingem a todos que convivem com o sujeito assediado (Gramms; Lotz, 2017).

» **Contribuição**: o Big Five contribui para identificar profissionais com características que favorecem a adoção de comportamentos assediadores, o que implica uma alta dose de estresse desnecessária para as pessoas e contraproducente para as organizações, que podem amargar altas cifras por conta de indenizações por assédio moral, intelectual e sexual.

A seguir, observe as informações que constam no Quadro 2.11:

Quadro 2.11 – Tendência a comportamentos assediadores

DIMENSÕES DE ANÁLISE			
AMABILIDADE		NEUROTICISMO	
Moralidade	Cooperação	Agressividade	Imoderação
Baixa	Baixa	Alta	Alta

» **Desdobramentos**: se o sujeito demonstra amabilidade e, principalmente, revela baixos escores das facetas da moralidade e cooperação, significa que ele apresenta um comportamento conflituoso e não respeita regras, incluindo as de convivência. Ao somar esses indicadores com a análise do neuroticismo, considerando o baixo escore das facetas de agressividade e moderação, configura-se uma situação de extrema atenção no que diz respeito às regras de convivência.

» **Implicação na gestão estratégica de pessoas**: conforme relatado por Puente (2021), no Brasil, o valor da indenização referente a transtornos psicológicos em virtude do assédio moral nas empresas "pode variar de R$ 10 mil a R$ 2 milhões, porém, o juiz fixará os valores conforme seu entendimento, o que poderá causar grandes variações".

Embora os prejuízos ultrapassem as cifras, é essencial que a área de RH da empresa crie mecanismos para identificar potenciais comportamentos assediadores, o que pode ocorrer por meio das seguintes práticas:

» estabelecer critérios rigorosos de seleção de pessoal, com entrevistas comportamentais, verificação de currículo, tomada de referências do candidato etc.;
» adotar um código de ética e conduta;
» promover a sensibilização e fornecer informações sobre o tema;

- » implementar políticas de gestão de pessoas (seleção de pessoas treinamento e desenvolvimento, higiene, saúde e segurança no trabalho, avaliação de desempenho, plano de carreira, política de cargos e salários, pesquisa de clima etc.);
- » acompanhar e desenvolver as competências socioemocionais dos gestores, que são os principais disseminadores dos valores da organização;
- » zelar pelas informações e assegurar que as denúncias sejam investigadas, tratadas e respondidas, a fim de cumprir com o disposto no Código de Ética e com os valores da organização;
- » estabelecer e disseminar ações disciplinares e o compromisso de criar e manter um ambiente livre de assédios (Gramms; Lotz, 2017).

Selecionar profissionais com habilidades positivas de relacionamentos é essencial para manter o time produtivo e livre de doenças laborais causadas por um ambiente de trabalho em que há assédios, gestão por injúria e ausência de empatia e de consideração.

2.3.3 Permeabilidade à corrupção em cargos estratégicos

- » **Contexto**: a corrupção organizacional é um fenômeno de natureza sistêmica. Portanto, tratá-la de forma linear e simplista seria um tanto ingênua. Compreender a corrupção e a permeabilidade em relação a suas práticas requer o olhar atento a uma multiplicidade de variáveis. A esse respeito, para além do próprio comportamento humano, Santos, Hoyos Guevara e Amorim (2013, p. 54) apresentam alguns pontos digno de nota.

- » existe um subsistema de reciprocidade, destrutivo e parasita, de ganho mútuo nas redes exclusivas de corrupção; [...]
- » comportamentos de corrupção parasita podem envolver comportamentos produtivos, o que serve para apoiar ainda mais o subsistema de corrupção;
- » armadilhas pequenas do cotidiano e violações éticas podem cooptar reformadores em potencial, além de ser usadas como armas contra eles;
- » muitos dos agentes da rede de corrupção, pessoal e individualmente, podem ser muito agradáveis, generosos, divertidos, inteligentes e, até mesmo, corajosos, enquanto, ao mesmo tempo, podem também ser parasitas e destrutivos;
- » leis socialmente populares, mas não realistas, são aprovadas para gerar popularidade política e oportunidades de extorsão ou suborno; [...]

Com relação à promoção involuntária da corrupção por parte da organização, podemos elencar práticas tais como a aplicação abusiva de recompensas por desempenho e as formas de contratação, com destaque para cargos estratégicos.

Cargos dessa natureza envolvem autoridade para tomada de decisão nos diversos âmbitos da organização, como gestão de pessoas, definição de processos ou gestão financeira direta ou indireta, com a aprovação de compras, entre outros. Nessa matriz de responsabilidade, não é difícil que, na posição de representação da organização, surjam decisões que podem favorecer critérios próprios, em detrimento da necessidade coletiva ou, mesmo, de propostas de incentivos não lícitos, para induzir uma decisão.

» **Contribuição**: o Big Five pode contribuir de aspectos a investigar profissionais com características que favoreçam comportamentos corruptíveis em virtude sua própria combinação de dimensões e facetas) entre as quais estão: baixa amabilidade, alta imoderação e baixa conscienciosidade. O Quadro 2.12, aguir, apresenta os itens de análise:

Quadro 2.12 – Permeabilidade à corrupção em cargos estratégicos

DIMENSÕES DE ANÁLISE			
AMABILIDADE		NEUROTICISMO	CONSCIENCIOSIDADE
Moralidade	Cooperação	Imoderação	Cautela
Baixa	Alta	Alta	Baixa

» **Desdobramentos**: é importante destacar que o comportamento corrupto não é determinado pelas características dispostas, sendo constituído por um ato de liberdade de consciência, que envolve outros aspectos da personalidade, como valores e crenças pessoais.

Destacamos aqui que a combinação de análise da dimensão amabilidade com um alto escore de cooperação favorece o desejo do profissional de gerar um sentimento positivo por meio de sua tomada de decisão em favor do interlocutor em uma negociação. Além disso, essa característica única, com baixa pontuação no escore da faceta moralidade, pode contribuir para uma desatenção a limites éticos ou regras.

Quando completamos o campo de análise atentando para a dimensão do neuroticismo, a alta pontuação do escore de moderação privilegia o desdobramento de um limite mais amplo para negociação, o qual se configura propício a uma tomada de decisão negligente.

Uma baixa pontuação no escodoe cautela em relação à dimensão conscienciosidade intensifica a disposição para determinado comportamento.

Visto que o mapeamento dessas características pode ser observado pela aplicação do *assessment*, cabe ao especialista responsável por processos que legitimam a ocupação de posições estratégicas (mediante seleção, de sucessão ou de movimentação interna, manter atento para identificar e comunicar riscos. Em caso de aprovação para a ocupação da posição, o profissional deve sinalizar a necessidade de se promover processos de acompanhamento da atividade desempenhada pelo profissional.

» **Implicação na gestão estratégica de pessoas**: o primeiro ponto a observar é identificar indícios no processo da gestão da porta de entrada. Como mencionamos anteriormente, o comportamento corrupto é constituído por um ato de liberdade de consciência que envolve outros fatores da personalidade, como valores e crenças pessoais. Nesse sentido, o papel do profissional de RH é, depois de identificar vestígios, imediatamente recorrer a psicólogos, os quais poderão aplicar instrumentos específicos para identificar com profundidade outros elementos da personalidade do candidato. A realização de entrevistas comportamentais com foco em competências, avaliadas por profissional capacitado para tal, também pode contribuir para levantar informações valiosas acerca da personalidade e do perfil comportamental. Lembramos, ainda, que nenhum instrumento pode ser utilizado isoladamente para a tomada de decisão de uma possível contratação. Nosso intuito é, justamente, informar que o Big Five pode indicar pistas para serem analisados com mais profundidade.

Outro apecto a considerar de modo a evitar comportamentos nocivos pela permeabilidade à corrupção leva aos programas e às práticas de *compliance*, que se refere a um mecanismo que atua em relação à prevenção ao descumprimento de normas, bem como ao combate a fraudes e à corrupção, além de lavagem de dinheiro e do desvio de condutas éticas. Logo, o *compliance* protege a organização que o implementa e, com efeito, a própria sociedade, conforme sinaliza o Silva, 2018).

Além da aderência ética, investigada no processo da gestão da porta de entrada, a empresa também pode adotar instrumentos como códigos de ética e de conduta e controles internos. Ainda, para coibir a permeabilidade pessoal e institucional em relação à corrupção, a organização pode fazer uso de auditorias, divulgação de temas que abranjam a corrupção e de canais de denúncias. Tais políticas, além de promoverem a ética no âmbito organizacional, impactam diretamente a imagem da marca da organização.

2.3.4 Liderança positiva

» **Contexto**: se a alta *performance* da organização corresponde ao destino, a liderança é o motor (Blanchard et al., 1986). Essa afirmação nos remete a refletir sobre o quão importante é a liderança em uma empresa. Sua influência está relacionada a todas as dimensões da organização, razão pela qual constitui-se em um fator crítico.

Uma matéria intitulada "8 em cada 10 profissionais pedem demissão por causa do chefe", publicada pelo portal de notícias G1 de em 2019 (G1, 2019), apresenta um levantamento realizado pela consultoria de recrutamento Michael Page com candidatos a vagas de emprego. O resultado apontou que o desempenho do líder foi o principal motivo de pedidos de desligamentos e de relatos de desânimo em relação ao emprego.

Esse levantamento indica que é comum encontrar profissionais que pediram demissão de seus líderes, e não da organização em si, sobretudo por questões relacionais. Além de guardiões dos processos e promotores dos resultados, os líderes têm como responsabilidade principal selecionar e garantir o engajamento da equipe, a fim de obter os resultados desejados.

Em que pese a liderança ser composta por uma estrutura de conhecimentos de gestão de pessoas, a qual permite compreender o funcionamento de indivíduos e de grupos por meio de técnicas, metodologias e práticas próprias da área, é impossível desassociar da liderança o aspecto pessoal do líder.

Ainda que a organização, por meio de sua cultura organizacional e de seus valores declarados, aproxime a liderança de um estilo desejado, elencamos alguns aspectos gerais de personalidade que devem ser observados, pois influenciam na qualidade das relações por meio de comportamentos universais esperados para a criação de vínculos positivos.

» **Contribuição**: o Big Five pode contribuir para identificar as características comportamentais que podem nortear a análise, tanto para a seleção como para o desenvolvimento dos líderes (Quadro 2.13.

Quadro 2.13 – Preditor de liderança positiva

DIMENSÕES DE ANÁLISE									
AMABILIDADE					CONSCIEN-CIOSIDADE	NEUROTICISMO			EXTROVERSÃO
Simpatia	Confiança	Altruísmo	Cooperação	Moralidade	Foco	Agressividade	Imoderação	Vulnerabilidade	Assertividade
Alta	Alta	Alta	Alto	Alto	Alto	Baixa	Baixa	Baixa	Alta

» **Desdobramentos**: como a liderança é uma competência legitimada interpessoalmente, a alta amabilidade é um preditor do favorecimento das relações. Especificamente no comportamento do líder, podemos encontrar maior predisposição em ajudar, apoiar, contribuir, confiar no desempenho das pessoas, orientar e estimular comportamentos colaborativos. Indivíduos com elevada amabilidade gostam de pessoas, simpatizam e empatizam com os sentimentos dos outros, buscam fazer com que se sintam à vontade e estão sempre dispostos a ajudar. Eles tendem a ser naturalmente altruístas, a cooperar e a trabalhar com os outros, a se sentirem autorrealizados com a oportunidade de auxiliar com outras pessoas. Tais aspectos favorecem a congruência entre o que é dito e o que é feito, devendo-se observar que o sentimento de que o chefe não é um líder (por exemplo, uma inspiração para o dia a dia) configura-se como um dos fatores mais apontados como motivo para pedidos de demissão (G1, 2019).

A alta conscienciosidade promove a responsabilidade e o direcionamento para metas organizacionais. O baixo neuroticismo favorece a clareza na tomada de decisões, o equilíbrio a estabilidade emocional, bem como a capacidade de suportar pressão sem comprometer o grupo, administrando-se as emoções para incentivar cada profissional de acordo com seu nível de maturidade e responsabilidade no projeto.

A baixa agressividade permite manter o equilíbrio e a mente clara em situações de pressão. Já a baixa vulnerabilidade indica positivamente a tendência ao equilíbrio e à estabilidade, assim como a alta assertividade oferece a devida familiaridade para conduzir ações de outras pessoas e para se sentir no domínio das situações.

» **Contribuição na gestão de pessoas**: profissionais com liderança positiva impactam o clima organizacional, o engajamento do grupo, o desenvolvimento do time, os níveis de confiança, a retenção dos talentos, a redução da rotatividade, assim como os resultados de produtividade e da imagem da marca. Ressaltamos, também, que a liderança pode ser desenvolvida. Desse modo, essa matriz de análise pode contribuir para o desenvolvimento (plano de desenvolvimento individual, treinamentos, mentorias etc.) de aspectos socioemocionais, de forma a assegurar a saúde do ambiente psicossocial.

Em suma, no processo seletivo de líderes em geral, é importante observar, na dimensão extroversão, a faceta assertividade, já que a alta pontuação indica facilidade de assumir o comando e de gerenciar as atividades de outras pessoas. Na dimensão amabilidade, ainda é importante considerar, em termos de alta pontuação, as facetas moralidade (visto que o exemplo de conduta é essencial para desenvolver um ambiente saudável) e confiança (a fim de gerar conexão com os liderados).

2.3.5 Encaminhamento para Plano para Desenvolvimento Individual (PDI) e treinamentos comportamentais

» **Contexto**: a personalidade é uma tendência, e não uma sentença. O indivíduo, ao conhecer as dimensões de sua personalidade, pode escolher dominá-las ou ser dominado por elas. No momento em que a pessoa toma consciência de suas características e avalia seus resultados, pode decidir por fortalecer ou reduzir o impacto de sua tendência natural. Aqui entram em destaque os fatores idiogênicos abordados no início deste capítulo, os quais a capacidade de mudança.

O comportamento consiste no elemento observável e visível para que a gestão de pessoas possa orientar a construção dos resultados necessários e desejáveis pela organização. Nessa ótica, quando a empresa investe na capacitação dos seus ativos de maior valor, as pessoas ampliam automaticamente seu potencial produtivo, a fim de que possam se manter competitivos no mercado.

Logo, cabe aos especialistas da gestão estratégica de pessoas mapear quais traços comportamentais podem influenciar negativamente o ambiente, as relações ou o próprio processo de tomada de decisão. A conscientização, o desenvolvimento e o alinhamento dos comportamentos são gerenciados por meio de programas de treinamentos e pela elaboração do PDI de cada parceiro interno de negócio.

» **Contribuição:** o Big Five pode contribuir na identificação dos comportamentos que devem ser observados para compreender o foco do programa de treinamento da equipe, tendo como referência a matriz de responsabilidade de cada posição no desenvolvimento do PDI. A seguir, no Quadro 2.14, elencamos, algumas dimensão e facetas que indicam competências fundamentais para o desempenho profissional, podendo também servir como indicadores em um contexto geral.

Quadro 2.14 – Encaminhamento para PDI e treinamentos comportamentais

DIMENSÕES DE ANÁLISE							
CONSCIENCIOSIDADE						NEUROTICISMO	
Foco	Cautela	Responsabilidade	Ordem	Autoeficácia	Disciplina	Agressividade	Vulnerabilidade
Baixo	Baixa	Baixa	Baixa	Baixa	Baixa	Alta	Alta

» **Desdobramentos**: os baixos escores na dimensão conscienciosidade podem comprometer o engajamento e a produtividade. Eles podem aparecer em conjunto ou isoladamente. No entanto, quando um destes traços está baixo, surge a oportunidade de desenvolvê-lo, se assim o profissional desejar. O alto neuroticismo pode indicar dificuldade de lidar com o estresse e com pressões do dia a dia, assim como com a raiva.

A elevada agressividade é um forte sinalizador para que o profissional aprenda a dosar como e quando utilizar a raiva, a fim de canalizá-la de forma positiva. A alta vulnerabilidade revela ao profissional a oportunidade de desenvolver estratégias de enfrentar o estresse e, assim, favorecer sua saúde física e mental.

» **Implicação na gestão estratégica de pessoas**. acompanhamentos de *performance* regulares envolvendo o gestor e o profissional, avaliar entregas, estimar os desafios e alinhar acordos de desenvolvimento individual para enfrentar tais desafios, são práticas que favorecem fortemente para o desempenho das pessoas nas organizações.

2.3.6 Indicador de gestão da mudança

» **Contexto**: a gestão da mudança se tornou um tema essencial para as organizações, visto que se trata da única constante que permite a continuidade e o crescimento dos negócios. Tanto a gestão estratégica de pessoas quanto a própria liderança precisam conhecer mais profundamente os traços gerais que contribuem ou dificultam as mudanças.

A necessidade constante de promover mudanças pode ter origem interna ou externa, sendo que entre seus principais motivos podemos citar a atualização de tecnologias, a implementação de novas metodologias de gestão e a própria atualização da legislação.

Também devem ser consideradas como uma razão para esse panorama a reestruturação da organização, que implica admissões ou demissões pontuais ou, por consequência, a implantação ou extinção de uma área.

Considerando tais cenários, compreendemos que o processo de gestão da mudança não constitui um evento isolado. Portanto, deve ser analisado a fim de se identificarem os fatores de influência.

» **Contribuição:** o Big Five contribui identificar as características comportamentais que podem sinalizar tanto a velocidade da implementação da mudança como a escolha das melhores práticas. Nessa perspectiva, elencamos, no Quadro 2.15, as dimensões fundamentais para essa análise.

Quadro 2.15 – Preditor de gestão de mudanças

DIMENSÕES DE ANÁLISE		
ABERTURA À EXPERIÊNCIA		NEUROTICISMO
Desejo de experimentação	Liberalismo	Ansiedade
Baixa	Baixo	Alta

» **Desdobramentos**: Tamborim, como indica o 2021 enfatiza que quando os escores de abertura à experiência são muito baixos, surgem as seguintes tendências:
- forte apreço por previsibilidade e estrutura;
- conformismo;
- preferência por seguir rotina;
- dificuldade de adaptação a mudanças;
- realização de escolhas convencionais;
- baixa tolerância a diferentes visões de mundo ou a estilos de vida;
- faixa estreita de interesses.

Tais aspectos contribuem para a manutenção do *status quo* e podem apontar para um *timing* de mudança em ritmo mais lento ou que requeira maior atenção no sentido de fortalecer a confiança para a mudança.

Outro ponto a considerar é que baixos escores em desejo de experimentação podem fazer com que a pessoa tenda à acomodação, em congruência com o baixo escore em liberalismo, que tende a ir ao encontro do conservadorismo.

A alta ansiedade pode promover quadros de insegurança em virtude de processos de mudança, causando períodos de sofrimento ao profissional, o que certamente pode ser minimizado por meio de uma comunicação clara, de programas estruturados de desenvolvimento de competências e de planos de ação que ofereçam diretrizes a serem seguidas.

2.3.7 Indicador de modelo de tomada de decisão

» **Contribuição:** o Big Five pode contribuir para identificar profissionais com características que favoreçam tomadas de decisões de maior risco, em virtude da alta imoderação e da baixa cautela, como indica o Quadro 2.16.

Quadro 2.16 – Preditor de tomada de decisão

DIMENSÕES DE ANÁLISE	
CONSCIENCIOSIDADE	NEUROTICISMO
Cautela	Imoderação
Baixo	Alta

» **Desdobramentos:** a combinação entre a baixa cautela e a alta imoderação pode sinalizar a tendência de tomadas de decisões mais arriscadas, dado que a baixa cautela pode se aplicar a pessoas mais audaciosas, com predisposição para agir rápido, o que pode deixar para um segundo plano uma análise de possíveis ganhos e perdas, de consequências e implicações de determinada decisão.

2.4 Ganhos e contribuições para a organização e para o parceiro interno de negócios

Quais são os ganhos que os atores na empresa obtêm com a aplicação do Big Five? A resposta a esta pergunta é plural. Para elucidarmos a questão, elencamos a seguir os múltiplos ganhos tanto para a organização quanto para os profissionais que nela atuam.

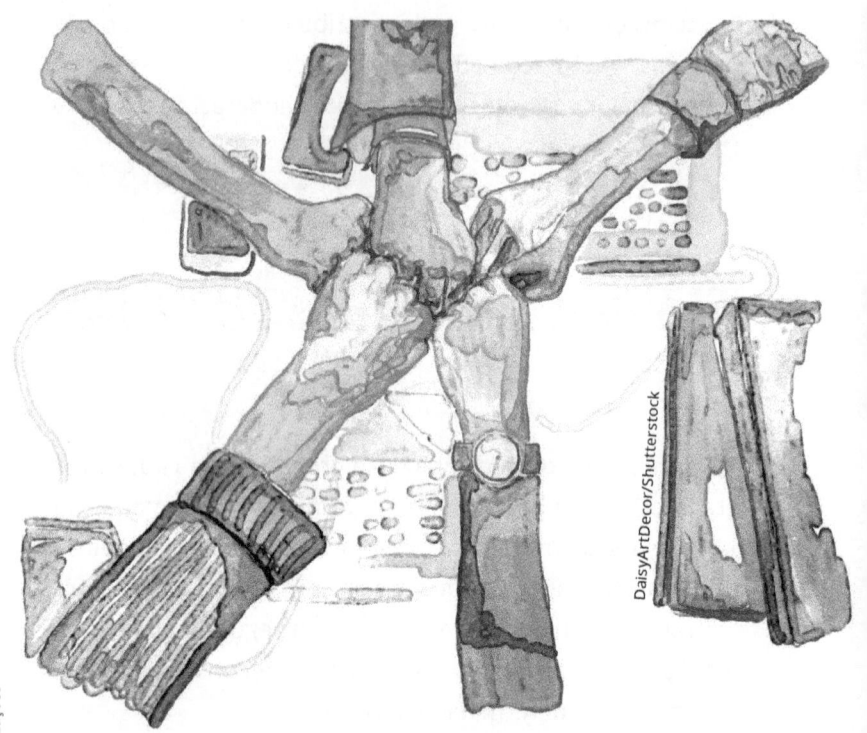

DaisyArtDecor/Shutterstock

Para o profissional:

» autoconhecimento em relação às dimensões e os traços de personalidade;
» compreensão da raiz de determinados valores e crenças que sustentam seus comportamentos;
» clareza a respeito dos pontos fortes e das áreas de cuidado, de modo a criar mecanismos de mitigação de problemas;
» o autoconhecimento e o conhecimento dos outros pode elevar a qualidade dos relacionamentos.

Para a organização:

» detectar possíveis comportamentos nocivos à empresa;
» conhecer os traços de personalidade do indivíduo para gerenciá-lo de forma eficaz;
» identificar possíveis necessidades de apoio e desenvolvimento comportamental;
» identificar traços de personalidade que podem ser inadequados para determinado cargo e posição, seja pelo seu comportamento padrão ou pelo ambiente de exposição;
» elevar a assertividade do processo seletivo, dado que isso possibilita analisar traços de personalidade necessários para o perfil da vaga em questão, complementando a avaliação da entrevista e/ou direcionando para determinadas validações;
» validar a congruência comportamental pelos traços destacados e avaliar o *fit* cultural com a empresa;
» reduzir o absenteísmo, evitando a desmotivação, o estresse e o mal-estar provocados pela realização de tarefas que não são compatíveis com a personalidade do parceiro interno de negócio/colaborador/empregado;
» favorecer a eficiência e a eficácia na construção de equipes por meio da análise das personalidades, selecionando profissionais que tenham talentos complementares e compatíveis;
» promover melhorias no clima organizacional, validando se a matriz de responsabilidade do cargo é adequada à personalidade do profissional, o que contribui para gerar maior satisfação no e com o trabalho.

A personalidade humana é desafiadora e intrigante. Por isso, a adoção de um método capaz de ampliar a percepção sobre o outro nos processos de gestão e desenvolvimento do capital humano é vital para a tomada de decisões assertivas, para a construção de um ambiente de trabalho saudável, bem como para propiciar o alinhamento cultural, o engajamento, o desenvolvimento e a produtividade.

3 Myers-Briggs Type Indicator (MBTI)

Icaro Victor Barboza

Erika Gisele Lotz

O conhecimento não é aquilo que você sabe,
mas o que você faz com o que você sabe.

(Huxley, 2023)

Neste capítulo, discutiremos os seguintes temas:

» a origem e as bases da ferramenta MBTI;
» os protocolos de análise MBTI;
» contextos de aplicação do MBTI na gestão estratégica de pessoas.

3.1 O que é?

O Myers-Briggs Type Indicator (MBTI) é o instrumento de mapeamento de personalidade mais conhecido e confiável do mundo. Por meio de sua aplicação, é possível identificar 16 tipos psicológicos. Essa ferramenta fornece uma estrutura construtiva e flexível que pode ser aplicada a todas as esferas de interação humana e desenvolvimento pessoal.

O mapeamento de personalidade realizado com o MBTI torna possível a identificação dos seguintes aspectos: pensamento crítico; criatividade; estilo de gestão de pessoas; estilo de coordenação; inteligência emocional; estilo de tomada de decisão; orientação para servir; estilo de negociação; flexibilidade cognitiva; e persuasão.

O MBTI foi desenvolvido por Katharine Cook Briggs e sua filha Isabel Briggs Myers, durante a Segunda Guerra Mundial, para identificar características e preferências pessoais.

Para o desenvolvimento desse instrumento, as autoras utilizaram como alicerce os estudos de Carl Gustav Jung, psiquiatra suíço, dissidente da psicanálise e criador da psicologia analítica. Jung apresenta um modelo que contempla o "movimento da energia psíquica e o modo como cada indivíduo se orienta no mundo, habitual ou preferencialmente" (Sharp, 2021, p. 15).

Dado que o MBTI é alicerçado nos estudos de Jung, para que você possa compreender a estrutura desse modelo, é essencial entender os conceitos que o sustentam.

Jung identifica oito grupos psicológicos constituídos por duas atitudes e quatro funções ou formas de orientação. As duas atitudes são: extroversão e introversão. Já as funções são: pensamento, sensação, intuição e sentimento, sendo que cada uma opera em atitude introvertida ou extrovertida.

Sob essa perspectiva de análise, o indivíduo pode ser caracterizado como primariamente orientado para o seu exterior ou para o seu interior. A energia de pessoas introvertidas segue de forma natural para o seu mundo interno, ao passo que a energia do extrovertido é mais naturalmente focalizada no mundo externo (Figura 3.1). Cabe destacar que ninguém é puramente introvertido ou extrovertido, ou seja, cada pessoa tende a favorecer uma ou outra atitude e a atuar sob sua influência (extroversão/introversão) (Fadiman; Frager, 1979).

Figura 3.1 – Extroversão/Introversão

magic pictures/Shutterstock

Quadro 3.1 – Extroversão/Introversão

Extroversão	Introversão
» A energia psíquica flui de dentro para fora da psique. » Envolvem-se com o mundo externo das pessoas e das coisas; tendem a ser mais sociais e conscientes do que está acontecendo em volta. » As atitudes são orientadas por fatores objetivos e externos, bem como por conceitos e ideias objetivos e por pessoas e objetos socialmente valorizados. » Apreciam viajar, encontrar pessoas, conhecer novos lugares. » São típicos aventureiros, adeptos de uma vida social intensa. » As decisões são tomadas pensando-se em seu efeito na realidade exterior, em vez de se considerar a própria existência. » As ações são realizadas em função do que os outros possam pensar. » São pessoas que se encaixam em qualquer ambiente, mas têm dificuldade em realmente se adaptar. » Indivíduos com essa característica precisam ser reconhecidos pelos outros.	» A energia flui de fora para dentro da psique. » Os interesses primários concentram-se nos próprios pensamentos e sentimentos. » A força motivadora são os fatores internos e subjetivos. » As atitudes são orientadas por fatores subjetivos e internos, bem como por conceitos e ideias e por objetos pessoalmente valorizados. » Tendem a ser conservadores, preferindo o ambiente familiar e as horas passadas com amigos íntimos. » Não se preocupam muito com o efeito que suas ações possam causar aos outros. » Buscam sobretudo que suas ações os satisfaçam interiormente. » Indivíduos com essa característica têm dificuldade em se encaixar e se adaptar aos diferentes ambientes. No entanto, caso consigam fazê-lo, será de forma verdadeira e criativa.

Fonte: Elaborado com base em Sharp, 2021; A mente..., 2016.

Tanto a introversão quanto a extroversão são formas psicológicas de adaptação. Enquanto na introversão a energia psíquica é dirigida para o mundo interior, valorizando-se a realidade interna, na extroversão a atenção é direcionada para o mundo exterior, situação em que outras pessoas e coisas são de vital importância (Sharp, 2021).

Contudo, as atitudes extrovertida e introvertida isoladamente são insuficientes para identificar o tipo psicológico de uma pessoa. Por isso, faz-se necessário associar tais atitudes a uma das quatro funções presentes no modelo básico de Jung, bem como aos mecanismos de adaptação do indivíduo à sua realidade subjetiva e objetiva. O Quadro 3.2, a seguir, apresenta mais detalhes acerca de tais funções.

Quadro 3.2 – Funções de percepção e julgamento

Funções de percepção ou irracionais	Sensação	Percepção por meio dos órgãos dos sentidos: visão, audição, tato, paladar e olfato. Privilegia a presença sensorial das coisas que nos cercam no contexto do "aqui e agora".
	Intuição	Percepção por meio do inconsciente. Busca significados, relações e possibilidades futuras das informações recebidas. Trata-se de uma apreensão perceptiva dos fenômenos (pessoas, objetos e fatos) pela via inconsciente. A intuição "vê" a natureza "oculta" desses fenômenos.

(continua)

(Quadro 3.2 – conclusão)

Funções de julgamento ou racionais	Pensamento	Processo de pensamento cognitivo. Discrimina, julga e classifica os fenômenos pela lógica da razão, buscando avaliar objetivamente os prós e contras da natureza desses fenômenos.
	Sentimento	Função do julgamento ou avaliação subjetiva. Avalia fenômenos à luz de uma dimensão valorativa, considerando se são agradáveis ou não. Tal como o pensamento, julga, porém não pela lógica da razão, mas pela lógica de valores pessoais – que, por sua vez, recebem influências dos valores sociais[1].

Fonte: Elaborado com base em Sharp, 2021; Ramos, 2005.

É importante saber que as referidas funções psíquicas se constituem por dois pares de funções opostas, mas complementares. Assim, a sensação é oposta e complementar à intuição. da mesma forma, o pensamento é oposto e complementar ao sentimento.

3.2 Funções dominantes e funções secundárias

Como cada indivíduo tem as duas atitudes psíquicas, extroversão e introversão, uma predominando sobre a outra, também dispõe das quatro funções psíquicas (Figura 3.2), mas em diferentes graus de potencialidade.

....

[1] "O conceito de *sentimento* não deve ser confundido com os conceitos de *emoção* e *afeto*. Os sentimentos estão associados a uma dimensão valorativa de julgamento, já a emoção é um afeto de grande intensidade de energia chegando a alterar funções orgânicas, tais como batimento cardíaco e ritmo respiratório alterados por afetos de amor, ódio, ciúme, entre outros" (Ramos, 2005, p. 141, grifo do original).

Figura 3.2 – Funções psíquicas

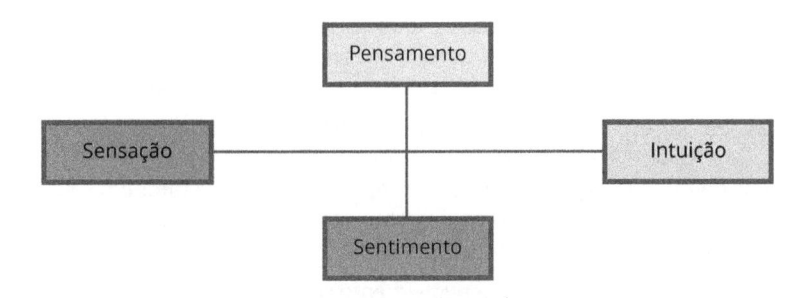

```
                Pensamento
                    |
    Sensação ———————+——————— Intuição
                    |
                Sentimento
```

A Figura 3.3, a seguir, apresenta a disposição das funções, desde a principal, que é a predominante, até a inferior, que se encontra no inconsciente e, portanto, é indiferenciada.

Figura 3.3 – Disposições psíquicas

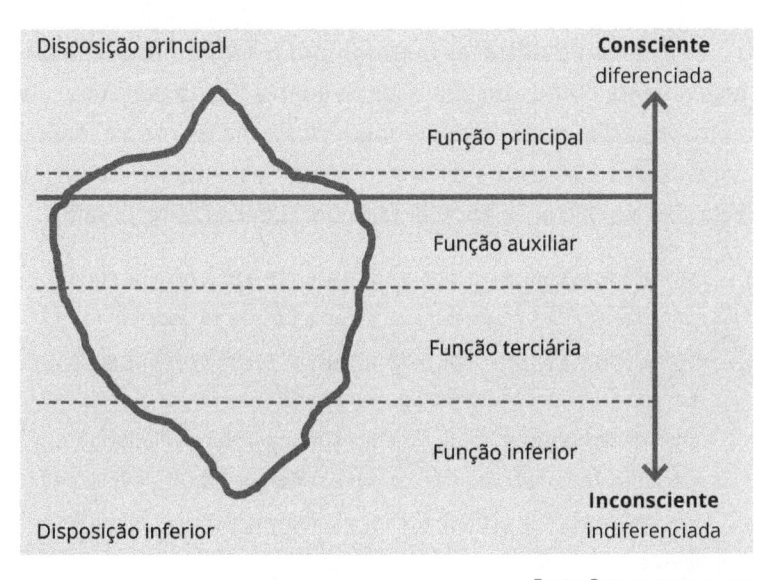

Disposição principal — **Consciente** diferenciada
- Função principal
- Função auxiliar
- Função terciária
- Função inferior

Disposição inferior — **Inconsciente** indiferenciada

Fonte: Ramos, 2005, p. 143.

O Quadro 3.3 indica os caracterizadores de cada nível.

Quadro 3.3 – Funções de cada nível

Funções	Características
1ª função psíquica	É a predominante, mais desenvolvida e mais diferenciada, utilizada de forma mais consciente. Está associada à disposição principal.
2ª função psíquica	É auxiliar da função principal, tendo significativa atuação em um plano consciente. Embora também seja utilizada pelo consciente, está associada à disposição inferior.
3ª função psíquica	Apresenta desenvolvimento rudimentar, agindo em um plano mais inconsciente. Está associada à disposição inferior.
4ª função psíquica	É a inferior, mais indiferenciada, permanecendo em um plano quase exclusivamente inconsciente. Está associada à disposição inferior.

Fonte: Elaborado com base em Ramos, 2005.

É importante destacar que, embora o ser humano seja biologicamente dotado de duas vias de adaptação ao meio (ou seja, extroversão e introversão) e obedeça a uma estrutura, é vital considerar os aspectos dinâmicos dessa estrutura psicológica. Vejamos a explicação apresentada por Ramos (2005, p. 145):

> Devido a esse complexo dinamismo inerente à natureza dos tipos, o diagnóstico do tipo psicológico de uma pessoa só pode ser feito efetivamente por um observador experiente em conhecimentos teóricos e práticos acerca da tipologia psicológica junguiana, entretanto, de posse de um conhecimento ainda que intermediário sobre o assunto, um observador leigo pode conseguir traçar definições precisas sobre sua própria tipologia e mesmo sobre a de outras pessoas.

Os estudos de Jung apontam oito tipos psicológicos, conforme exposto no Quadro 3.4.

Quadro 3.4 – Oito tipos psicológicos, segundo Carl Jung

Reflexivo	
Extrovertido	**Introvertido**
» Indivíduos objetivos, cerebrais, que atuam fortemente alicerçados na razão. » Apenas consideram o que pode ser comprovado por meio de fatos e evidências. » Tendem a ser pouco sensíveis a elementos de subjetividade e podem adotar comportamentos de prepotência e manipulação.	» Indivíduos com grande atividade intelectual e que tendem a apresentar certo grau de dificuldade para se relacionar com outras pessoas. » Determinados para alcançar seus objetivos. » Tendem a manifestar comportamentos de teimosia. » Podem ser vistos pelos outros como inadaptados, inofensivos e, ao mesmo tempo, interessantes.
Sentimental	
Extrovertido	**Introvertido**
» Indivíduos com grande habilidade para entender os outros e para estabelecer relações sociais. » Apresentam muita facilidade de comunicação. » Tendem a ter dificuldade em se afastar de seu grupo. » Entram em forte sofrimento quando são ignorados.	» Indivíduos com tendência a serem solitários. » Estabelecer relações sociais é um grande desafio para eles. » Podem ser pouco sociáveis. » Apresentam tendência à melancolia. » Apreciam passar despercebidos e gostam de permanecer em silêncio. São muito sensíveis às necessidades dos outros.

(continua)

(Quadro 3.4 – conclusão)

Perceptivo	
Extrovertido	**Introvertido**
» Indivíduos que apresentam certa tendência ao materialismo, valorizando os objetos a ponto de lhes atribuir qualidades mágicas, ainda que façam isso de modo inconsciente. » Não são apaixonados pelas ideias, a não ser que estas ganhem uma forma concreta. » Buscam o prazer acima de tudo.	» Indivíduos que dão ênfase especial às experiências sensoriais: dão muito valor à cor, à forma, à textura... » Apreciam o mundo da forma como fonte de experiências interiores.
Intuitivo	
Extrovertido	**Introvertido**
» Indivíduos aventureiros, ativos e inquietos. » Necessitam de muitos estímulos diferentes. » São determinados a alcançar objetivos e, uma vez que conseguem, passam para o próximo e esquecem o anterior. » Tendem a não enfatizar o bem-estar daqueles que os rodeiam.	» Indivíduos extremamente sensíveis aos estímulos mais sutis. » Facilidade em perceber os estados emocionais das outras pessoas » São criativos, sonhadores e idealistas. » O maior desafio desse grupo é lidar com a realidade, ou seja, "manter os pés no chão".

Fonte: Elaborado com base em A mente..., 2016.

3.3 Os tipos psicológicos junguianos na versão de Myers e Briggs

Na década de 1940, Isabel Myers e Katharine Briggs desenvolveram a primeira versão do MBTI, com 16 tipos psicológicos. Aos oito tipos propostos por Jung elas acrescentaram em suas definições as funções de percepção e de julgamento, oportunizando a identificação da função auxiliar de cada tipo, algo não realizado pelo próprio Jung.

Os 16 tipos de Myers e Briggs são identificados cada um por quatro letras, representando pares de opostos, como ilustra o Quadro 3.5.

Quadro 3.5 – 16 tipos psicológicos

Ordem da letra	Significado			
I	Disposição	E – Extroversão *Extraverted*	I – Introversão *Introverted*	Indica a disposição principal.
II	Função de percepção	S – Sensação *Sensing*	N – Intuição i*N*tuition	Indica a função de percepção mais conscientemente utilizada (S ou N).
III	Função de julgamento	T – Pensamento *Thinking*	F – Sentimento *Feeling*	Indica a função de julgamento mais conscientemente utilizada (T ou F).
IV	Função	J – Julgamento *Juding*	P – Percepção *Perceiving*	Indica o modo pelo qual o sujeito aborda mais conscientemente o mundo externo (P ou J).

Fonte: Elaborado com base em Ramos, 2005.

Para a pessoa extrovertida, que referencia suas atitudes pelo que é dado objetivamente, a dimensão P-J indica diretamente qual é sua função principal. Dessa forma, se o extrovertido aborda o mundo externo pela função de percepção (P), tem uma das funções de percepção (P) – sensação (S) ou intuição (N) – como principal. Se ele aborda o mundo externo pela função de julgamento (J), tem uma das funções de julgamento (J) – pensamento (T) ou sentimento (F) – como principal (Ramos, 2005).

Para a pessoa introvertida, que referencia suas atitudes pelo que é dado subjetivamente, a dimensão P-J indica indiretamente qual é sua função principal. Assim, se o introvertido aborda o mundo externo pela função de percepção (P), tem uma das funções de julgamento (J) – pensamento (T) ou sentimento (F) – como principal. Se ele aborda o mundo externo pela função de julgamento (J), tem uma das funções de percepção (P) – sensação (S) ou intuição (N) – como principal (Ramos, 2005).

À luz das análises realizadas, podemos obter os seguintes grupos de informações:

» Energia e motivação: Extroversão (E) – Introversão (I)
» Percepção de mundo: Sensorial (S) – Intuitivo (N)
» Avaliação e tomada de decisão: Pensamento (T) – Sentimento (F)
» Estilo de vida: Julgamento (J) – Percepção (P)

O Quadro 3.6, a seguir, apresenta um resumo dos aspectos essenciais de cada categoria.

Quadro 3.6 – MBTI

Energia e motivação	
Extrovertido	**Introvertido**
A energia flui para fora e é ativada por meio da interação com outras pessoas.	A energia flui para dentro e é ativada por meio do engajamento em atividades solitárias.
Percepção de mundo	
Sensoriais	**Intuitivos**
Consciência voltada para o que existe de concreto, ou seja, aquilo que pode ser percebido por meio dos sensores neuronais: tato, olfato, visão, paladar e audição.	Consciência voltada ao abstrato, ao lado simbólico, ao intangível.
Avaliação e tomada de decisão	
Pensamento	**Sentimento**
Indivíduos racionais, que atuam de forma lógica e objetiva, valorizando dados e fatos.	Indivíduos voltados a aspectos e critérios subjetivos, como valores e preferências.
Estilo de vida	
Julgamento	**Percepção**
Indivíduos que preferem seguir regras claras e viver de maneira planejada, estruturada.	Indivíduos que apreciam liberdade e improvisações, sendo flexíveis e adaptáveis.

Fonte: Elaborado com base em Blog do Unasp, 2020.

3.4 Tipos de Myers-Briggs

O MBTI identifica 16 tipos de personalidade, classificados em: pensativos, sentimentais, sensitivos e intuitivos, cada qual com um nome alegórico, conforme apresentaremos nos tópicos a seguir.

3.4.1 Tipos pensativos

Os tipos pensativos (Quadro 3.7) se subdividem em extrovertidos pensativos – o executivo e o comandante – e em introvertidos pensativos – o virtuoso e o lógico.

Quadro 3.7 – Tipos pensativos

Tipos pensativos					
Tipo	Disposição principal	Função principal	Função auxiliar	Função terciária	Função inferior
ESTJ	extrovertida	pensamento	sensação	intuição	sentimento
ENTJ	extrovertida	pensamento	intuição	sensação	sentimento
ISTP	introvertida	pensamento	sensação	intuição	sentimento
INTP	introvertida	pensamento	intuição	sensação	sentimento

Fonte: Ramos, 2005, p. 154.

3.4.1.1 Tipos pensativos extrovertidos

A seguir, apresentamos as características que assinalam o tipo pensativo extrovertido.

Extrovertidos pensativos
ESTJ e ENTJ

- O gênero masculino costuma representar esse tipo.
- Suas atitudes priorizam o pensamento objetivamente orientado: o refletir sobre impressões advindas das coisas (pessoas, ideias, objetos e situações) do mundo externo.
- Não sente atração por ideias abstratas, e mesmo os conceitos subjetivos são refletidos de forma objetiva.
- O pensamento objetivo obedece à lógica cartesiana, é analítico e crítico, seguindo fórmulas e métodos para organizar ideias e fatos.
- É totalmente intolerante com desorganização, confusão e ineficiência.
- Tem um rígido código de regras de vida, querendo governar a própria conduta e a dos outros de acordo com elas.
- É autodisciplinado e disciplinador, exigente, controlador e impositivo, gosta de tomar decisões sozinho e de dar ordens.
- Impõe metas para si e para os outros, procurando realizá-las nos prazos fixados.
- Não costuma ser popular, pois muitas vezes faz uso da tirania.

- A primazia do pensamento sobre a psique implica prejuízos para sua vida emocional, seja por conta da dificuldade para conhecer e expressar seus afetos, seja pelo fato de acreditar que o comportamento de todos deveria basear-se na lógica da razão:
  - tende à impaciência e à produção de julgamentos precipitados, chegando a avaliar coisas que desconhece – mas que quer demonstrar conhecer profundamente;
  - tende a tomar decisões e a dar ordens sem apreciar a situação como um todo, deixando de verificar o que outras pessoas pensam a respeito;
  - tende a aceitar contestações de seus julgamentos apenas quando elas obedecem à sua lógica de raciocínio;
  - a intensa repressão de suas emoções muitas vezes o coloca em situações socialmente embaraçosas: torna-se suscetível a "explosões afetivas" que conscientemente nem imaginaria cometer;
  - tende a afastar pessoas, mesmo as que aprecia, em virtude de seu comportamento, o que não raras vezes gera problemas de relacionamento interpessoal.

Fonte: Elaborado com base em Ramos, 2005; Casado, 1993

Os extrovertidos pensativos são classificados em extrovertido pensativo apoiado pela sensação (ESTJ) e extrovertido pensativo apoiado pela intuição (ENTJ), conforme detalhado na sequência.

ESTJ – O executivo

» Tem raciocínio objetivo apoiado nas percepções captadas pelos sentidos sensoriais.
» É prático e observador dos detalhes factuais.
» Suporta bem a rotina e é especialmente hábil nos trabalhos que envolvem cálculos matemáticos e habilidades mecânicas.
» Seu pensamento se atém às partes e não ao todo, voltando-se para o contexto do "aqui e agora".
» É organizado, eficiente e pragmático, aprecia planejar a curto prazo e gosta de trabalhos em que os resultados sejam imediatos e visíveis.
» A atenção e a curiosidade se voltam para coisas que captam pelos cinco sentidos: pessoas desconhecidas, novidades em utensílios e aparelhos, casas novas, comidas diferentes, novos cenários.
» Seu ponto de fragilidade e que, portanto, requer atenção, além de se situar nas lacunas da vivência afetiva, também está na falta de intuição expressa em seu imediatismo, assim como em sua impaciência e inflexibilidade, que o impedem de aceitar novas ideias e vislumbrar novas possibilidades futuras.
» O aprendizado do indivíduo que se enquadra nesse tipo é voltado ao autoconhecimento e à melhoria de suas relações interpessoais, o que lhe traz ganhos para sua vida pessoal e profissional.

Exemplos de profissionais que se enquadram nesse tipo são administradores, engenheiros e trabalhadores técnicos. São profissionais mais especialistas do que generalistas (Ramos, 2005; Casado, 1993).

ENTJ – O comandante

» Tem raciocínio objetivo apoiado na intuição.
» Seu pensamento se atém ao todo e não às partes, voltando-se para as possibilidades futuras, para tudo o que está além do óbvio e conhecido.
» É futurista, aprecia planejar a longo prazo e gosta de trabalhos em que possa trazer soluções inovadoras. A atenção e a curiosidade se voltam a novas ideias; apresenta tolerância às teorias, a problemas complexos, a *insights*, a novas visões e a perspectivas de futuro, preocupando-se com resultados de longo alcance.
» Seu ponto fraco, além de se situar nas lacunas da vivência afetiva, também está na falta de percepção das necessidades que o contexto do "aqui e agora" exige.
» O aprendizado com pessoas sensitivas e sentimentais é de grande auxílio para seu autoconhecimento, para a melhoria de suas relações interpessoais e para aumentar sua capacidade de melhor julgar a realidade prática do cotidiano.

Exemplos de profissionais que se enquadram nesse tipo são pessoas de negócio e investidores. São profissionais mais generalistas do que especialistas (Ramos, 2005; Casado, 1993).

3.4.1.2 Tipos pensativos introvertidos

Agora, vamos examinar as características que assinalam o tipo pensativo introvertido e as peculiaridades do introvertido pensativo apoiado pela sensação (ISTP) e do introvertido pensativo apoiado pela intuição (INTP).

Introvertidos pensativos
ISTP e INTP

- O gênero masculino costuma representar esse tipo.
- Suas atitudes priorizam o pensamento subjetivamente orientado: o refletir sobre impressões que as coisas (pessoas, ideias, objetos e situações) subjetivamente lhe proporcionam.
- Não sente atração por ideias concretas, e até mesmo os conceitos objetivos são refletidos de forma subjetiva.
- O pensamento é lógico (muitas vezes, fugindo da lógica cartesiana), analítico e crítico, seguindo fórmulas e métodos nem sempre orientados por padrões objetivos, o que faz com que a estruturação e a expressão de suas ideias, embora coerentes, não sejam tão claras.
- Concentra mais seu raciocínio nos princípios subjacentes de um problema ou de uma operação. Porém, uma vez descobertos, outros princípios podem assumir essa operação.
- É curioso, perseverante e muito independente das circunstâncias exteriores: uma vez absorto em uma ideia, pode chegar até mesmo a se isolar da realidade exterior; entretanto, normalmente é bastante adaptável – a menos que um de seus princípios norteadores seja violado, ocasião em que se nega a se adaptar. É somente quando sua função auxiliar extrovertida e de percepção falha que ele encontra dificuldades para se relacionar com o mundo exterior, algo que o torna improdutivo.

- Só se deixa influenciar por opiniões alheias que seguem sua lógica de raciocínio.
- Pode ter dificuldade de comunicar ao mundo suas conclusões e vê-las compreendidas e aceitas.
- Externamente é calmo, reservado, distante e, às vezes, até mesmo indiferente, exceto com pessoas íntimas. Internamente, vive absorto em ideias subjetivas e tende a ser tímido, especialmente quando jovem, pois seus interesses pouco valem em conversas corriqueiras ou na maioria dos contatos sociais.
- A primazia do pensamento sobre a psique acarreta prejuízos para sua vida emocional:
  - tende a ser muito crítico, geralmente aponta defeitos nas opiniões das outras pessoas e, mesmo quando concorda com elas, raramente lhes tece elogios;
  - embora seja autocrítico em relação às suas ideias, falta-lhe fazer a autocrítica sobre seu comportamento;
  - tende a não enxergar as coisas que os outros emocionalmente valorizam, o que frequentemente implica comentários sobre ser indiferente e egoísta;
  - embora seja capaz de reconhecer seus afetos mais profundos, tende a sentir dificuldade em expressá-los e, por reprimi-los, está sujeito a "explosões afetivas" que lhe escapam à razão. Esse tipo ou ama ou odeia;

- deveria buscar o autoconhecimento no sentido de: aprender a reconhecer e expressar suas emoções; apontar às pessoas os pontos de concordância com suas ideias e, somente depois, os de discordância; ser mais gentil e elogiar; aprender a valorizar coisas que são emocionalmente importantes para as outras pessoas, principalmente as que fazem parte de seu pequeno círculo de amizades.

Fonte: Elaborado com base em Ramos, 2005.

Os introvertidos pensativos se classificam em virtuoso apoiado pela sensação (ISTP) e lógico apoiado pela intuição (INTP), conforme detalhado a seguir.

ISTP - O virtuoso

» Aprecia estar ao ar livre e praticar esportes.
» Apresenta forte interesse por ciências práticas e aplicadas, especialmente nos campos da matemática e da mecânica.
» Tem capacidade de organizar e dar sentido a dados confusos.
» No trabalho, tem boas habilidades de planejamento, evitando esforços inúteis; contudo, falha em sua tendência de adiar a tomada de decisões ou por não completar as várias coisas que começa a fazer.
» No campo da vivência afetiva, revela dificuldade de reconhecer e expressar suas emoções.
» O aprendizado com pessoas sentimentais e intuitivas é de grande auxílio para seu autoconhecimento e para a melhoria de suas relações interpessoais.

Exemplos de profissionais que se enquadram nesse tipo são matemáticos, estatísticos, economistas, advogados, juristas, profissionais de marketing, analistas de seguros e de mercado (Ramos, 2005).

INTP – O lógico

» Teórico no campo da lógica abstrata, dá valor aos fatos como evidências de suas ideias, mas não aos fatos em si.
» Desenvolve teorias, mas não confere o devido valor à sua exposição.
» De todos os tipos, é o que mais tem profundidade intelectual, pois a intuição lhe proporciona *insights* mais profundos além dos já alcançados pelo pensamento.
» No trabalho, apesar de suas excelentes habilidades de planejamento, tende a falhar na execução, pois não gosta da rotina e perde tempo em querer atingir metas impossíveis, não vendo detalhes que possam impedir a conclusão de seus projetos.
» No campo da vivência afetiva, embora possa reconhecer seus afetos mais profundos, tem grande dificuldade de expressá-los.
» O aprendizado com pessoas sentimentais e sensitivas é de grande auxílio para seu autoconhecimento, para a melhoria de suas relações interpessoais e para o desenvolvimento do senso perceptivo necessário para acompanhar o andamento de seus projetos e perceber não só as possibilidades, mas também os limites nelas presentes.
» Profissionais com tais características são altamente valorizados no meio acadêmico, voltando-se mais para a pesquisa do que para a docência (Ramos, 2005).

3.4.2 Tipos sentimentais

Os tipos sentimentais (Quadro 3.8) são classificados em sentimentais extrovertidos – o cônsul e o protagonista – e sentimentais introvertidos – o aventureiro e o mediador.

Quadro 3.8 – Tipos sentimentais

Tipos sentimentais					
Tipo	Disposição principal	Função principal	Função auxiliar	Função terciária	Função inferior
ESFJ	extrovertida	sentimento	sensação	intuição	pensamento
ENFJ	extrovertida	sentimento	intuição	sensação	pensamento
ISFP	introvertida	sentimento	sensação	intuição	pensamento
INFP	introvertida	sentimento	intuição	sensação	pensamento

Fonte: Ramos, 2005, p. 154.

3.4.2.1 Tipos sentimentais extrovertidos

Os tipos sentimentais extrovertidos compartilham um conjunto de características, apresentadas a seguir.

Extrovertidos sentimentais

ESFJ e ENFJ

- O gênero feminino costuma representar esse tipo.
- Suas atitudes são guiadas pelo juízo valorativo proveniente dos sentimentos objetivamente orientados: as coisas (pessoas, ideias, objetos e situações) ou agradam ou não agradam.

- Valoriza a harmonia nas relações interpessoais: aprecia o contato humano, é amigável, simpático, gosta de conversar e quase sempre é capaz de exprimir o comportamento apropriado ao que cada momento exige.
- Aprecia agradar os outros e é sensível ao elogio e à crítica: gosta de ser correspondido com respostas calorosas, é ansioso por corresponder a todas as expectativas e sofre com manifestações de indiferença de pessoas que lhe são próximas e, até mesmo, de desconhecidos a quem procura chamar a atenção.
- Espera que os outros se comportem como ele, porém, mesmo que sejam diferentes, é flexível para com eles; valoriza a opinião alheia e busca a harmonia em suas relações interpessoais, chegando até a sacrificar suas opiniões – desde que a razão não se oponha aos seus sentimentos, ocasião em que se torna bastante inflexível.
- Seus valores pessoais coincidem com os valores sociais geralmente aceitos: raramente se desvia dos valores que lhe são inculcados desde a infância.
- Adapta-se facilmente aos ambientes sociais – desde que coincidam com seus gostos –, mas sente dificuldade de compreender as atitudes dos indivíduos "desviantes": critica todos aqueles que não valorizam os sentimentos que ele aprecia.
- Não aprecia organizar as coisas e tomar decisões sobre elas, mas gosta de vê-las organizadas e decididas.

- É perseverante, consciencioso e metódico em questões menores e tende a insistir que os outros façam o mesmo.
- É idealista e leal, capaz de grande dedicação a um ser amado, a uma causa ou instituição.
- Ao idealizar as coisas, concentra atenção em seus aspectos positivos.
- Por focar mais os contatos interpessoais, no campo teórico seu pensamento costuma ser lento e desajeitado, produzindo ideias pouco estruturadas, o que lhe torna dependente dos outros ou, até mesmo, acarreta prejuízos à sua autoestima.
- No trabalho, adapta-se melhor às atividades que exigem contato com outras pessoas e nas quais a cooperação dos outros pode ser obtida voluntariamente. Por gostar de conversar muito, tende a gastar muito tempo em conferências e reuniões que se tornam improdutivas, prejudicando o andamento das tarefas.
- A primazia do sentimento sobre a psique implica prejuízos para sua capacidade de julgar racionalmente:
    - por sempre julgar a partir de seus sentimentos, as coisas ou lhe agradam ou não;
    - tende a agir com base em suposições errôneas, tomando decisões precipitadas;
    - tender a fazer o que sente que deveria ser feito, sem, contudo, avaliar racionalmente a situação;

- é mais difícil para esse tipo do que para os outros deparar-se com situações que lhe são desagradáveis ou com uma atitude crítica dolorosa do que ter de encarar a realidade como ela é. Isso ocorre quando está emocionalmente envolvido com as "coisas" (pessoas, causas ou instituições). Então, não aceita a voz da razão, ignorando, negando e mesmo defendendo essas "coisas", o que o leva a deixar de solucionar os problemas correlacionados;
- pode atribuir juízos positivos a pessoas que não os merecem – mas das quais gosta – e, em oposição, atribuir juízos negativos indevidos a outras pessoas;
- quando um ambiente social não lhe é agradável, torna-se uma personalidade superficial: ao se sentir incomodado por não gostar de determinadas pessoas, fingirá apreço por elas, teatralizando suas expressões emocionais;
- embora costume se empenhar genuinamente em atividades solidárias, pode ocorrer de estar mais preocupado com sua imagem social do que com a real satisfação das necessidades de quem precisa ser ajudado;
- engaja-se em atividades assistenciais, porém não se "mistura" com a população auxiliada;
- em termos de desenvolvimento, preza pelo autoconhecimento no sentido de aprender a fazer uso da razão para não julgar unilateralmente a partir dos sentimentos.

Fonte: Elaborado com base em Ramos, 2005.

Na sequência, apresentamos a caracterização dos tipos sentimentais extrovertidos.

ESFJ – O cônsul

» Tende a ser prático, aprecia o contato humano e gosta de conversar sobre temas factuais e de conhecer os detalhes da própria vida, dos amigos, de conhecidos e mesmos de desconhecidos.
» Dá valor às novidades, variedades, festas e coisas agradáveis aos sentidos: belas casas, propriedades suntuosas e coisas que enfeitam a vida.
» De todos os tipos, é o que mais se adapta à rotina, e mesmo em um ambiente burocrático consegue demonstrar sociabilidade.
» Não gosta de ideias abstratas e de análises impessoais.
» Aprecia bater papo e tem dificuldade de ser breve e objetivo, o que muitas vezes lhe gera problemas no ambiente de trabalho.
» O aprendizado com pessoas pensativas e intuitivas é de grande auxílio para seu autoconhecimento, para o desenvolvimento da capacidade de ouvir a voz da razão no momento de fazer seus julgamentos e para a melhoria de suas relações interpessoais.

São exemplos de atuação: profissionais da saúde, assistentes sociais, advogados, professores, profissionais da educação física, vendedores, *socialites* e pessoas voluntárias em assistencialismo (Ramos, 2005).

ENFJ – O protagonista

» É o tipo humano mais caloroso e simpático, curioso por novas ideias, pela leitura e por temas acadêmicos em geral, com boa visão de futuro e frequência de *insights*, além de imaginação para vislumbrar novas possibilidades para além do que é presente, óbvio e conhecido.

- » Tem melhor expressão oral do que escrita.
- » Por ser guiado predominantemente por valores sentimentais, tem dificuldade de ouvir a voz da razão.
- » Não aprecia atividades burocráticas.
- » O aprendizado com pessoas pensativas e sensitivas é de grande auxílio para seu autoconhecimento, para o desenvolvimento de sua capacidade de ouvir a voz da razão e fazer julgamentos e para a melhoria de suas relações interpessoais.

São exemplos de atuação: profissionais de saúde, conselheiros profissionais e assistentes sociais (Ramos, 2005).

3.4.2.2 Tipos sentimentais introvertidos

A seguir, apresentamos as características compartilhadas pelos tipos sentimentais introvertidos.

Introvertidos sentimentais

IFSP e INFP

- O gênero feminino costuma representar esse tipo.
- Suas atitudes são guiadas pelo juízo valorativo proveniente dos sentimentos subjetivamente orientados: atém-se mais ao julgamento sentimental das impressões que as coisas (pessoas, ideias, objetos e situações) lhe causam do que às coisas em si. Tais impressões ou agradam ou não agradam.
- Tem sentimentos profundos e valoriza as harmonias entre eles, mas raramente os expressa, porque a ternura e a convicção passional íntima são ambas marcadas pela reserva e pela calma. É independente das opiniões alheias, mantendo-se ligado a uma lei moral interior.

- Costuma ser caloroso e entusiasmado, mas só demonstra ser assim depois de conhecer bem alguém.
- Julga tudo e a todos de acordo com valores pessoais e protege esses valores a qualquer custo. No entanto, é flexível, tolerante e adaptável – desde que algo não coloque seus valores em perigo, ocasião em que recusa a se adaptar, tornando-se inflexível. Ocasionalmente, pode utilizar o pensamento julgador para dar apoio racional a seus objetivos sentimentais, mas nunca permite que o juízo racional se oponha a seus propósitos.
- Tem forte senso de dever e é fiel às suas obrigações, mas sem nenhum desejo de impressionar ou influenciar os outros.
- É idealista e leal, capaz de ter grande devoção a um ser amado ou a uma causa.
- Valoriza muito as pessoas que compreendem, aprendem e apreendem seu modo de vida.
- No trabalho, adapta-se melhor a uma atividade individual que envolva valores pessoais: arte, literatura, psicologia e sociologia, por exemplo.
- Atua melhor nas coisas que acredita poder conciliar com seus sentimentos: projetos e empreendimentos que tragam felicidade para si e para os outros.
- Apesar de o pensamento ser sua função inferior, a disposição introvertida permite sua concentração em teorias; contudo, o julgamento sobre elas passa pela dimensão sentimental.

- Pode realizar duas coisas que nos outros tipos é raro de se ver: perceber as qualidades diversas dos vários tipos e notar que as diferenças entre um tipo e outro podem ser vistas mais como virtudes do que como defeitos. Trata-se de uma qualidade que pode fortalecer os talentos desse tipo.
- A primazia do sentimento sobre a psique implica prejuízos para sua capacidade de julgar racionalmente:
    - é muito influenciável por aqueles de quem gosta;
    - tende a julgar a partir de seus sentimentos – as coisas ou agradam ou não;
    - tende a não ouvir a voz da razão, agindo com base em suposições errôneas e tomando decisões precipitadas;
    - tem tendência a fazer o que sente que deveria ser feito, sem, porém, avaliar racionalmente a situação;
    - pode atribuir juízos positivos a pessoas que não os merecem – mas das quais gosta – e, em oposição, atribuir juízos negativos indevidos a outras pessoas. Isso ocorre pelos seguintes motivos:
        - pode confundir-se em suas emoções, perdendo o senso sobre o ideal e o real;
        - quando se afunda demasiadamente em seus sentimentos, torna-se uma pessoa inflexível e, não raramente, incapaz de externar emoções agradáveis aos outros, o que lhe traz um aspecto sombrio e frio;

- por ser demasiado idealista, pode ter sua **autoestima abalada em virtude da percepção da distância entre o que almeja e o que realmente consegue realizar**. Nesse caso, torna-se **muito sensível, perdendo a autoconfiança** e acreditando que o que faz qualquer um pode também fazer – daí a necessidade de trabalhar em algo em que realmente se sinta ajustado, para não incorrer em sentimentos de incompetência e culpa.

Fonte: Elaborado com base em Ramos, 2005.

Na sequência, apresentamos as características do aventureiro (ISFP) e do mediador (INFP), que se constituem nos tipos sentimentais introvertidos.

ISFP – O aventureiro

» Enxerga a realidade do que é necessário no presente, no contexto do "aqui e agora", aproveitando ao máximo o momento atual.
» Valoriza as atividades voltadas para a estética, o bom gosto, o **senso de beleza e proporção**. É modesto e subestima suas qualidades: costumeiramente, nada do que realiza considera uma grande conquista.
» Por ser guiado predominantemente por valores sentimentais, tem dificuldade de ouvir a voz da razão, perdendo-se na avaliação do ideal e do real.
» Gosta da natureza, de flores e animais e de trabalhos manuais que exigem precisão de execução.

» O aprendizado com pessoas pensativas e intuitivas é de grande auxílio para seu autoconhecimento, para o desenvolvimento da capacidade de ouvir a voz da razão, para a percepção de suas qualidades e para a melhoria de suas relações interpessoais.

Esse tipo de perfil é encontrado, por exemplo, entre artistas, artesãos, veterinários, médicos de família e enfermeiros particulares (Ramos, 2005).

INFP – O mediador

» Apesar de não ser um tipo pensador, a disposição introvertida proporciona a capacidade de concentração sobre as impressões que capta por meio de sua função auxiliar extrovertida e intuitiva, o que o torna um bom pesquisador.
» Aprecia trabalhos nos quais possa trazer contribuições para a felicidade dos outros. Seus ganhos devem preferencialmente estar associados a seus ideais.
» Em geral, tem uma excelente habilidade literária: gosta mais de expressar o que sente pela palavra escrita, evitando o contato pessoal.
» Por ser guiado predominantemente por valores sentimentais, tem dificuldade de ouvir a voz da razão, perdendo-se na avaliação do ideal e do real.
» O aprendizado com pessoas pensativas e sensitivas é de grande auxílio para seu autoconhecimento, para o desenvolvimento da capacidade de ouvir a voz da razão e fazer seus julgamentos, bem como para a percepção do contexto do "aqui e agora".

Esse tipo é encontrado, por exemplo, entre profissionais de aconselhamento, professores, pesquisadores e escritores (Ramos, 2005).

3.4.3 Tipos sensitivos

Os tipos sensitivos extrovertidos se subdividem em empresário e animador, ao passo que os introvertidos se classificam em logístico e defensor (Quadro 3.9).

Quadro 3.9 – Tipos sensitivos

Tipos sensitivos					
Tipo	Disposição principal	Função principal	Função auxiliar	Função terciária	Função inferior
ESTP	extrovertida	sensação	pensamento	sentimento	intuição
ESFP	extrovertida	sensação	sentimento	pensamento	intuição
ISTJ	introvertida	sensação	pensamento	sentimento	intuição
ISFJ	introvertida	sensação	sentimento	pensamento	intuição

Fonte: Ramos, 2005, p. 154.

3.4.3.1 Tipos sensitivos extrovertidos

A seguir, apresentamos as características compartilhadas pelos tipos sensitivos extrovertidos.

> *Extrovertidos sensitivos*
> ESTP e ESFP
> - São tipos comuns entre homens e mulheres.
> - Suas atitudes são orientadas pelas percepções provenientes dos cinco sentidos, atendo-se ao contexto do "aqui e agora". De todos os tipos, é o que se mais apega à realidade objetiva.

- É prático, objetivo e curioso em relação às impressões que lhe trazem os sentidos: pessoas, alimentos, roupas, utensílios, equipamentos, ambientes e novidades da indústria de entretenimento. Em oposição, não sente interesse em lidar com coisas abstratas: ideias, teorias e fenômenos misteriosos.
- De todos os tipos, é o que mais facilmente se adapta à realidade em que vive, sentindo-se à vontade no mundo.
- Geralmente é popular, tem grande senso de humor, gosta de praticar e/ou apreciar esportes, tem grande capacidade para adquirir posses e desfrutar dos prazeres da vida. É um *bon vivant*
- Tem ótima memória e habilidade para observar e descrever detalhes de fatos. É capaz de absorver um número imenso de fatos, apreciá-los, lembrá-los e deles tirar proveito.
- Aprende mais pela experiência própria do que pelo que lhe é ensinado nas escolas.
- É conservador, ou seja, não vê vantagens em mudanças; dá mais valor aos costumes e às convenções socialmente aceitos. Mantém certa distância de ideais e utopias.
- No trabalho, é um bom executor; como planejador, elabora projetos adequados às circunstâncias. Por ser pragmático, nem sempre planeja, portanto é capaz de agir com improviso e originalidade, pois não se apega às regras do passado.

- Tem habilidade no uso de ferramentas e matérias-primas, conseguindo estimar com uma boa dose de precisão a quantidade necessária de materiais para a execução de determinado empreendimento físico.
- Por ser de fácil adaptação às mais diversas realidades, acredita que para todo problema há uma solução.
- É ótimo para solucionar conflitos interpessoais quando se trata de mostrar aos outros a realidade como ela é, fugindo do julgamento de "como algo deveria ser" e pautando-se em "como as coisas são".
- A primazia da sensação sobre a psique tem como consequência sua pouca intuição:
  - tende a ser imediatista, não costuma ter visão de futuro e é inflexível para aceitar novas ideias;
  - se sua função auxiliar introvertida – pensamento ou sentimento – falha, isso pode causar prejuízo à formação de seu caráter, pois pode se tornar preguiçoso, aproveitador, indisciplinado, irritável, imoral, inconsequente, irresponsável e emocionalmente superficial;
  - esse tipo é mais encontrado entre engenheiros, profissionais técnicos, artistas, profissionais da indústria e do lazer, relações públicas e profissionais de marketing.

Fonte: Elaborado com base em Ramos, 2005.

Vejamos agora as especificidades de cada tipo.

ESTP – O empresário

» É hábil na execução de tarefas e no planejamento voltado para a ação.
» Por ser prático e pragmático, prefere agir a conversar.
» Por ser guiado predominantemente pelos sentidos sensoriais, tem dificuldade de ouvir a voz da intuição, carecendo de imaginação e abertura a novas ideais.
» O aprendizado com pessoas sentimentais e intuitivas é de grande auxílio para seu autoconhecimento, para a valorização dos sentimentos dos outros e para o desenvolvimento da capacidade de ouvir a voz da intuição a fim de que seja mais flexível a novas ideias.

Esse tipo é encontrado entre engenheiros, profissionais técnicos, motoristas, policiais e profissionais de marketing (Ramos, 2005).

ESFP – O animador

» Concentra sua atenção nas pessoas: é bem-humorado e *bon vivant* isto é, gosta de apreciar os prazeres da vida.
» Por ser guiado predominantemente pelos sentidos, tem dificuldade de ouvir a voz da intuição, faltando-lhe imaginação e abertura a novas ideias.
» O aprendizado com pessoas pensativas e intuitivas é de grande auxílio para seu autoconhecimento, para sua autodisciplina e para o desenvolvimento da capacidade de ouvir a voz da intuição e ser mais flexível a novas ideias.

Esse tipo é encontrado entre profissionais da indústria do lazer e entretenimento, estilistas, relações públicas, jornalistas, apresentadores e gerentes de lojas e de restaurantes (Ramos, 2005).

3.4.3.2 Tipos sensitivos introvertidos

Na sequência, apresentamos as características compartilhadas pelos introvertidos sensitivos.

Introvertidos sensitivos
ISTJ e ISFJ

- São tipos comuns entre homens e mulheres.
- Suas atitudes são orientadas pelas percepções provenientes dos cinco sentidos, atendo-se ao contexto do "aqui e agora", de onde observa e utiliza um número considerável de fatos.
- É sistemático, detalhista, paciente, cuidadoso, perfeccionista e muito responsável, sendo o mais prático dos tipos introvertidos, além de ter grande capacidade de adaptação à rotina.
- Externamente é calmo, mesmo quando vivencia algum conflito pessoal.
- Apesar de ter vida social significativa, é muito reservado em relação à sua privacidade e não costuma demonstrar reações emocionais, embora as experiencie intensamente.
- Tende a ser emocionalmente estável, previsível e não impulsivo. Quando acredita em algo, envolve-se nele, muitas vezes assumindo a responsabilidade por sua execução, sendo difícil distraí-lo, desencorajá-lo ou detê-lo em sua empreitada.
- Desiste de algo apenas quando, por experiência própria, conclui que tal empreendimento não mais merece sua atenção.

- No trabalho, gosta de coisas objetivas e expressas de forma simples e clara. Para opinar sobre pessoas e métodos, ordena fatos a fim de apoiar suas conclusões, com grande habilidade política para implantar mudanças – embora as novas ideias para as mudanças não costumeiramente sejam produtos dele.
- Tende a se subestimar, e seu sucesso chega apenas quando outras pessoas reconhecem seus talentos e lhe proporcionam um ambiente agradável para ser mais produtivo.
- A primazia da sensação sobre a psique tem como consequência sua pouca intuição:
  - tende a ser imediatista, chegando a subestimar sua imaginação;
  - quando sua função auxiliar extrovertida – pensamento ou sentimento – falha, sente dificuldade de reconhecer as emoções de outras pessoas e tende a fechar-se em si mesmo, tornando-se improdutivo;
  - esse tipo é mais encontrado entre advogados, contadores, profissionais da saúde e pessoas que trabalham em atividades manuais detalhistas.

Fonte: Elaborado com base em Ramos, 2005.

A seguir, apresentamos as especificidades de cada tipo.

ISTJ – O logístico

» Ao ter como função auxiliar o pensamento extrovertido, enfatiza a análise lógica e o poder de decisão.
» Costuma guardar suas emoções para si ou expressá-las apenas para as pessoas mais íntimas.

» Falha no não uso da intuição e do sentimento, pois expressa dificuldade de entender as necessidades alheias; porém, uma vez que elas sejam reconhecidas, respeita-as, mesmo que não as entenda.
» Por ser guiado predominantemente pelos sentidos sensoriais, tem dificuldade de ouvir a voz da intuição, faltando-lhe imaginação e abertura a novas ideias.
» O aprendizado com pessoas sentimentais e intuitivas é de grande auxílio para seu autoconhecimento, para a valorização das emoções dos outros e para o desenvolvimento da capacidade de ouvir a voz da intuição e considerar mais sua imaginação.

Esse tipo é ótimo em analisar contratos e negociações, sendo encontrado, por exemplo, entre administradores e advogados (Ramos, 2005).

ISFJ – O defensor

» Valoriza a lealdade, a perseverança e o bem-estar comum.
» É prático, perfeccionista e tem ótima capacidade de memorização.
» Falha no não uso da intuição e do pensamento. Quando isso acontece, pode se tornar uma pessoa fechada, distante do mundo.
» O aprendizado com pessoas pensativas e intuitivas é de grande auxílio para seu autoconhecimento e para a valorização de seu juízo racional.

Esse tipo é encontrado entre médicos, enfermeiros e profissionais que trabalham em atividades manuais detalhistas (Ramos, 2005).

3.4.4 Tipos intuitivos

Os tipos intuitivos extrovertidos são o inovador e o ativista, ao passo que os introvertidos são o arquiteto e o advogado (Quadro 3.10).

Quadro 3.10 – Tipos intuitivos

Tipos intuitivos					
Tipo	Disposição principal	Função principal	Função auxiliar	Função terciária	Função inferior
ENTP	extrovertida	intuição	pensamento	sentimento	sensação
ENFP	extrovertida	intuição	sentimento	pensamento	sensação
INTJ	introvertida	intuição	pensamento	sentimento	sensação
INFJ	introvertida	intuição	sentimento	pensamento	sensação

Fonte: Ramos, 2005, p. 154.

3.4.4.1 Tipos intuitivos extrovertidos

A seguir, elencamos as características compartilhadas pelos tipos intuitivos extrovertidos.

Introvertidos sensitivos

ENTP e ENFP

- São tipos comuns entre homens e mulheres.
- Suas atitudes priorizam a intuição objetivamente orientada: está sempre atento a novas ideias, visões de mundo e possíveis futuros.

- A ele cabem várias características: é individualista e independente, tem iniciativa, inspiração, confiança e força de caráter.
- É curioso, inteligente, versátil, original, criativo, perseverante, disciplinado, incansável no que lhe interessa, porém tem grande dificuldade de fazer coisas que não lhe interessam, especialmente as vinculadas a algo que detesta: a rotina.
- Apesar de seu individualismo, é extremamente perceptivo ao ponto de vista alheio e é de fácil trato.
- Age mais pelo impulso do que pela vontade concentrada; está sempre cheio de ideias; sua vida costuma ser uma sucessão de planos e projetos, sentindo-se estimulado pelas dificuldades que estes trazem – e é muito engenhoso para resolvê-las –, entretanto nem sempre costuma concluir o que começa.
- Assim que consegue o que quer, não raramente abandona seu empreendimento e parte para outro projeto, deixando para outros desfrutarem suas conquistas.
- É perspicaz para usar o talento dos outros na execução de seus projetos.
- Quando sua intuição é bloqueada pela rotina, torna-se entediado; contudo, seu impulso o leva a procurar outras atividades em que possa dar livre curso às suas habilidades.

- A primazia da intuição sobre a psique nem sempre favorece o desenvolvimento de seu senso de julgamento – seja racional, seja sentimental – e de sua percepção sensorial:
    - por vezes, há nele a necessidade de aprender a julgar por meio do pensamento e do sentimento para dar continuidade àquilo que inicia, o que o leva a não deixar os outros "na mão";
    - quando essa capacidade falha, torna-se emocionalmente instável e não confiável, além de desistir facilmente do que começa e, ainda, de não fazer o que não quer;
    - a não rara ausência da percepção sensorial do contexto do "aqui e agora" contribui para que não conclua os projetos iniciados;
    - esse tipo é mais encontrado entre escritores, vendedores, empreendedores, investidores, políticos, professores universitários, psiquiatras e psicólogos, líderes persuasivos e capazes de conseguir a cooperação de outras pessoas para seus projetos.

Fonte: Elaborado com base em Ramos, 2005.

Na sequência, apresentamos as especificidades de cada tipo.

ENTP – O inovador

» Tende a ser analítico, independente e impessoal; contudo, sua impessoalidade lhe confere a habilidade de resolver imparcialmente conflitos e disputas.

» Carece de capacidade de julgamento sentimental, o que pode levar sua impessoalidade ao extremo, prejudicando suas relações interpessoais.
» O "aqui e agora" frequentemente lhe escapa, razão pela qual necessita de outras pessoas que o ajudem a tomar conta das coisas que exigem praticidade.
» O aprendizado com pessoas sentimentais e sensitivas é de grande auxílio para seu autoconhecimento, para a valorização das emoções dos outros e para o desenvolvimento do senso do "aqui e agora".

Esse tipo é encontrado entre inventores, pesquisadores, diplomatas, jornalistas, investidores e profissionais de marketing (Ramos, 2005).

ENFP – O ativista

» Tende a se importar com as pessoas e é habilidoso em lidar com elas, pois as compreende sem julgá-las.
» É entusiasmado e entusiasma os outros, tomando a iniciativa no desenvolvimento de projetos e, em seguida, envolvendo outras pessoas nele.
» O "aqui e agora" frequentemente lhe escapa, razão pela qual necessita de outras pessoas que o ajudem a tomar conta das coisas que exigem praticidade.
» O aprendizado com pessoas pensativas e sensitivas é de grande auxílio para seu autoconhecimento e para o desenvolvimento do senso do "aqui e agora".

Esse tipo é encontrado, por exemplo, entre professores, artistas, publicitários e vendedores (Ramos, 2005).

3.4.4.2 Tipos intuitivos introvertidos

A seguir, elencamos as características compartilhadas pelos tipos intuitivos introvertidos.b

Introvertidos intuitivos

INTJ e INFJ

- São tipos comuns entre homens e mulheres.
- Suas atitudes priorizam a intuição subjetivamente orientada por sua visão interna das possibilidades futuras.
- Costuma – embora não necessariamente – ser individualista quando não desenvolve sua função auxiliar introvertida de julgamento – pensamento ou sentimento.
- Não aprecia rotina, e seu impulso intuitivo o leva a abrir novos caminhos.
- É guiado por sua intensa inspiração, é determinado e mesmo obstinado diante das dificuldades, as quais resolve com engenhosidade.
- Quando recebe ajuda de sua função auxiliar, é dotado de grande percepção do significado profundo das coisas. Isso acontece porque é o tipo mais próximo das bases do inconsciente coletivo: os arquétipos. Pode se expressar por meio de um simbolismo artístico que traz à tona esses arquétipos – daí sua arte ser bem surrealista.

- A primazia da intuição sobre a psique reprime principalmente o senso de realidade do mundo externo. Isso, aliado a possíveis falhas em suas funções de julgamento – pensamento e sentimento –, leva-o a se tornar impermeável à influência do mundo externo. Nesse caso, não desenvolve sua personalidade externa, fecha-se em si mesmo e torna-se improdutivo.
- Esse tipo é mais encontrado entre engenheiros projetistas, pesquisadores, escritores, artistas, professores, filósofos, teólogos e, em casos psicopatológicos, fanáticos religiosos.

Fonte: Elaborado com base em Ramos, 2005.

A seguir, apresentamos as especificidades de cada tipo.

INTJ – O arquiteto

» É o mais independente de todos os tipos.
» É inovador, sendo eficiente para reorganizar negócios; no entanto, depois de cumprir com um objetivo, abandona sua conquista e parte em busca de outro desafio.
» Esse tipo é caracterizado por um forte individualismo, o que o leva a ignorar a opinião de outras pessoas.
» Tende a ser muito impessoal e tem dificuldade de fazer autocrítica.

Esse tipo é encontrado entre administradores, pesquisadores científicos, inventores, engenheiros projetistas, matemáticos e estatísticos (Ramos, 2005).

INFJ – O advogado

» Tem preocupação com os outros e é costumeiramente cordial.
» Não é individualista e consegue obter a cooperação dos outros para seus projetos por meio de sua cordialidade e de sua preocupação com o bem-estar humano. Quando imerso somente em sua intuição, pode se fechar em si mesmo, encerrando-se em um comportamento extravagante.

Esse tipo é encontrado entre médicos, enfermeiros, artistas excêntricos e, até mesmo, fanáticos religiosos (Ramos, 2005).

3.5 Analistas, diplomatas, sentinelas e exploradores

As 16 personalidades do Modelo MBTI são organizadas em quatro grupos distintos: os analistas, os diplomatas, os sentinelas e os exploradores, como sintetiza o Quadro 3.11.

Quadro 3.11 – Analistas, diplomatas, sentinelas e exploradores

Classificação	Título	Processo	Palavras-chave
ANALISTAS	Arquiteto	INTJ	Pensamento estratégico e criativo
	Lógico	INTP	Conhecimento e inovação
	Comandante	ENTJ	Desafios com ousadia
	Inovador	ENTP	Curiosidade e perspicácia

(continua)

(Quadro 3.11 – conclusão)

Classificação	Título	Processo	Palavras-chave
DIPLOMATAS	Advogado	INFJ	Idealismo, reserva, inspiração
	Mediador	INFP	Sensibilidade, bondade e altruísmo
	Protagonista	ENFJ	Liderança e carisma
	Ativista	ENFP	Sociabilidade, liberdade e criatividade
SENTINELAS	Logístico	ISTJ	Responsabilidade e comprometimento
	Defensor	ISFJ	Proteção, dedicação, acolhimento e empatia
	Executivo	ESTJ	Administração e talento para a gerência
	Cônsul	ESFJ	Atenção, socialidade e solicitude
EXPLORADORES	Virtuoso	ISTP	Habilidade no uso de ferramentas, experimentação
	Aventureiro	ISFP	Artista flexível e ousado
	Empresário	ESTP	Inteligência, energia e apetite pelo risco
	Animador	ESFP	Entusiasmo, energia e espontaneidade

Fonte: Elaborado com base em Pereira, 2022.

» **Analistas**: tendência ao pragmatismo, à racionalidade, aos fatos; pensamento lógico e imparcial; confiança na intuição; independência e abertura a novas ideias.
» **Diplomatas**: tendência a idealizar de forma intuitiva e sentimental, com grande dose de cooperação e empatia; facilidade para mediar conflitos e relacionamentos interpessoais.

» **Sentinelas**: tendência à cautela, à salvaguarda, à observação e ao julgamento; facilidade de se concentrar no trabalho e de lidar habilmente com a hierarquia nas organizações.

» **Exploradores**: facilidade para a observação e a expressividade; espontaneidade e conexão com o mundo que o cerca; propensão à tomada de decisão rápida; habilidade no uso de ferramentas em geral – por esse motivo, indivíduos que fazem parte desse grupo também são denominados *artesãos*.

A seguir, no Quadro 3.12, apresentamos uma síntese dos tipos psicológicos e de suas classificações.

Quadro 3.12 – Síntese dos tipos psicológicos e suas classificações

EXPLORADORES	SENTINELAS	DIPLOMATAS	ANALISTAS
ESFP O ANIMADOR	ISFJ O DEFENSOR	INFJ O ADVOGADO	INTJ O ARQUITETO
Extroversão Sensação Sentimento Percepção	Introversão Sensação Sentimento Julgamento	Introversão Intuição Sentimento Julgamento	Introversão Intuição Pensamento Julgamento
Enérgico. Sociável. Prático. Amistoso. Atencioso. Expressivo. Aberto. Entusiasmado. Buscador de sensações. Espontâneo. Engenhoso. Adaptável. Atento. "Mão na massa". Generoso. Divertido.	Silenciosamente caloroso. Factual. Irradia simpatia. Confiável. Detalhista. Organizado. Meticuloso, Consciencioso. Sistemático. Cauteloso. Realista. Atencioso. Prático. Firme. Solidário.	Orientado por visão e significado. Silenciosamente intenso. Perspicaz. Criativo. Sensível. Busca a harmonia e o crescimento. Adora linguagens e símbolos. Perseverante. Inspirador.	Orientado pela visão. Silenciosamente inovador. Perspicaz. Conceitual. Lógico. Procura compreender. Exigente. Decidido. Independente. Determinado. Busca a competência e o aprimoramento.

(continua)

(Quadro 3.12 – continuação)

EXPLORADORES	SENTINELAS	DIPLOMATAS	ANALISTAS
ISTP **O VIRTUOSO**	**ESTJ** **O EXECUTIVO**	**INFP** **O MEDIADOR**	**INTP** **O LÓGICO**
Introversão Sensação Pensamento Percepção	Extroversão Sensação Pensamento Julgamento	Introversão Intuição Sentimento Percepção	Introversão Intuição Pensamento Percepção
Lógico. Silenciosamente analítico. Prático. Adaptável. Curioso. Descontraído. Observador. Solucionador de problemas. Preciso. Realista. "Mão na massa". Aprecia a variedade. Aventureiro. Independente.	Organizador ativo. Lógico. Assertivo. Guiado por fatos. Decisivo. Prático. Orientado a resultados. Analítico. Sistemático. Concreto. Exigente. Responsável. Proativo. Sagaz.	Sentido intenso de valor. Silenciosamente bondoso. Compassivo. Busca significado e harmonia. Idealista. Auxiliar empático. Inquisitivo. Aprecia ideias, línguas e escrita. Independente. Adaptável.	Lógico. Conceitual. Analítico. Objetivo. Crítico. Imparcial. Engenhoso. Intelectualmente curioso. Ama ideias. Complexo. Busca a compreensão. Questionador. Adaptável. Independente.
ESTP **O EMPRESÁRIO**	**ISTJ** **O LOGÍSTICO**	**ENFP** **O ATIVISTA**	**ENTP** **O INOVADOR**
Extroversão Sensação Pensamento Percepção	Introversão Sensação Pensamento Julgamento	Extroversão Intuição Sentimento Percepção	Extroversão Intuição Pensamento Percepção
Busca por emoções. Ativo. Pragmático. Direto. Flexível. Atento. Concreto. Realista. Adaptável. Eficiente. Solucionador de problemas. Espontâneo. Aventureiro. Empírico.	Silenciosamente sistemático. Factual. Organizado. Lógico. Detalhista. Consciencioso. Analítico. Responsável. Pragmático. Crítico. Conservador. Decisivo. Estável. Concreto. Eficiente.	Entusiasmado. Imaginativo. Enérgico. Criativo. Caloroso. Orientado para o futuro. Individualista. Perspicaz. Bondoso. Otimista. Focado em possibilidades. Aberto. Busca por novidades. Espontâneo. Brincalhão.	Enérgico. Inventivo. Entusiasmado. Abstrato. Lógico. Teórico. Analítico. Complexo. Engenhoso. Verbal. Busca por novidades. Orientado para mudanças. Global. Independente. Adaptável.

Myers-Briggs Type Indicator (MBTI)

(Quadro 3.12 – conclusão)

EXPLORADORES	SENTINELAS	DIPLOMATAS	ANALISTAS
ISFP **O AVENTUREIRO**	**ESFJ** **O CÔNSUL**	**ENFJ** **O PROTAGONISTA**	**ENTJ** **O COMANDANTE**
Introversão **Sensação** **Sentimento** **Percepção**	**Extroversão** **Sensação** **Sentimento** **Julgamento**	**Extroversão** **Intuição** **Sentimento** **Julgamento**	**Extroversão** **Intuição Pensamento** **Julgamento**
Amável. Silenciosamente atencioso. Compassivo. Adaptável. Modesto. Esteta. Idealista. Observador. Leal. Prestativo. Realista. Paciente com detalhes. Espontâneo. Alegria em ação.	Ativamente sociável. Caloroso. Harmonizador. Bondoso. Entusiasmado. Empático. Orientado para pessoas. Prático. Responsável. Concreto. Ordenado. Consciencioso. Cooperativo. Responsivo. Leal.	Ativamente sociável. Entusiasmado. Harmonizador. Expressivo. Caloroso. Idealista. Empático. Orientado a possibilidades. Perspicaz. Cooperativo. Imaginativo. Consciencioso. Apreciativo. Delicado.	Organizador nato. Focado na visão. Planejador. Decisivo. Iniciador. Conceitual. Estrategista. Sistemático. Assertivo. Exigente. Lógico. Organizado. Busca aprimoramento e realização.

Fonte: Leite, 2022.

Para finalizar este capítulo, apresentaremos, na próxima seção, algumas possibilidades de aplicação do *assessment* MBTI nas organizações.

3.6 Contexto de aplicação do MBTI nas organizações

Em que pesem as críticas tecidas ao Modelo MBTI, em virtude de seus resultados carecerem de respaldo científico adequado, a ferramenta tem sido amplamente utilizada nas organizações. Entre os muitos exemplos de sua aplicação, podemos citar os seguintes: contribuir com informações para que os gestores possam oferecer *feedbacks* alinhados às características do profissional; gerenciar conflitos; desenvolver lideranças; construir e fortalecer relacionamentos com clientes internos e externos; estimular a diversidade e o autoconhecimento.

Autoconhecimento

O autoconhecimento é um processo que envolve identificar a tendência a certos comportamentos, pensamentos, prioridades e estilos de comunicação, apenas para citar alguns exemplos.

O esclarecimento desses aspectos possibilita a obtenção de um maior grau de satisfação pessoal, a definição de critérios para a tomada de decisão nas atividades do dia a dia e, até mesmo, o desenvolvimento de relacionamentos profissionais e de parceiras mais assertivas.

Frequentemente, a falta de autoconhecimento acarreta conflitos internos e com outras pessoas da organização na tentativa de se impor um

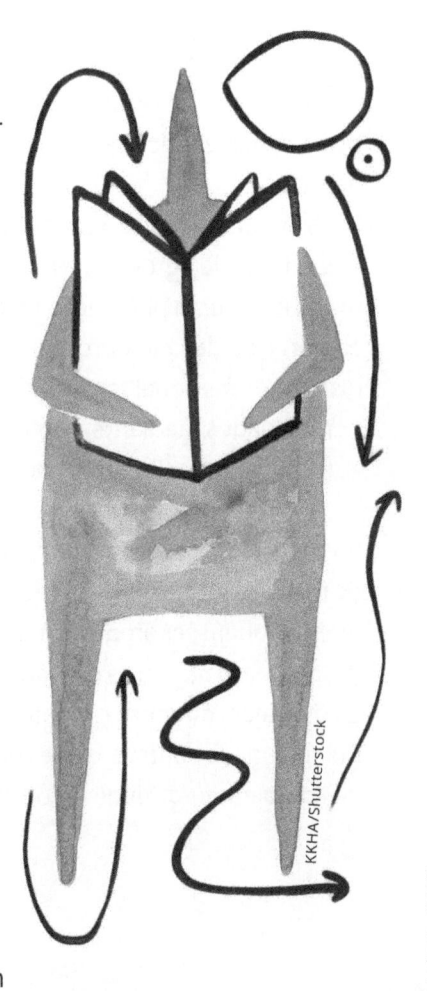

KKHA/Shutterstock

Myers-Briggs Type Indicator (MBTI)

ponto de vista particular. Essa postura prejudica a produtividade e colabora para um clima organizacional tóxico no trabalho em equipe, o que se reflete diretamente na produtividade.

Sob essa ótica, o MBTI é uma ferramenta apropriada para apoiar esse processo. Com a identificação dos tipos psicológicos, o parceiro interno de negócios tem condições de se reconhecer em um dos quatro grupos de personalidade, com base nos quais pode compreender seus principais pontos de força e talentos naturais.

É importante que a identificação em um dos quatro grupos como fator de autoconhecimento não se torne um "rótulo" limitante, e sim uma percepção de tendência, que facilita a cada um explorar os desafios profissionais com maior segurança. Além disso, o profissional terá condições de conhecer as próprias vulnerabilidades mediante a aplicação do protocolo completo, com a devida orientação do RH ou da liderança.

Por fim, entender principalmente quais são seus pontos de força pode impulsionar o colaborador em seu desenvolvimento de maneira mais rápida e assertiva. Os benefícios do autoconhecimento podem ser ampliados também por meio de atividades em grupo, como palestras ou *workshops* em equipes, com o objetivo de que, além do conhecimento do próprio perfil, todos conheçam melhor uns aos outros, o que contribuirá para promover um clima de complementaridade de pontos fortes e talentos.

Promoção da diversidade nas equipes

Sabemos que a inovação é um fator tanto competitivo como de diferenciação no mercado. Nessa perspectiva, gerar um ambiente de promoção da diversidade nas equipes é fundamental. Para esse desafio, podemos considerar fatores de diversidade como etnia, gênero, idade, religião, crenças políticas, educação, classe social e nível cultural, entre outros.

Contudo, quando pensamos em gestão estratégica de pessoas, podemos incluir, à luz do MBTI, a diversidade dos tipos de personalidade, que contribui para criar um contexto de complementaridade com relação aos comportamentos, às competências e às percepções de prioridades, cada qual respeitando o próprio perfil.

No Modelo MBTI, como vimos, existem quatro grandes grupos subdivididos em 16 tipos, cada um com uma contribuição específica por meio de seus pontos de força e talentos naturais.

Assim, com o mapeamento dos tipos de personalidade, também é possível observar a predominância de determinado grupo, identificando-se diferentes estilos para liderar e interagir com indivíduos e equipes.

Os conflitos nesse contexto de diversidade são comuns e podem apontar para tensões em virtude de diferentes pontos de vista. Por isso, é importante considerar metodologias de mediação e critérios comuns para a tomada de decisão, mas, acima de tudo, é necessário engajar todos em torno de um objetivo comum.

4 Assessment DISC e sabotadores

Icaro Victor Barboza
Erika Gisele Lotz

A alma não tem segredo que o comportamento não revele.

(Lao-Tsé, 2022)

Neste capítulo, discutiremos os seguintes temas:

» o *assessment* DISC, seu protocolo de análise e a aplicação da ferramenta em diversos contextos de gestão de pessoas;
» o *assessment* de sabotadores e a aplicação dessa ferramenta em diversos contextos da gestão de pessoas.

4.1 *Assessment* DISC

O *assessment* DISC contribui para responder a uma variedade de perguntas ao ser aplicado na organização, tais como:

- » O que motiva os parceiros internos de negócios?
- » Quais são seus pontos fortes e os aspectos de desenvolvimento profissional?
- » Qual é seu estilo de comunicação de maior eficiência?
- » Como os parceiros interagem com colegas e companheiros de equipe?
- » Como eles se comportam sob pressão?
- » Qual é o ambiente mais adequado para gerar produtividade para cada perfil?
- » Como preparar um *feedback* eficiente?
- » Que tipo de gestão ou treinamento pode extrair dos parceiros os melhores resultados?

A denominação DISC é constituída pela primeira letra das palavras *dominance* (D), *influence* (I), *steadiness* (S) e *compliance* ou *conscientiousness* (C), fatores que alicerçam a teoria e oferecem a base científica para a construção da ferramenta. Como explicam Antunes e Mageli (2015, grifo do original),

> **DISC** é um instrumento de análise comportamental, com base na teoria postulada pelo psicólogo Dr. **William Mouton Marston** em seu livro "Emotions of Normal People" (1928) que determina alguns padrões de comportamento. [...]
>
> O **DISC** é um instrumento que permite através de observações de pessoas, determinar padrões de comportamento.

Esse *assessment* favorece o entendimento das forças predominantes do perfil, bem como o direcionamento de objetivos, a descoberta de medos, a compreensão do estilo de comunicação, a identificação de necessidades e a verificação da tendência de comportamento sob pressão, pontos que convidam ao desenvolvimento.

Toda pessoa tem um comportamento primário ou básico. Entretanto, cada um de nós é único na combinação dos quatro fatores que perfazem o *assessment* DISC, dado que dispomos dos quatro fatores comportamentais em diferentes graus de intensidade (Marston, 2014).

O Quadro 4.1, a seguir, apresenta informações básicas a respeito de cada fator.

Quadro 4.1 – Os fatores DISC

D	Dominância	Indica como a pessoa lida com problemas e desafios. Principais descritores: competitivo, decidido, direto, orientado para resultados. Preferências por criar, inovar, explorar e estimular.
I	Influência	Indica como a pessoa lida com outras e as influencia. Principais descritores: confiante, inspirador, otimista, popular, sociável, confiável. Preferências por desenvolver, analisar, apoiar e estimular.
S	Estabilidade	Indica como a pessoa lida com mudanças e estabelece seu ritmo. Principais descritores: agradável, bom ouvinte, paciente, sincero, constante, membro de equipe, estável. Preferências por consultorias e estratégias.
C	Conformidade	Indica como a pessoa lida com regras e procedimentos estabelecidos por outros. Principais descritores: preciso, analítico, perfeccionista, cuidadoso e minucioso. Preferências por produção e controladoria.

Como mencionado, todos nós temos os quatro fatores comportamentais. Porém, cada fator DISC é avaliado em uma perspectiva de "alto" ou "baixo", e isso não significa que uma condição é melhor que a outra. São apenas informações sobre o comportamento da pessoa, sem haver certo ou errado. O que existe são contextos mais favoráveis a um ou outro estilo comportamental. A seguir, observe o Gráfico 4.1.

Gráfico 4.1 – Gráfico DISC

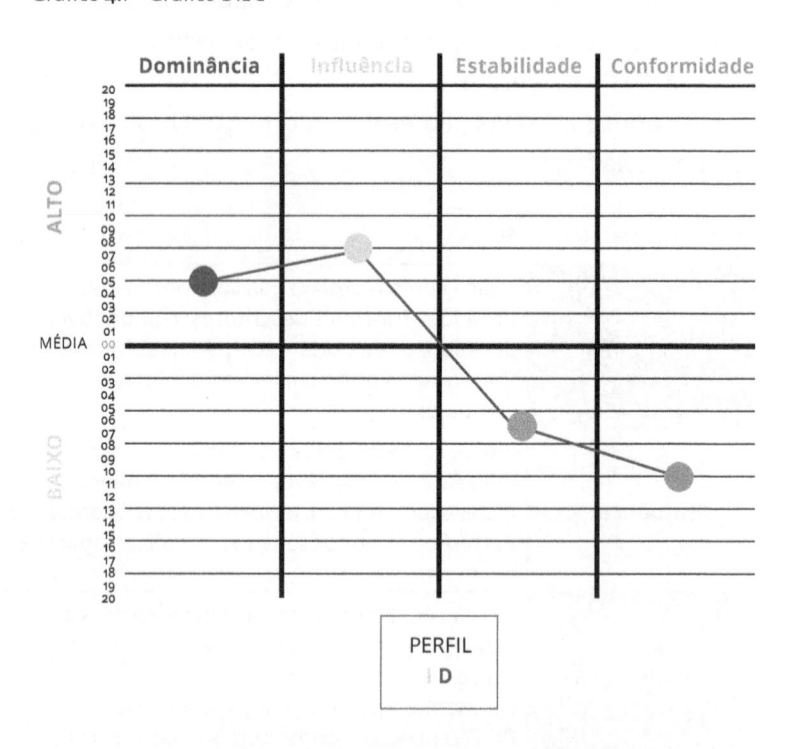

No centro do gráfico, é possível identificar o quadrante superior e o quadrante inferior, denominados *alto* e *baixo*, delimitados pela linha da média. Podemos ver que "influência" e "dominância" aparecem como fatores altos, e "estabilidade" e "conformidade", como fatores baixos. A composição com a intensidade de todos os fatores resulta nas informações acerca da pessoa.

Mas atenção: é fundamental que o analista considere a combinação e a intensidade de cada fator na análise e na devolutiva, pois é um equívoco olhar apenas para os fatores altos.

Na sequência, analisaremos o protocolo dessa metodologia e as características de cada um dos perfis.

4.1.1 Dominância

4.1.1.1 Alta dominância

Pessoas que têm a dimensão do comportamento dominância como predominante são ativas, competitivas e dinâmicas, assumem riscos e são motivadas por desafios. Em geral, são profissionais com enorme disposição física, que superam os obstáculos com perseverança.

O que caracteriza esse perfil é a força de vontade. Assim, o raciocínio dos indivíduos que se enquadram nesse fator tende ao lógico/dedutivo. Na realidade, a cada desafio, eles se sentem mais estimulados a agir.

O Quadro 4.2, a seguir, apresenta mais detalhes acerca das características desse perfil.

Quadro 4.2 – Alta dominância

ALTA DOMINÂNCIA		
Descritores		
Agressivo. Aventureiro. Competitivo. Corajoso. Decidido. Determinado. Direto. Dominador. Enérgico. Firme. Impaciente. Iniciador. Inovador. Objetivo. Orientado para desafios. Orientado para resultados. Ousado. Persistente. Pioneiro. Rápido. Vigoroso.		
Determinação – Independência – Automotivação		
Necessidades	**Fatores de afastamento**	**Medos**
Obter resultados Resolver problemas Liberdade para agir individualmente Reconhecimento pelas suas ideias Controle das próprias atividades Oportunidade de provar sua capacidade	Morosidade Ineficiência	Perder a posição Fracassar Reconhecer que errou Perder a autonomia
Pontos fortes do perfil		**Pontos de atenção ou a desenvolver**
Emoções	Autoconfiante Decidido Determinado Otimista Autossuficiente Destemido Empreendedor	Emoções: Pode se estressar com facilidade Levar em consideração apenas os resultados em detrimento das pessoas Ser excessivamente prático nas tomadas de decisões e nas atividades diárias Demonstrar indiferença Exigir dos outros em demasia
Relacionamentos	Competitivo Persistente Toma a frente e comanda Incentivador Bom exortador Não se intimida pelas circunstâncias	Relacionamentos: Cuidar com a tendência de tomar as decisões pelos outros Cuidar com a ironia, o sarcasmo e a arrogância Cuidar com a tendência de pensar apenas nos próprios benefícios Cuidar com a tendência de ser orgulhoso e dominador

(continua)

(Quadro 4.2 – conclusão)

Atividades	Intuitivo e rápido nas tomadas de decisões Proativo Prático Perspicaz Busca sempre o resultado Segue em prol de seu objetivo	Atividades	Excesso de autoconfiança Cuidar com a tendência de criar preconceitos Obstinação "cega" Cuidar com a percepção dos detalhes Prezar apenas pelos próprios planos e interesses

Fonte: Elaborado com base em Bonnstetter; Ribas, 2016.

Pessoas com alta dominância tendem primeiro a executar para depois pensar em como fazê-lo, ou seja, normalmente elas aprendem fazendo. Além disso, têm postura de comando e podem se impor aos outros com facilidade, demonstrando liderança. Essa dimensão predominante predispõe o profissional a executar tarefas rápidas que necessitem de iniciativa e determinação, bem como a não medir esforços para resolver problemas de forma direta, prezando pela liberdade e pela tomada de decisão.

4.1.1.2 Baixa dominância

Indivíduos com baixa dominância têm maior facilidade para tomar decisões compartilhadas, estão sempre dispostos a colaborar, apresentam facilidade de trabalhar em equipe, não apreciam discussões, atritos e brigas e buscam contribuir de todas as formas para a harmonia do ambiente e das relações.

Quadro 4.3 – Baixa dominância

BAIXA DOMINÂNCIA	
Descritores	
Agradável. Brando. Calculista. Cauteloso. Concordante. Conservador. Cooperante. Discreto. Hesitante. Inseguro. Moderado. Modesto. Não exigente. Pacífico	
Comportamentos	**Necessidades**
Cooperador e agradável Age em conformidade com as normas e preza pela harmonia É avesso ao risco Aceita as coisas como estão Trabalha em equipe	Precisa de apoio Ausência de competição individual Reconhecimento da equipe Supervisão compreensiva Encorajamento e harmonia

Fonte: Elaborado com base em Bonnstetter; Ribas, 2016.

4.1.2 Influência

4.1.2.1 Alta influência

Pessoas que têm a dimensão do comportamento influência como predominante são confiantes, entusiasmadas e muito sociáveis. Apresentam facilidade em compreender abstrações e ideias. Apreciam serem notadas e ouvidas e preferem ambientes dinâmicos e harmoniosos. Sua extroversão natural permite criar vínculos rapidamente, trazendo prazer e motivação. Prezam pelo novo e pelas experiências.

Além disso, indivíduos enquadrados nesse fator revelam dificuldade com rotinas e obrigações que consideram não prazerosas, principalmente se tais atividades demandam lógica e repetição. São excelentes para motivar outras pessoas e engajar um grupo em um projeto, mas podem não conseguir manter o foco quando não são constantemente estimuladas.

Quadro 4.4 – Alta influência

ALTA INFLUÊNCIA		
Descritores		
Carismático. Comunicativo. Confiante. Convincente. Cordial. Efusivo. Eloquente. Encantador. Entusiasta. Espontâneo. Expressivo. Falante. Gregário. Influenciador. Inspirador. Mente aberta. Otimista. Persuasivo. Sociável. Vaidoso.		
Sociabilidade – Entusiasmo – Confiança		
Necessidades	Fatores de afastamento	Medos
Reconhecimento social Construir uma harmonia *Status* e prestígio Pertencimento Aceitação social	Intolerância Impaciência Desarmonia Confrontos Conflitos Desprestígio	Ficar sozinho Ser rejeitado Perder a qualidade de vida, deixando de fazer o que lhe dá prazer
Pontos fortes do perfil		Pontos de atenção ou a desenvolver
Emoções	Afetuoso Tem boa dialética Não é rancoroso Persuasivo Imaginativo	Emoções	Cuidar com demasiada agitação e ansiedade Exageros Impulsividade Variações rápidas das emoções Imaturidade em determinadas reações Impetuosidade
Relacionamentos	Carismáticos Sociáveis Preocupados com as pessoas Amáveis Otimistas Compassivos	Relacionamentos	Cuidar com a necessidade de aprovação da equipe Tendência a buscar justificativas para suas negligências Colocar o foco apenas em si mesmo Esquecer compromissos e obrigações
Atividades	Gostam de causar uma boa impressão Apreciam novos desafios e projetos	Atividades	Cuidar com a desorganização Cuidar com a ausência de autodisciplina Buscar manter o foco Cuidar para ter iniciativa e "acabativa" Manter o objetivo em mente e evitar distrações e desvios de rota

Fonte: Elaborado com base em Bonnstetter; Ribas, 2016.

4.1.2.2 Baixa influência

Indivíduos com baixa influência são criteriosos ao selecionar pessoas com as quais vai conviver, tendem a se expressar de forma séria, factual e objetiva, são socialmente discretos, observadores e têm grande capacidade de concentração. Ainda, são bastante discretos em relação a assuntos pessoais e dificilmente se expõem socialmente a outros, a menos que seja necessário. No Quadro 4.5, a seguir, apresentamos mais detalhes acerca desse perfil.

Quadro 4.5 – Baixa influência

BAIXA INFLUÊNCIA	
Descritores	
Cético. Concentrado. Crítico. Desconfiado. Distante. Factual. Imaginativo. Incisivo. Introspectivo. Lógico. Objetivo. Pensativo. Pessimista. Retraído. Solitário.	
Comportamentos	Necessidades
Analítico e pensativo Realista Reservado Cuidadoso Sério Orientado para o trabalho	Tempo de privacidade Trabalhar com ambiente não político Reconhecimento pelos resultados técnicos ou intelectuais Tempo de introspecção

Fonte: Elaborado com base em Bonnstetter; Ribas, 2016.

4.1.3 Estabilidade

4.1.3.1 Alta estabilidade

Pessoas que têm a dimensão do comportamento estabilidade como predominante são persistentes, pacientes e com alta consideração. Gostam de estabelecer o próprio ritmo para interagir com o ambiente e com as pessoas no entorno. Demonstram calma, tranquilidade e autocontrole emocional.

Além disso, tendem a ser introvertidas e atentas às necessidades de quem está à sua volta. Preferem planejar antes de entrar em ação para mitigar os riscos. A natural lealdade desses indivíduos a pessoas e causas os torna extremamente confiáveis, sendo eleitos bons companheiros de equipe. No Quadro 4.6, a seguir, apresentamos mais informações sobre essa dimensão comportamental.

Quadro 4.6 – Alta estabilidade

ESTABILIDADE		
Descritores		
Acolhedor. Agradável. Amigável. Bom ouvinte. Calmo. Compreensivo. Consistente. Cooperativo. Gentil. Estável. Membro de equipe. Metódico. Paciente. Pacífico. Planejador. Possessivo. Previsível. Sentimental. Sereno. Sistemático. Suave.		
Paciência – Consideração – Persistência		
Necessidades	**Fatores de afastamento**	**Medos**
Ambiente de trabalho estável Segurança Não sofrer pressão Apoio ao trabalhar em equipe Não ter de mudar prioridades	Impaciência Intolerância Insegurança Falta de reconhecimento	Mudanças Opinião dos outros Sentir-se ferido nos relacionamentos Perder o controle
Pontos fortes do perfil	**Pontos de atenção ou a desenvolver**	
Emoções: Calmo, Confiável, De fácil convivência, Pacifista, Tem muito senso de justiça	Emoções: Cuidar para nutrir a autoestima, Cuidar com o medo excessivo, Cultivar a autoconfiança, Buscar afastar preocupações excessivas, Cuidar com a passividade em determinadas situações	

(continua)

(Quadro 4.6 – conclusão)

Relacionamentos	É de agradável convivência Amigável Exerce uma influência conciliatória Constante Diplomata e pacifista Bom ouvinte Aconselhador	Relacionamentos	Separar perseverança de teimosia Por ser reservado, pode parecer indiferente aos outros
Atividades	Seu trabalho é estruturado Conservador Eficiente Caprichoso Planeja o trabalho antes de executá-lo Tem influência estabilizadora	Atividades	A entrega de resultados pode ser mais tardia Alguns não gostam de liderar Tem dificuldade em se motivar Pode ser indeciso Geralmente, tem flexibilidade mais baixa no que se refere a mudanças

Fonte: Elaborado com base em Bonnstetter; Ribas, 2016.

4.1.3.2 Baixa estabilidade

Pessoas com baixa estabilidade apresentam maior capacidade de ser multitarefa, são inquietas para agir o quanto antes e têm maior facilidade para comunicar pressão de tempo aos outros. Além disso, podem se tornar mais produtivas quando estão em um ambiente com prazos apertados, apresentam maior flexibilidade para mudança de direção ou de prioridade, são dinâmicas e tendem a exibir desapego mais rápido a objetos e locais, caso o inesperado aconteça, dado o seu senso prático. O Quadro 4.7 fornece mais detalhes sobre essa dimensão.

Quadro 4.7 – Baixa estabilidade

BAIXA ESTABILIDADE	
Descritores	
Agitado. Alerta. Ansioso. Ativo. Ávido. Demostra emoções. Dinâmico. Flexível. Impulsivo. Inconstante. Inquieto. Instável. Multitarefa. Mutável. Versátil.	
Comportamentos	Necessidades
Impaciente e incansável Tenso e intenso Tende a comandar Impaciente com rotina Senso de urgência Ritmo rápido	Agir segundo seu livre-arbítrio Não ter de repetir tarefas Mudança de ritmo Liberdade de movimento Mobilidade

Fonte: Elaborado com base em Bonnstetter; Ribas, 2016.

4.1.4 Conformidade

4.1.4.1 Alta conformidade

Pessoas que têm a dimensão do comportamento conformidade como predominante são responsáveis, prezam pela exatidão e têm alto grau de perceptividade. Com pensamento analítico, são detalhistas e críticas. Buscam entender as regras antes de emitir opinião ou tomar decisões.

Na realidade, para essas pessoas, as regras são fundamentais, para que possam estar certas e excluír o risco de errar. Nessa ótica, a qualidade dos processos tem prioridade, com menos importância dada à coerência dos processos do que às relações em si. Por garantirem a execução dos projetos e a realização dos compromissos, tendem a controlar entregas e prazos. No Quadro 4.8, apresentamos mais informações sobre essa dimensão.

Quadro 4.8 – Alta conformidade

CONFORMIDADE
Descritores
Altos padrões. Analítico. Cauteloso. Conforme. Consciencioso. Contido. Cuidadoso. Diplomático. Discreto. Exato. Factual. Formal. Moderado. Organizado. Perfeccionista. Ponderado. Preciso. Questionador. Regrado. Reservado. Sensível.

Necessidades	Fatores de afastamento	Medos
Conhecimento específico do trabalho **Compreensão exata das regras** Tempo para estudar e treinar Ver o produto acabado Não ser exposto ao risco de errar Reconhecimento por um trabalho sem erros	Indisciplina Falta de comprometimento Desorganização Pressão	Não ter avaliado todas as possibilidades Confrontos Sentir-se ridículo Não fazer com perfeição

Pontos fortes do perfil		**Pontos de atenção ou a desenvolver**	
Emoções	Sensível Capacidade analítica Pensativo Reage fortemente à emoção Sentimental Pensador profundo, dado à reflexão	Emoções	Cuidar para não se tornar/não se entregar ao pessimismo Atenção com a tendência a se autocriticar Cuidar com a exagerada introspecção que pode levá-lo à autossabotagem
Relacionamentos	Amigo confiável Sincero Cauteloso em suas amizades Transparente	Relacionamentos	Cuidar com a forte tendência de criticar Temeroso com o que os outros pensam dele Tende a desconfiar das pessoas Atentar para não se entregar ao ressentimento

(continua)

(Quadro 4.8 – conclusão)

Atividades	Atividades
Forte tendência ao perfeccionismo Gosta de trabalho analítico e detalhado Autodisciplinado Sempre leva a cabo o que começa Tende ao trabalho intelectual e criativo Meticuloso a ponto de observar minúcias Muito estudioso e inteligente	Cuidar com a indecisão Atenção com o ritmo lento Cuidar para não se tornar excessivamente teórico e pouco prático Por analisar todos os riscos, podem hesitar ao iniciar novas empreitadas Cuidar para não assumir o papel de vítima

Fonte: Elaborado com base em Bonnstetter; Ribas, 2016.

4.1.4.2 Baixa conformidade

Pessoas com baixa conformidade tendem a se sentir confortáveis em "pensar fora da caixa", com ideias ousadas e audaciosas. Costumam estabelecer os próprios parâmetros do que é possível, não se limitando ao que já foi feito. São mais tolerantes a riscos e incertezas, expressam maior flexibilidade diante de situações imprevistas e revelam facilidade para trabalhar em ambientes desestruturados e com poucas regras, pois gostam de quebrar paradigmas. Ainda, são criativas e predispostas a enxergar maneiras diferentes de fazer a mesma coisa. O Quadro 4.9 apresenta mais detalhes sobre essa dimensão.

Quadro 4.9 – Baixa conformidade

BAIXA CONFORMIDADE	
Descritores	
Arbitrário. Criativo. Desinibido. Desorganizado. Determinado. Dogmático. Independente. Informal. Livre. Obstinado. Opinante. Quebra paradigmas. Questiona regras. Teimoso (ideias). Tolerante a riscos.	
Comportamentos	Necessidades
Flexível Tolerante a riscos ou incertezas Não conformista Informal Desorganizado Agressivo quando criticado ou rejeitado	Liberdade de expressão Prefere delegar Ausência de controles rígidos Ambiente descentralizado Liberdade para fazer exceções

Fonte: Elaborado com base em Bonnstetter; Ribas, 2016.

Ressaltamos que as informações aqui apresentadas têm cunho e descrição didática, isto é, a combinação de perfis é fundamental para realizar a composição dos pontos fortes e dos pontos de atenção.

O importante é ter em mente que o *assessment* baseado na teoria DISC mensura apenas quatro fatores, os quais dão nome ao instrumento. Contudo, a composição de um perfil se dá por meio da combinação e da intensidade dos fatores DISC, que são responsáveis pelas variações comportamentais.

4.1.5 Perfil natural e perfil adaptado

Para compreender o que são o perfil natural e o perfil adaptado, vamos recorrer a uma analogia que envolve o maior órgão do corpo humano, a pele, e um guarda-roupa. O perfil natural corresponde à pele, ou seja, trata-se do que somos, de nossas características, de nosso "eu verdadeiro". Já o perfil adaptado equivale às roupas que guardamos no móvel, as quais selecionamos de acordo com a situação e o contexto.

Nessa ótica, a habilidade de sermos quem somos não aumenta nossas chances de sobrevivência, pois ela dependerá de nossa capacidade adaptativa (Al Siebert, 2010).

A seguir, vejamos em detalhes em que consistem os dois perfis:

» **Perfil natural**: refere-se ao comportamento natural ou básico; indica quem, de fato, é a pessoa, pois se vincula ao seu âmago, à sua essência; além disso, diz respeito às tendências de comportamento do indivíduo quando este se sente à vontade e quando está sob tensão. Bonnstetter e Ribas (2016) mencionam as seguintes características para descrever esse estilo:
- comportamento livre;
- estilo básico;
- comportamento sob pressão;
- reação instintiva, automática;
- comportamento inconsciente;
- menos sujeito a mudanças;
- como você é quando está sendo você ou quando está sob pressão, fadiga ou estresse.

» **Perfil adaptado**: refere-se às adaptações comportamentais do indivíduo em face das demandas e dos desafios postos pelo contexto ou diante de suas necessidades. Em outras palavras, trata-se da tendência de se adaptar a fim de sobreviver e ter êxito em determinado ambiente. Segundo Bonnstetter e Ribas (2016), esse estilo apresenta os seguintes traços:
- atenção ao que os outros pedem;
- reação às circunstâncias presentes;
- mais sujeito a mudanças;
- comportamento consciente;
- quanto mais consciente, mais lenta a reação;
- quanto mais consciente for a resposta, mais a pessoa será sujeita à fadiga.

Para melhorar a compreensão, vamos utilizar um exemplo fictício: ao longo dos anos, Francisco, um especialista em tecnologia da informação (TI), dedicou-se exclusivamente aos aspectos técnicos de sua área (perfil natural). Com o passar do tempo, a empresa em que ele trabalhava cresceu e ele foi promovido a gerente de projetos. Diante do novo cenário, ele precisou assumir cada vez mais o papel de gestão e liderança de sua equipe. Com efeito, Francisco se viu forçado a desenvolver competências e comportamentos que não lhe eram naturais. A exigência de sua nova realidade o levou a abraçar diversos comportamentos adaptativos em termos de comunicação, sociabilidade e flexibilidade (perfil adaptado).

A seguir, nos Gráficos 4.2 e 4.3, apresentamos a análise da combinação dos perfis natural e adaptado de Francisco.

Gráfico 4.2 – Perfil natural de Francisco

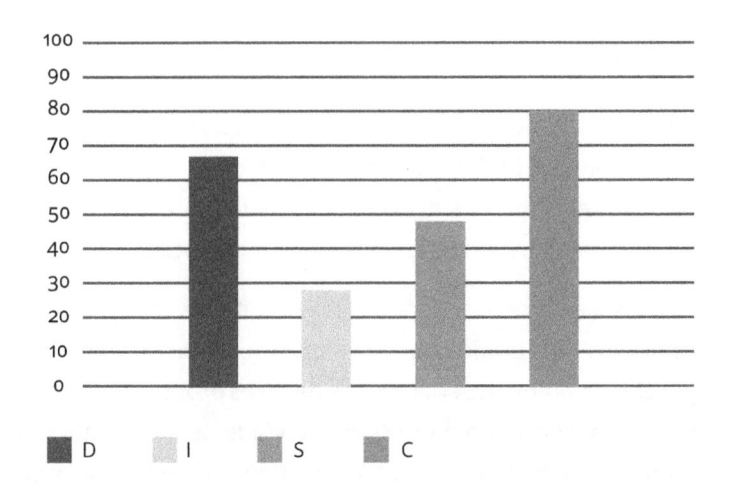

■ D   ■ I   ■ S   ■ C

Gráfico 4.3 – Perfil adaptado de Francisco

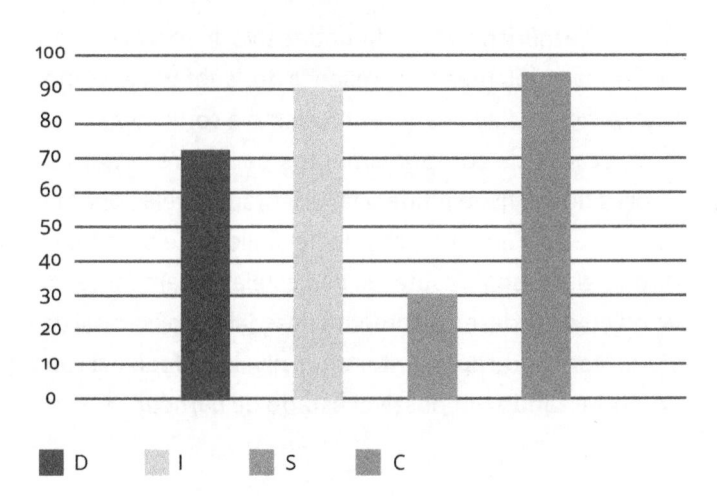

■ D   ■ I   ■ S   ■ C

Conforme podemos perceber, o perfil natural apresenta a predominância de dois perfis altos observáveis, observando-se a seguinte ordem:

I. **Conformidade** (perfil introvertido): os subfatores naturais são: exatidão, responsabilidade e perceptividade.
II. **Dominância** (perfil extrovertido): os subfatores naturais são: determinação, independência e automotivação.

Os dois perfis predominantes são orientados à tarefa. Porém, ao analisarmos o gráfico do perfil adaptado, o qual decorre das exigências do ambiente em face dos desafios propostos, notamos que o comportamento natural do indivíduo está se adaptando, pois apresenta fortes características do perfil de menor predominância, ou seja, de influência. Na prática, esse cenário gera, ao menos, três observações que merecem destaque:

» O perfil de influência é um fator decisivo de sobrevivência que demanda amplamente a presença dos subfatores comportamentais de sociabilidade, entusiasmo e confiança.
» A adaptação de comportamentos para apresentar os subfatores do perfil de influência, orientado a relacionamentos, tende a exigir um alto grau de flexibilidade e uma boa dose de energia. Caso a adaptação não esteja plenamente alinhada ao objetivo de desenvolvimento pessoal e profissional do indivíduo, este pode apresentar altos níveis de fadiga e cansaço, potencializando um possível estado de *burnout*.

» O perfil de influência adaptado, embora seja desenvolvido com base nas exigências do meio ou do contexto vivido, será construído de modo mais saudável respeitando-se as necessidades do perfil de comando – no caso, o perfil de conformidade. Portanto, o plano de desenvolvimento do perfil de influência deve considerar um ambiente de segurança, tempo de estudo e ações de treinamento gradativas e orientadas, com regras claras de atuação.

DISC nas organizações

Para as organizações, o uso da linguagem DISC é relevante porque, com a observação e a aplicação do *assessment* DISC, torna-se possível aprimorar a liderança por meio da comunicação assertiva, assim como harmonizar e mediar relações interpessoais.

A finalidade da ferramenta é possibilitar um relacionamento ganha-ganha, e não manipular ou rotular pessoas. Segundo o modelo, toda pessoa tem o potencial para ter êxito[1]. A questão é: Este perfil é favorável especificamente para o quê?

Portanto, um padrão comportamental não é melhor do que outro. Sob essa ótica, a verdadeira potência da ferramenta é oportunizar que as pessoas descubram qual é seu estilo comportamental DISC natural, pois viver em alinhamento com o próprio perfil significa aumentar as chances de sucesso na vida pessoal e profissional.

---

1 A forma mais segura de conhecer o perfil DISC é adquirir uma das boas análises disponíveis no mercado. É de responsabilidade das empresas que fornecem esse serviço possibilitar consultas a questionários na internet e à tabulação dos resultados.

O objetivo do DISC é trazer luz e reflexões a respeito de necessidades, comportamentos, pontos de força e aspectos que geram desgaste nos relacionamentos e que requerem mudanças, a fim de desenvolver e fortalecer competências e de contribuir com o desenvolvimento pessoal (Lotz, 2021).

Outro aspecto que consideramos oportuno esclarecer é que o DISC não avalia caráter, conhecimento técnico, ética, engajamento, experiência de vida, patologias, entre outros aspectos. Tampouco se trata de um oráculo. Por isso, a ferramenta requer do *coach* o comprometimento com o rigor metodológico no que tange à leitura dos gráficos e à condução da conversa devolutiva acerca do perfil com o profissional, bem como à combinação de perfis do grupo.

4.1.6 Ambiente de trabalho ideal

Assim como cada perfil apresenta características, necessidades e gostos peculiares, o mesmo ocorre em relação ao ambiente de trabalho mais propício ao desenvolvimento e à qualidade da *performance*. Nesse sentido, no Quadro 4.10, apresentamos algumas considerações a respeito do ambiente de trabalho ideal para cada perfil.

Quadro 4.10 – Ambiente de trabalho ideal

Fator	Ambiente de trabalho ideal
DOMINÂNCIA	» Liberdade para agir. Informe o "o que fazer" e deixe que ele decida como realizar a tarefa. » Autonomia e liberdade, pois a melhor maneira de prender um dominante é soltá-lo. » O desafio como rotina. Assim que ele termina uma atividade, já dá início a outra, sempre em busca de uma nova montanha a ser conquistada. » Oportunidade de crescimento rápido. » Liberdade para expressar suas ideias e pontos de vista, os quais são, invariavelmente, os melhores para ele. » Ser avaliado com base nos resultados entregues, com menor importância aos métodos utilizados para tal. » Muita agilidade, com variedade de projetos e responsabilidades. » Supervisão distante. » Projetos arrojados, ambiciosos e inovadores. » Relacionamento "olho no olho" em vez de teatral, sem rodeios ou outros sinais de insegurança. » Ambiente franco, sem dissimulações ou agendas ocultas.
INFLUÊNCIA	» Atividades que envolvam frequentes interações com outras pessoas, bem como motivação e gerenciamento de pessoas. » Ambiente leve, alegre e divertido. » Relacionamentos amistosos e cordiais. » Ambientes onde seja possível manter contato visual com outras pessoas, preferencialmente com diálogos frequentes. » Tempo para socializar e conversar sobre assuntos não necessariamente voltados ao trabalho. » Representar a empresa em eventos sociais. » Atividades de apresentação, treinamento, orientação e multiplicação de conhecimentos. » Estabelecer rede de relacionamentos e de contatos. » Supervisão democrática – aberta à socialização. » Liberdade de expressão. » Liberdade para fazer exceções.

(continua)

(Quadro 4.10 – conclusão)

Fator	Ambiente de trabalho ideal
ESTABILIDADE	» Preza por trabalhos nos quais encontra apreço por parte das lideranças, as quais devem ser seguras e inspirar confiança. » É mais produtivo em ambientes pacíficos e amistosos. » Fica mais à vontade para produzir em ambientes nos quais os níveis de insegurança e incerteza são baixos. » Sente-se desconfortável quando vinculado a um chefe com estilo abrasivo, impessoal e ameaçador. » Local de trabalho onde possa ver os companheiros de trabalho como extensão de sua família. » Como pode ver a empresa como extensão de sua casa, aprecia que o líder/gestor tenha especial consideração por seus problemas pessoais, oferecendo apoio, suporte e aconselhamento. » Reconhecimento por atividades e projetos terminados. Para ele, finalizar o que foi iniciado é muito importante. » Gosta de ambientes em que a cooperação seja estimulada e valorizada. » Além disso, aprecia ambientes nos quais as mudanças sejam comunicadas e explicadas com antecedência, assim como executadas em alinhamento com o planejamento definido, com tempo suficiente para adaptação ao novo cenário. » Ter liberdade de pensar antes de decidir, pois a pressão por decisões rápidas pode gerar desconforto.
CONFORMIDADE	» Preza por trabalhos em que o pensamento crítico, a qualidade e a precisão sejam necessários e recompensados. » Tarefas que possam ser feitas com base em normas, procedimentos e regras. » Trabalho técnico, que demande especialização e conhecimento profundo. » Aprecia ambientes nos quais altos padrões de qualidade e organização sejam exigidos. » Regras e normas claramente definidas. » Atividades que permitam momentos de reflexão e silêncio. » Contato próximo com poucas pessoas, as quais devem ser conhecidas.

Fonte: Elaborado com base em Ribas, 2018a.

As informações expostas no Quadro 4.10 são essenciais para entendermos o fator amplitude do profissional. A amplitude sinaliza o quão forte é a influência do ambiente de trabalho na produtividade e no desempenho do profissional. Colaboradores com baixa amplitude tendem a ser pouco influenciados pelo ambiente, ao passo que profissionais com elevada amplitude são fortemente afetados pelo meio.

Sabemos que os ambientes têm grande importância para as pessoas. Por conta disso, o ambiente de trabalho ideal, além de ser essencial para que o profissional desempenhe no nível mais elevado de sua capacidade, também funciona como fator impulsionador tanto para a satisfação do colaborador, que é intrínseca, quanto para a sua produtividade.

4.1.7 Estratégias de gerenciamento

Outro aspecto a ser observado é que cada perfil tem maior ou menor afinidade com um tipo de estratégia de gerenciamento. A seguir, no Quadro 4.11, apresentamos as tendências de cada perfil.

Quadro 4.11 – Estratégias de gerenciamento

Fator	Estratégia de gerenciamento
DOMINÂNCIA	» Auxílio para controlar a ansiedade, para melhor ouvir e, assim, não se precipitar em opiniões e decisões. » Permita-lhe expor suas ideias até o final. Não o interrompa e não deixe que ele passe despercebido em uma reunião importante. » Ajude a estabelecer prioridades, planejar e criar um sistema de acompanhamento para seus prováveis inúmeros projetos. » Cuidado para não confundir seu hábito de olhar no olho, falar em tom mais alto e ser bastante objetivo com uma abordagem rude, agressiva e intimidadora. A pessoa dominante pode estar apenas no piloto automático, sem intenção de agredir quem está ouvindo. » Aproveite seu apreço por superação, competição e perseguição por metas. » Mostre que sorrir, perguntar e convencer, por vezes, pode ser mais eficiente do que manifestar algo ou impor aquilo em que acredita – mesmo que apenas com seu tom de voz.
INFLUÊNCIA	» Mantenha as portas abertas para a comunicação. » Ao fazer contato visual, sorria sempre. » Por ser muito sonhador, ajude-o a colocar os sonhos no papel, de forma realista. » Desenvolva amizades e abra espaço para a alegria e a diversão. » Dedique um tempo para interagir sobre assuntos não relacionados ao trabalho. » Valorize seu carisma, assim como suas habilidades de socializar e se comunicar.

(continua)

(Quadro 4.11 – conclusão)

Fator	Estratégia de gerenciamento
ESTABILIDADE	» Adote um estilo de liderança não ameaçador. » Deixe-o discordar, tenha paciência para ouvi-lo e só se manifeste depois de se certificar de que ele terminou de dizer o que queria. » Procure mantê-lo no ambiente de trabalho que lhe é conhecido, pois mudá-lo de ambiente ou de companheiros de trabalho a toda hora, sem aviso prévio ou sem justificativas coerentes, gera profundo desconforto. » O gestor deve demostrar que está à disposição, inspirando confiança e consideração. » Elogie demonstrando sinceridade nas palavras e reprove gentil e isoladamente. » Permita que ele faça parte de uma equipe unida e cooperativa.
CONFORMIDADE	» Possibilite que ele se envolva na elaboração e implantação de normas e procedimentos. » Esclareça o que é permitido e o que não é, a fim de garantir um sistema que facilite o cumprimento das regras por todos. » Defina claramente as expectativas de trabalho e cumpra com seus compromissos de punir ou premiar. » Envolva-o em atividades de pesquisa e organização. » Encoraje-o a falar nas reuniões e elogie as contribuições antes de tecer críticas. » Respeite seu tom de voz mais baixo e sua abordagem cautelosa.

Fonte: Elaborado com base em Ribas, 2018a.

Quando o gestor se atém às diferenças individuais e as acolhe, constrói e consolida um ambiente relacional saudável, propício ao entendimento, ao engajamento e à produtividade. Além disso, esse cenário evita conflitos interpessoais e impede que as reações de cada perfil sejam interpretadas como ataques pessoais.

4.1.8 Contextos de aplicação na gestão de pessoas

A aplicação da ferramenta DISC na gestão estratégica de pessoas é, no mínimo, plural. Ela se faz presente na gestão da porta de entrada nos processos de seleção de pessoal e *onboarding* de novo profissional ou de cargo; nos processos de desenvolvimento, como os de acompanhamento de *performance, feedbacks* e treinamentos; na liderança; no desenvolvimento de plano de carreira etc.

Ainda, a metodologia DISC revela um conjunto de informações e índices que são de grande valia, tanto no nível individual quanto na composição do mapa de grupo, permitindo identificar ameaças e oportunidades e, assim, traçar planos estratégicos para o desenvolvimento da equipe.

Sob essa ótica, na sequência deste capítulo, apresentaremos detalhadamente algumas possibilidades de contextos de aplicação do modelo DISC.

4.1.8.1 Seleção

» **Dominância**: é importante que a seleção para a pessoa que tem a dimensão dominância como predominante seja realizada de acordo com seu **estilo de comunicação**. O especialista de porta de entrada da organização deve saber avaliar as competências do candidato ciente de que a **objetividade** nas respostas é característica de seu perfil. Também precisa dar espaço para que o profissional explique suas experiências anteriores e seus projetos, pautando-se mais nos **resultados** alcançados que nos processos e no ambiente; outras informações têm de ser extraídas por meio de perguntas investigativas.

» Influência: é importante que a seleção para a pessoa que tem a dimensão influência como predominante seja cuidadosa. Há um viés de comunicação introjetado nos processos de seleção que garante vantagens a quem domina a competência da expressão. Mas atenção: quem melhor se expressa não necessariamente tem a melhor competência de execução. Portanto, nesse caso, é fundamental permitir que o profissional se comunique e argumente com **entusiasmo**, mas é preciso estar atento às validações de contexto, o que pode ocorrer mediante a solicitação de exemplos concretos, esclarecendo-se o domínio dos processos e validando-se os resultados de forma mais abrangente.

» Estabilidade: a seleção para a pessoa que tem a dimensão estabilidade como predominante tende a exigir maior atenção por parte dos profissionais responsáveis pela gestão da porta de entrada. Em razão de suas características específicas, os profissionais em que essa dimensão prevalece tendem a ser mais **comedidos** em sua apresentação pessoal e na importância das atividades e dos resultados que promoveu. Essa autopercepção mais crítica pode camuflar seus talentos. Outro aspecto relevante é a necessidade de maior **tempo** para formular as respostas – por vezes, o profissional pode optar por ficar em silêncio. Logo, é necessário deixá-lo **seguro** e contribuir com perguntas específicas sobre sua carreira e experiência.

» Conformidade: a seleção para a pessoa que tem a dimensão conformidade como predominante deve ter preferência pela validação de testes **lógicos** e/ou escritos. A comunicação pode ficar emperrada principalmente quanto a questões pessoais. Por sua vez, para esclarecer sua experiência ou explicar em **detalhes** suas atividades, sua fluência será maior. Processos que incluem etapas de validação de grupo podem desfavorecer sujeitos nos quais prevalece a dimensão conformidade. Diante disso, é importante que o responsável pela seleção verifique as etapas do **processo** quanto à congruência com as competências exigidas pela posição.

4.1.8.2 *Onboarding*

» **Dominância**: é importante que o *onboarding* para pessoas que têm a dimensão dominância como predominante seja conduzido com foco nas relações de **trabalho**, assim como na apresentação da equipe, destacando-se **cargos** e **posições estratégicas**. Outros aspectos que merecem destaque são: considerar a disponibilidade de recursos ou processos para acessar; fazer recomendações claras sobre código de conduta e processos; tecer considerações acerca de carga horária, flexibilidade de período, aprovações para hora extra e escopo de trabalho. A pessoa com dominância predominante busca **clareza** em metas, projetos e objetivos. Portanto, evite situações que a exponham a contatos pessoais mais informais, como palmas, abraços ou beijos. Uma apresentação mais **formal** e cordial sempre se apresenta como mais adequada para o novo integrante.

» **Influência**: o *onboarding* para pessoas que têm a dimensão influência como predominante deve ser conduzido de modo a revelar o **acolhimento** da equipe. Profissionais em que essa dimensão prevalece valorizam empresas que se preocupam com as apresentações pessoais – por exemplo, visita a todos os departamentos da empresa. Além disso, gostam de **ser conhecidos** pelo nome desde o seu ingresso na organização. Ainda, uma mesa de trabalho **personalizada** com o nome próprio e um *kit* de boas-vindas é extremamente recomendável. Antes de conhecerem detalhadamente seu escopo de atividade, tais profissionais preferem saber quem são as **pessoas** que poderão apoiá-los no início, ou seja, com quem poderão **falar** em caso de dúvidas.

» Estabilidade: o *onboarding* para pessoas que têm a dimensão estabilidade como predominante deve contemplar uma integração mais **discreta** e **reservada**. Isso significa que os profissionais com esse tipo preferem ser apresentados somente a pessoas com quem vão se **relacionar** diretamente no trabalho. Além disso, ter uma mesa ou local de trabalho, saber onde deixar seus pertences particulares e conhecer lugares de utilidade pública, como banheiros e copa, faz com que esses colaboradores se sintam **inseridos** no contexto e mais **seguros**. Geralmente, são ansiosos para **entender** sua rotina de trabalho. Por isso, eleger um mentor para acompanhá-los na integração durante os primeiros dias pode ser um grande diferencial. Participar de grupos não é sua prioridade, pois, no início, podem preferir aprender sozinhos. Então, oferecer-lhes indicações simples de onde almoçar e esclarecer os horários de trabalho sem precisar questioná-los gera nesses indivíduos um sentimento de **acolhimento**.

» Conformidade: o *onboarding* para pessoas que têm a dimensão conformidade como predominante deve ser muito bem **planejado**. Por exemplo, um grande diferencial será que os profissionais com essa prevalência recebam um *e-mail* com **explicações** sobre como será seu primeiro dia na organização. Isso porque eles poderão sentir um grande desconforto ao irem à empresa no primeiro dia de trabalho sem **orientações claras** sobre endereço, andar e, principalmente, pessoa a quem procurar no caso de encontrar algum **problema** na entrada. O indivíduo com conformidade predominante espera poder **conhecer** sua mesa/local de trabalho e o lugar onde pode guardar seus pertences particulares antes de visitar a empresa. A visita de ambientação deve ser pontual, com **foco nas atividades** que serão desempenhadas, e é importante que o colaborador seja apresentado somente às pessoas com quem vai se relacionar diretamente. Apresentar-se em público para desconhecidos pode ser desconfortável; logo, o profissional que acompanhará a visita deve estar atento para estabelecer as conexões necessárias. É de vital importância que, desde o primeiro momento, os acessos aos sistemas da empresa (caso existam) já estejam configurados com senhas privadas. O *onboarding* será valorizado de acordo com **informações** úteis que possam contribuir para que o profissional execute seu trabalho com qualidade.

4.1.8.3 Acompanhamento de *performance*

» **Dominância**: o acompanhamento de *performance* para pessoas que têm a dimensão dominância como predominante deve ser orientado a **metas** e **resultados** preestabelecidos. Metodologias de gestão por resultados, por exemplo, definidas no planejamento dos projetos ou planos táticos de gestão, podem gerar maior engajamento dos profissionais.

» **Influência**: o acompanhamento de *performance* para pessoas que têm a dimensão influência como predominante precisa ser feito com bastante proximidade, uma vez que esses profissionais podem apresentar **dificuldade de foco** ou de manutenção de uma rotina. Como estratégia de gestão, reuniões de grupo para apresentação dos resultados podem apoiar a *performance*, já que sujeitos com esse perfil prezam pela sua **imagem** diante do grupo. Outra prática importante é fornecer *feedback* **apreciativo**, para reforçar a confiança, e *feedforward*, para alinhar as, para alinhar as próximas atividades e fazer ajustes de comportamento.

» Estabilidade: o acompanhamento de *performance* para pessoas que têm a dimensão estabilidade como predominante deve ser **processual**, considerando-se as **etapas** de finalização do projeto ou os prazos de suas atividades. Naturalmente, há uma tendência a querer entregar as **responsabilidades** no prazo, mas isso pode ser comprometido caso existam interrupções constantes por outras áreas ou por pessoas que solicitam apoio. Nessa ótica, uma boa prática de gestão consiste em fazer reuniões semanais de alinhamento, a fim de que o foco seja redirecionado, se necessário, e o profissional se sinta **apoiado**.

» Conformidade: o acompanhamento de *performance* para pessoas que têm a dimensão conformidade como predominante precisa ser orientado pelo **cronograma** acordado com as atividades e os prazos, além da definição adequada dos responsáveis. Para que os profissionais com essa valência desempenhem bem suas funções, é imprescindível que sua matriz de responsabilidade esteja **clara**, assim como as definições do projeto que integram.

4.1.8.4 *Feedback*

» **Dominância**: o *feedback* para pessoas que têm a dimensão dominância como predominante precisa ser dado de forma **clara** e **direta** e sem rodeios, com foco na **solução do problema** ou no ajuste de rota, pois o tempo é um elemento extremamente importante para profissionais que apresentam essa valência. Nessa ótica, é mais relevante oferecer *feedbacks* **objetivos**, pontuais e constantes do que *feedbacks* longos e espaçados. Não é necessário recorrer a amenidades para tratar de assuntos desconfortáveis, visto que o **foco** do profissional com essa dimensão está na solução do problema, e não necessariamente na convivência com os outros.

» Influência: o *feedback* para pessoas que têm a dimensão influência como predominante deve ser oferecido preferencialmente em uma **conversa** mais íntima e **informal**. **Sensível a críticas**, a pessoa em que essa dimensão prevalece pode querer se **justificar** ou resistir, especialmente quanto a *feedbacks* cujo intuito é corrigir um comportamento ou esclarecer algum erro cometido. Assim, para ser eficiente, é importante investir tempo na preparação, esclarecer a **intenção positiva** e focar o processo de melhoria.

» Estabilidade: o *feedback* para pessoas que têm a dimensão estabilidade como predominante deve ser dado com **preparação** e **planejamento**. As considerações do **processo** de *feedback* são de extrema importância para os sujeitos com essa dimensão. Como a **previsibilidade** é essencial para que o processo todo seja mais leve, enviar, junto ao agendamento, uma pauta com os principais tópicos a serem abordados pode contribuir para criar um ambiente mais construtivo e seguro. Outros fatores de relevância para esse momento são a **formalidade** e a **discrição**. Depois de abordar cada tópico, é interessante ressaltar a importância das **mudanças** buscadas para o grupo, bem como elaborar um pequeno plano de ação que esclareça os tópicos subsequentes.

» Conformidade: o *feedback* para pessoas que têm a dimensão conformidade como predominante deve ser fortemente alicerçado em **fatos** e **dados**. Receber *feedback* não é confortável para quem tem essa dimensão, pois a pessoa se sente sob **análise**. Logo, para que o processo seja efetivo, ele deve ser conduzido com **atenção** e **cuidado**, focando a execução do trabalho e as entregas realizadas. Também é relevante declarar a intenção de melhoria contínua e oportunizar o desenvolvimento de novas possibilidades. No caso de o *feedback* compor reforço positivo, é indicado que não se trate apenas de uma percepção individual e emocional, mas de uma constatação dos feitos do profissional avaliado e dos **impactos positivos** gerados por tais resultados.

4.1.8.5 Treinamento

» Dominância: o treinamento para pessoas que têm a dimensão dominância como predominante precisa ser **direto ao ponto** e com **foco** na **resolução** de um problema. Pode ser técnico, mas não muito detalhado. Além disso, é importante optar por uma visão mais **generalista** direcionada à **tomada de decisão** por meio da análise de **impactos**. Logo, a estrutura de um treinamento envolvente para esses profissionais deve esclarecer as **consequências**/os **resultados** antes do processo ou da investigação das causas.

» Influência: o treinamento para pessoas que têm a dimensão influência como predominante deve ser **envolvente** e com **troca de experiências**. Espaços de fala para apresentação, troca de experiências pessoais, **dinâmicas** de grupo e trabalhos em equipe são valorizados, bem como didáticas com cunho mais **emocional** e que favoreçam a **conexão** entre os participantes.

» Estabilidade: o treinamento para pessoas que têm a dimensão estabilidade como predominante tem como principal objetivo identificar **como** se deve executar melhor uma atividade, apontando **técnicas** e explicando **processos** ou **métodos**. É importante que o treinamento estimule discussões que ampliem a consciência, a fim de favorecer **relações** mais **saudáveis** e o **senso de equipe**.

» Conformidade: para pessoas que têm a dimensão conformidade como predominante, a preferência deve ser por treinamentos **técnicos** voltados a **procedimentos**, assim como à especificação de **padrões** e **métodos** cientificamente comprovados. É importante avaliar a adequação de treinamentos de cunho motivacional que promovam relações de toque ou conversas sobre aspectos pessoais que podem ser interpretados como invasivos.

4.1.8.6 Liderança

» Dominância: a liderança para pessoas que têm a dimensão dominância como predominante aponta para o **dinamismo** nas relações interpessoais com **foco** nas atividades pessoais. A **tomada de decisões** de indivíduos com essa valência é **intuitiva** e **rápida**, geralmente com base em uma análise macro cujo principal enfoque reside nos **impactos**. Além disso, tais profissionais assumem riscos e têm postura de **comando**, sendo **diretos** em sua comunicação. Entendem que mudanças fazem parte do processo e preferem **dar ordens** a recebê-las. É comum que apresentem dificuldade de receber *feedbacks* ou de ouvir sugestões, principalmente de pares ou de liderandos.

» Influência: a liderança para pessoas que têm a dimensão influência como predominante revela o desenvolvimento de **relações** com menos regras e padrões, em uma gestão mais **informal** e horizontal. Os profissionais em que há prevalência dessa dimensão tendem a ser mais **carismáticos**, com comportamento geralmente **alegre** e descontraído. Priorizam as **pessoas** em vez de prazos e processos e preferem alcançar seus objetivos por meio de **diálogos** e **relacionamentos**. Suas características naturais fortalecem o senso de equipe.

» Estabilidade: pessoas que têm a dimensão estabilidade como predominante normalmente são mais **introspectivas**, não gostam de se expor a riscos e são muito focadas. Preferem liderar estabelecendo **processos** e definindo **etapas** de entrega, dando atenção às **metas** e aos **prazos**. Buscam **planejar** com cuidado, pois gostam de **cumprir** prazos. São mais **democráticas**, ou seja, apreciam ter a participação de todos no processo de tomada de decisão. Além disso, gostam de **ouvir** sugestões e *feedbacks* considerando todos os colaboradores, independentemente do nível hierárquico. Acreditam que treinar a equipe e oferecer apoio para a execução das atividades é fundamental para o êxito dos projetos.

» Conformidade: a liderança para pessoas que têm a dimensão conformidade como predominante revela alta inclinação ao **controle** de atividades e à **definição de processos** e **protocolos** para garantir os prazos. Pessoas com essa característica são focadas na entrega das atividades e na **qualidade** das tarefas realizadas. Preferem atingir seus objetivos mais pelo **trabalho** árduo do que pela articulação de relacionamentos e política. Prezam pelos **acordos** e **compromissos** firmados. Geralmente, suas tomadas de decisão são mais **racionais** e ocorrem em uma velocidade comedida. Nas relações, costumam ser **formais**.

4.1.8.7 Plano de benefícios

» Dominância: o plano de benefícios para pessoas em que predomina a dimensão dominância precisa ser pensado priorizando-se bonificações em **dinheiro**, **recursos** ou **acessos exclusivos** que ampliem a capacidade de gerar **resultados** e aumentem a **velocidade** ou a **assertividade**, como participação nos lucros e resultados (PLR), carro e celular corporativo,

» Influência: o plano de benefícios para pessoas em que predomina a dimensão influência deve ser pensado priorizando-se plataformas de **reconhecimento** e **exposição**. Recompensas que proporcionem **experiências** como viagens, eventos e serviços que favoreçam momentos de **prazer** ou **recreativos** são extremamente valorizadas.

» Estabilidade: o plano de benefícios para pessoas em que predomina a dimensão estabilidade deve considerar benefícios voltados à **segurança** que possam ser aplicados aos **familiares**, como planos de saúde, previdência privada, seguro de vida.

» Conformidade: o plano de benefícios para pessoas em que predomina a dimensão conformidade deve ser pensado considerando-se os benefícios médios de mercado. Em virtude da aguçada **capacidade crítica** que os indivíduos desse grupo apresentam, eles têm um vasto **conhecimento** sobre o que o mercado está propondo para a área em que atuam. Ainda assim, esses profissionais dão preferência a benefícios que apoiem seu **aprimoramento** profissional, especialmente por meio de subsídios à educação, como bolsas de graduação e pós-graduação, certificações e treinamentos.

4.1.9 DISC e os ganhos múltiplos

A organização que adota o *assessment* DISC obtém ganhos para todos os atores envolvidos. Além de ser uma importante ferramenta de autoconhecimento, ele possibilita que os profissionais de RH e os líderes façam a gestão comportamental de suas equipes considerando as principais funções de gestão de pessoas, a saber:

» contratar, mapear e alocar talentos com precisão;
» motivar, liderar e engajar pessoas com assertividade;
» identificar o potencial dos profissionais;
» melhorar a capacidade de tomada de decisão;
» desenvolver o autoconhecimento.

Entre os ganhos de aplicação no âmbito individual, podemos citar os seguintes:

» promove o autoconhecimento;
» possibilita entender melhor o próximo;
» propicia o aprimoramento da comunicação e dos relacionamentos à luz das diferenças individuais;
» otimiza estratégias de treinamento de equipes;
» permite a procura por carreiras alinhadas à área de talento;
» contribui para o conhecimento do estilo pessoal de liderança e encoraja o desenvolvimento de competências socioemocionais essenciais para a conquista e a manutenção da carreira;
» estimula o reconhecimento dos próprios talentos;
» identifica áreas de cuidado e pontos a desenvolver.

Por sua vez, entre os ganhos de aplicação para a organização, destacamos:

» aumenta a assertividade no processo seletivo, dado que seleciona o perfil de maior compatibilidade com os requisitos do cargo;
» favorece o desenvolvimento de líderes;
» identifica as melhores estratégias de gestão orientadas ao perfil predominante da equipe;

- » permite analisar o *fit* cultural dos comportamentos predominantes da equipe *versus* os comportamentos alinhados à cultura organizacional;
- » favorece interações positivas, na medida em que as pessoas passam a compreender as diferenças individuais em vez de tratá-las como ataques pessoais;
- » permite criar estratégias eficazes para o desenvolvimento de equipes de alta *performance*;
- » contribui para direcionar e desenvolver talentos, inclusive privilegiando os processos sucessórios;
- » eleva a satisfação com o trabalho, impactando diretamente a redução do *turnover*.

É importante destacar que a aplicação da metodologia DISC apoiada em ferramentas de inteligência artificial exige o devido preparo para a interpretação das informações dos relatórios, incluindo suas inferências.

Para fazer o mapeamento do perfil comportamental DISC, existem diversas ferramentas – algumas gratuitas – disponíveis na internet. No entanto, o mapeamento completo com inferências aplicadas ao ambiente profissional, validações e pesquisa científica é disponibilizado apenas por empresas privadas. Nesse caso, exige-se uma formação específica para a aplicação do inventário e a análise de resultados, assim como para a realização de uma devolutiva que respeite não só a própria metodologia como também os limites éticos.

A seguir, indicamos algumas das ferramentas validadas.

Recomendação de ferramentas validadas

SÓLIDES. Disponível em: <https://solides.com.br>. Acesso em: 22 fev. 2023.
ETALENT. Disponível em: <https://etalent.com.br/>. Acesso em: 11 jan. 2023.
TTI SUCCESS INSIGHTS BRASIL. Disponível em: <https://www.ttisi.com.br>. Acesso em: 11 jan. 2023.

Na sequência, apresentamos um estudo de caso que ilustra a importância de efetivamente conhecermos as necessidades e os comportamentos adequados para desempenhar determinado cargo. Observe como foi possível mudar para ótimo o panorama de uma empresa avaliada como péssima no quesito atendimento, graças à clareza na identificação do perfil adequado para contratação.

Estudo de caso I

Precisamos de boa comunicação e agilidade!

Roberto acabou de assumir o cargo de gerente de atendimento em uma conhecida empresa de telefonia. Ele foi contratado por indicação de um diretor que garantiu seu potencial para montar uma equipe capaz de reverter o baixíssimo índice *Net Promoter Score* (NPS) da área. Desenvolvido em 2003 por Fred Reichheld, o NPS é uma metodologia de pesquisa utilizada para mensurar o nível de satisfação e lealdade dos clientes. Seu objetivo é identificar a probabilidade de os clientes recomendarem uma marca para amigos e familiares. Em pesquisas anteriores, a organização verificou que boa parte da rejeição dos consumidores se consolida pelo atendimento insatisfatório dos operadores.

Foi nesse cenário que, para assumir o novo desafio, Roberto solicitou à diretoria autorização para acompanhar o processo seletivo dos operadores, além do poder de tomar a decisão final. Assim, foram abertas cinco novas vagas para compor a equipe de atendimento.

Na reunião com o setor de RH para a validação do perfil da vaga, Roberto foi informado sobre a principal característica desejada para os candidatos a ocupar tal posição: boa comunicação e agilidade. A empresa já havia adotado como instrumento de análise comportamental o *assessment* DISC.

Considerando a descrição da vaga, Sarah, responsável pelo RH, defendeu que o perfil mais adequado seria de alguém com predominância em influência e dominância.

Antes de iniciar o novo processo seletivo, Roberto decidiu investigar mais a fundo o problema, solicitando a justificativa dada pelos clientes para emitirem a nota de péssimo atendimento. Ele percebeu então que, na maioria dos casos, os clientes atribuíam a nota "péssimo" pelo fato de não se sentirem ouvidos ou pela pressa no atendimento sem a devida solução.

Conhecedor da metodologia DISC, Roberto esclareceu que o perfil comportamental que detinha naturalmente as competências de paciência, compromisso com as metas e processo com acabativa era o de alta estabilidade. Dessa forma, depois de alterar o perfil comportamental desejado dos candidatos, ele fez as contratações.

Pouco tempo depois, Roberto foi reconhecido como o gerente de atendimento mais eficiente da empresa, já que seus novos atendentes estavam dispostos a ouvir o cliente e a atender com diligência, convertendo o NPS da empresa de péssimo para ótimo.

No estudo de caso apresentado a seguir, o conhecimento a respeito do perfil predominante em um grupo favoreceu a implantação de um projeto que antes havia sido altamente rejeitado pela equipe em questão.

Estudo de caso II

Acertando o alvo!

O CEO de uma grande empresa do setor de consultoria financeira enfrentou uma significativa resistência interna ao propor um projeto de modernização de práticas, processos e tecnologia. A empresa de tecnologia responsável pela implantação do projeto, após muitas tentativas de implementar diversas estratégias, todas sabotadas, decidiu abandonar a empreitada, alegando como principal problema a falta de maturidade da empresa contratante.

Alejandro Chaves, atual CEO, sabia que o aborto do projeto poderia gerar graves consequências, inclusive a sua própria demissão, visto que o investimento havia sido altíssimo e estava alinhado ao objetivo estratégico da organização, sendo fundamental para sua continuidade.

Nesse cenário, diante da gravidade da situação, Chaves agendou uma reunião com os responsáveis pela área de Gente e Cultura da organização, que até o momento não havia sido incluída diretamente no projeto, uma vez que tinha um viés técnico e tecnológico.

Bianca Sabatino, a *business partner* (BP) responsável pela área em questão, sugeriu a aplicação de um diagnóstico comportamental por meio do *assessment* DISC, para que uma estratégia assertiva de comunicação e gestão de implementação pudesse ser desenvolvida.

Após a aplicação dos testes com todos os consultores financeiros, o perfil do grupo foi evidenciado: 86% dos integrantes apresentaram como predominante a dimensão conformidade, e 72% manifestaram o perfil de alta estabilidade como o segundo predominante.

De posse dos resultados, Bianca propôs uma estratégia de implementação, considerando as necessidades dos perfis predominantes de segurança, mitigação de riscos em relação a mudanças e processos bem definidos, mediante as seguintes ações:

» inclusão de um informativo com destaque para os ganhos na qualidade da prestação do serviço;
» criação de um canal de suporte a dúvidas na implementação dos novos protocolos;
» apresentação das etapas e do cronograma de implementação do projeto;
» apresentação de uma agenda de treinamento aos profissionais;
» escolha de usuários-chave para compartilhamento dos detalhes do projeto para aprovação.

Ou seja, ela considerou os perfis predominantes para definir as melhores estratégias e conseguiu o engajamento dos envolvidos, o que permitiu a implementação do novo projeto. Nesse caso, a aplicação do *assessment* DISC favoreceu todo o processo de tomada de decisão e o sucesso do negócio.

4.2 Inteligência positiva e sabotadores

Na obra intitulada *Inteligência positiva: por que só 20% das equipes e indivíduos alcançam seu verdadeiro potencial e como você pode alcançar o seu*, Shirzad Chamine (2013) trabalha dois conceitos: o de inteligência positiva e o de sabotadores. Segundo o autor,

> Sua mente é sua melhor amiga. Mas também é sua pior inimiga. Sem que você perceba completamente, "sabotadores" não detectados na sua mente provocam a maior parte dos empecilhos na sua vida. As consequências são enormes. Só 20% dos indivíduos e equipes alcançam seu verdadeiro potencial. O resto de nós desperdiça muito tempo e muita energia vital. (Chamine, 2013, p. 10)

A seguir, veremos os conceitos apresentados por Chamine (2013) e o *assessment* de sabotadores desenvolvido com base nos estudos do autor.

4.2.1 O que é inteligência positiva?

Inteligência positiva ou QP (sigla para *quociente de positividade*) na prática significa "a porcentagem de tempo que a mente está agindo a favor da pessoa ao invés de sabotá-la" (Chamine, 2013, p. 15).

Um conjunto de pesquisas valida os princípios da inteligência positiva e a relação entre QP e desempenho e felicidade. A seguir, acompanhe uma síntese dos resultados desses estudos:

» Uma análise de mais de duzentos estudos científicos diferentes, que coletivamente testaram mais de 275 mil pessoas, concluiu que um QP maior leva a salários maiores e maior sucesso nas áreas de trabalho, casamento, saúde, sociabilidade, amizade e criatividade.

» Vendedores com QP maior vendem 37% mais do que colegas com QP menores.
» Negociadores com QP maior têm mais probabilidade de conseguir concessões, fechar negócios e construir futuros relacionamentos como parte dos contratos que negociam.
» Trabalhadores com QP mais alto faltam menos por doenças e têm menos probabilidade de se sentirem sobrecarregados e de pedirem demissão.
» CEOs com QP maior têm mais probabilidade de liderar equipes felizes que relatam a atmosfera de trabalho como sendo propícia ao bom desempenho.
» Equipes de projeto com gerentes de QP maior se saem 31% melhor em média quando outros fatores são similares.
» Gerentes com QP maior são mais precisos e cuidadosos ao tomar decisões e reduzem o esforço necessário para que o trabalho seja feito.
» Uma comparação de sessenta equipes mostrou que o QP de uma equipe era o fator para melhor previsão de seu sucesso. (Chamine, 2013, p. 15-16)

Em virtude dos resultados obtidos por diferentes pesquisadores, não poderíamos deixar de abordar a relevância e o impacto da inteligência positiva nos processos de satisfação com o trabalho, saúde do clima organizacional e produtividade.

> **Para saber mais**
>
> TESTE INTELIGÊNCIA POSITIVA. Disponível em: <https://www.companhiadasletras.com.br/testeinteligenciapositiva>. Acesso em: 22 fev. 2023.
>
> Acesse o *link* indicado para realizar o teste que mede seu QP. Siga as orientações da página para fazer seu cadastro e responda ao questionário. Após a conclusão, você receberá o relatório do *assessment* no *e-mail* informado.

Por meio de uma pontuação que vai de 0 a 100, o *assessment* de inteligência positiva permite identificar o QP, que mede em porcentagem por quanto tempo a mente da pessoa age positivamente. Chamine (2013) sustenta que 75% correspondem à porcentagem ideal de QP, dado que revelam um "saldo positivo" nas emoções. O *assessment* que possibilita a identificação e o enfraquecimento dos sabotadores faz parte de um conjunto de estratégias para fortalecer a inteligência positiva.

4.2.1.1 *Assessment* de sabotadores

Os sabotadores são "um conjunto de padrões mentais automáticos e habituais, cada um com sua própria voz, crença e suposições que trabalham contra o que é melhor para você" (Chamine, 2013, p. 22).

De acordo com Chamine (2013), os sabotadores são fenômenos universais. Isso porque foram detectados em inúmeras culturas e estão presentes em diversas faixas etárias e nos diferentes gêneros:

> Os Sabotadores são um fenômeno universal. A questão não é se você os tem, mas quais tem e o quão fortes são. [...] estão ligados às funções do cérebro que se concentram na sobrevivência. Cada um de nós desenvolve Sabotadores desde a infância para conseguir sobreviver às ameaças que percebemos na vida, tanto físicas quanto emocionais. Quando chegamos à idade adulta, esses Sabotadores não são mais necessários, mas se tornaram habitantes invisíveis da nossa mente. Em geral, nem sabemos que existem. (Chamine, 2013, p. 22-23)

Na conceituação de Chamine (2013), o principal sabotador é o **crítico**, visto como o protagonista entre todos os sabotadores, do qual ninguém escapa. É ele que encontra os defeitos em si mesmo e nos outros, assim como em suas condições e circunstâncias de vida.

Segundo o autor, o crítico

> gera a maior parte da ansiedade, estresse, raiva, decepção, vergonha e culpa. A mentira dele para se justificar é a de que, sem ele, você e os outros se transformariam em seres preguiçosos e sem ambição que não iriam muito longe. Assim, a voz dele costuma ser confundida com a voz durona da razão em vez de o Sabotador destrutivo que realmente é. (Chamine, 2013, p. 23)

Contudo, o crítico não atua sozinho. Ele conta com a "ajuda" dos sabotadores denominados **sabotadores cúmplices**, a saber: o insistente; o prestativo; o hiper-realizador; a vítima; o hiper-racional; o hipervigilante; o inquieto; o controlador; e o esquivo.

O crítico usa ao menos um sabotador cúmplice para garantir a sobrevivência física e emocional do indivíduo em seus primeiros anos de vida. Embora o crítico seja o protagonista dos sabotadores, presente em todas as pessoas, o sabotador cúmplice ao qual ele se alia é diferente de pessoa para pessoa.

4.2.1.1.1 A origem dos sabotadores

Qual é a origem dos sabotadores? A personalidade única de cada indivíduo influencia qual sabotador cúmplice será desenvolvido. Chamine (2013) destaca que são as **motivações** e o **estilo** particular de lidar com os desafios que determinam qual ou quais sabotadores cúmplices estarão presentes.

Motivações

Independência, aceitação e segurança constituem as três motivações primárias que alicerçam as necessidades de sobrevivência emocional. Cada pessoa tende a prezar mais por uma delas. Na visão de Chamine (2013), tais motivações podem ser descritas da seguinte forma:

» **Independência**: necessidade de impor limites em relação aos outros e de manter a independência em relação a eles.
» **Aceitação**: necessidade de manter uma imagem positiva aos olhos dos outros e de conquistar a afeição deles.
» **Segurança**: necessidade de controlar as ansiedades da vida e/ou afastá-las ou minimizá-las.

É importante esclarecer que todos nós somos influenciados e, até mesmo, guiados pelas motivações citadas, mas somente até certo ponto. A formação do sabotador ocorre abaixo do nível da consciência, ou seja, firma-se no inconsciente. Portanto, a mente racional tem pouca ou nenhuma influência na escolha de qual necessidade será preponderante.

Estilos

Afirmar, conquistar ou evitar são os estilos de lidar com os desafios do dia a dia. O indivíduo manifesta somente um deles para satisfazer sua necessidade básica de independência, aceitação ou segurança. Conforme exposto por Chamine (2013), os estilos podem ser assim categorizados:

» **Afirmar:** é o mais ativo e controlador dos três. Leva o indivíduo a tomar atitudes que exigem a realização de sua necessidade principal de independência, aceitação ou segurança.

» **Conquistar:** a pessoa se dedica para conquistar a realização de sua necessidade principal de independência, aceitação ou segurança. Isso contrasta com a natureza mais exigente do estilo "afirmar".

» **Evitar:** o sujeito se afasta ou afasta sua atenção de atividades, pensamentos, sentimentos ou de outras pessoas, para realizar sua principal necessidade de independência, aceitação ou segurança.

No Quadro 4.12, a seguir, apresentamos os sabotadores cúmplices classificados de acordo com o estilo e a motivação.

Quadro 4.12 – Os nove sabotadores cúmplices

ESTILO	MOTIVAÇÃO		
	Independência	Aceitação	Segurança
Afirmar	Controlador	Hiper-Realizador	Inquieto
Conquistar	Insistente	Prestativo	Hipervigilante
Evitar	Esquivo	Vítima	Hiper-Racional

Fonte: Chamine, 2013, p. 43.

Observe que o cruzamento entre o estilo afirmação e a motivação independência dá origem ao controlador.

Preferimos pensar nos sabotadores como **competências superdesenvolvidas**, as quais foram úteis em determinado momento e ajudaram em certo contexto, mas já não são mais necessárias. E mais, se não forem percebidas, identificadas, aceitas e compreendidas, passarão a agir na contramão dos objetivos do indivíduo.

Ou seja, o que, em um momento, foi útil – por conta da função original de sobrevivência –, agora já não é mais e, se não for identificado, compreendido e trabalhado, atrapalhará não apenas a dimensão da realização profissional, mas também diversas áreas da vida.

Para saber mais

TESTE INTELIGÊNCIA POSITIVA. Disponível em: <https://www.companhiadasletras.com.br/testeinteligenciapositiva>. Acesso em: 22 fev. 2023.

Acesse o *link* indicado para realizar o *assessment* de sabotadores. Siga as orientações da página para fazer seu cadastro e responda ao questionário. Após a conclusão, você receberá o relatório do *assessment* no *e-mail* informado.

4.2.2 Descrição dos sabotadores

Vamos começar o estudo dos sabotadores pelo crítico, caracterizado por Chamine (2013) como o sabotador universal (presente em todos nós). Muitas vezes, ele se manifesta em nossa tendência de colocarmos lentes de aumento para ver o que é negativo e supor o pior, o que, de fato, acaba sendo útil para nossa sobrevivência – aliás, essa premissa se fundamenta também na sobrevivência de nossos ancestrais.

Na maioria das vezes, a projeção negativa de perigo até pode se mostrar equivocada. No entanto, se em uma situação de risco ela se mostrar acertada, será o suficiente para que você reconheça sua importância, não é mesmo?

É importante notar que "o crítico de cada pessoa desenvolve suas características particulares em resposta a necessidades específicas de sobrevivência daquele indivíduo" (Chamine, 2013, p. 39). Que tal conhecer as características básicas desse sabotador?

4.2.2.1 O crítico

A seguir, no Quadro 4.13 consta a descrição do sabotador crítico: características, pensamentos, sentimentos, mentiras para justificar e impactos em si mesmo e nos outros.

Quadro 4.13 – O crítico

	CRÍTICO
Descrição	Acha defeitos em si mesmo, nos outros e nas circunstâncias. Provoca a maior parte da nossa decepção, raiva, arrependimento, culpa, vergonha e ansiedade. Ativa Sabotadores cúmplices.
Características	Em si mesmo: se atormenta por erros passados e falhas atuais. Nos outros: se concentra no que está errado nos outros, em vez de apreciar as coisas boas. Faz comparações do que é superior e inferior. Circunstâncias: insiste que uma circunstância ou resultado é "ruim", em vez de ver como dádiva e oportunidade.

(continua)

(Quadro 4.13 – conclusão)

	CRÍTICO
Pensamentos	O que há de errado comigo? O que há de errado com você? O que há de errado com minha circunstância ou com esse resultado?
Sentimentos	Toda culpa, arrependimento e decepção vêm do Crítico. Muito da raiva e da ansiedade é instigado pelo Crítico.
Mentiras para justificar	Se eu não pressionar, você vai ficar preguiçoso e acomodado. Se eu não punir você pelos seus erros, você não vai aprender com eles e vai repeli-los. Se eu não botar medo em você sobre maus resultados futuros, você não vai dar duro para impedir que aconteçam. Se eu não criticar os outros, você vai perder sua objetividade e não vai proteger seu interesse próprio. Se eu não fizer você se sentir mal em relação a resultados negativos, você não vai fazer nada para mudá-los.
Impacto em si mesmo e nos outros	O Crítico é o Sabotador mestre e a causa original de boa parte de nossa ansiedade, aflição e sofrimento. Também é a causa de muitos conflitos de relacionamento.

Fonte: Chamine, 2013, p. 29.

A função natural de sobrevivência do crítico é reduzir as chances de sermos surpreendidos e afetados por perigos não previstos à nossa sobrevivência física e emocional. Por conta dessa função-chave, o crítico é o sabotador universal, compartilhado por todos, independentemente das circunstâncias de nosso crescimento.

Mas ele não está sozinho, pois atua em conjunto com sabotares cúmplices: o insistente; o prestativo; o hiper-realizador; a vítima; o hiper-racional; o hipervigilante; o inquieto; o controlador; e o esquivo.

Na sequência, apresentaremos os protocolos de identificação dos sabotadores cúmplices.

4.2.2.2 O insistente

O perfeccionismo e a exagerada necessidade de ordem e de organização são os aspectos marcantes do cúmplice insistente. Tem como características ser pontual, metódico e perfeccionista. Pode ser irritável, tenso, teimoso e sarcástico. É altamente crítico de si mesmo e dos outros. Tem forte necessidade de autocontrole e autocontenção. Trabalha além do necessário para compensar a negligência e a preguiça dos outros e é altamente sensível a críticas (Chamine, 2013).

Quadro 4.14 – O insistente

INSISTENTE	
Descrição	Perfeccionismo e necessidade de ordem e organização levadas longe demais.
Características	Pontual, metódico, perfeccionista. Pode ser irritável, tenso, teimoso, sarcástico. Altamente crítico de si mesmo e dos outros. Forte necessidade de autocontrole e autocontenção. Trabalha além do necessário para compensar a negligência e a preguiça dos outros. É altamente sensível a críticas.
Pensamentos	O certo é certo e o errado é errado. Eu sei o jeito certo. Se não consegue fazer com perfeição, não faça. Os outros costumam ter padrões vagos. Preciso ser mais organizado e metódico do que os outros para que as coisas sejam feitas. Odeio erros.

(continua)

(Quadro 4.14 – conclusão)

INSISTENTE	
Sentimentos	Frustração constante e decepção consigo mesmo e com os outros por não alcançar os altos padrões. Angustiado por medo de os outros estragarem a ordem e o equilíbrio que ele criou. Tons sarcásticos ou hipócritas. Raiva e frustração contidas.
Mentiras para justificar	É uma obrigação pessoal. Depende de mim consertar as confusões que eu encontrar. O perfeccionismo é bom e me faz sentir bem comigo mesmo. Costuma haver um jeito certo óbvio e um jeito errado óbvio de fazer as coisas. Sei como as coisas devem ser feitas e preciso fazer a coisa certa.
Impacto em si mesmo e nos outros	Causa rigidez e reduz a flexibilidade ao lidar com a mudança e os estilos diferentes dos outros. É fonte de constante ansiedade e frustração. Causa ressentimento, ansiedade, dúvida de si mesmo e resignação nos outros, que se sentem continuamente criticados e se resignam ao fato de que, independente do quanto trabalhem, jamais vão agradar o Insistente.

Fonte: Chamine, 2013, p. 33.

A função original de sobrevivência do insistente é oferecer uma maneira de silenciar a voz constante da autocrítica e do medo da crítica dos outros. É algo como "se você fizer o que é certo, estará fora do alcance da interferência e da reprovação dos outros". A perfeição e a ordem trazem um sentimento de alívio temporário. É a busca por se destacar como a criança perfeita e, portanto, irrepreensível.

Embora o protocolo de análise dos sabotadores proposto por Chamine (2013) contemple apenas os aspectos altos, consideramos ser necessário analisar cuidadosamente os fatores com pontuações muito baixas no relatório. Esses escores também podem oferecer mensagens a respeito de oportunidades de desenvolvimento para o indivíduo e para o grupo.

A baixa pontuação no sabotador insistente pode implicar comportamentos como: falta de atenção aos detalhes; alta propensão a desistir das atividades, principalmente se forem rotineiras ou que requeiram muita persistência; baixo poder de concentração; dificuldade de perceber e reconhecer falhas; flexibilização do padrão de qualidade acordado; superestimação de suas entregas.

4.2.2.3 O prestativo

O cúmplice prestativo tem a característica de realizar constantes movimentos e ações como tentativas indiretas de obter a aceitação e a afeição de outras pessoas por meio de ajuda, agrado e/ou elogio. Geralmente, ignora as próprias necessidades e, como resultado, torna-se ressentido. Entre as características desse perfil, podemos citar: tem forte necessidade de ser amado; precisa se certificar com frequência da aceitação e afeição dos outros; não consegue expressar as próprias necessidades aberta e diretamente, mas de maneira indireta, o que faz com que os outros se sintam obrigados a retribuir (Chamine, 2013).

Quadro 4.15 – O prestativo

PRESTATIVO	
Descrição	Tentativa indireta de conseguir aceitação e afeição por meio de ajuda, agrado, resgate ou elogio a outros. Perde as próprias necessidades de vista e se torna ressentido como resultado.
Características	Tem uma forte necessidade de ser amado e tenta conseguir isso ajudando, agradando, resgatando ou elogiando outras pessoas. Precisa se certificar com frequência da aceitação e afeição dos outros. Não consegue expressar as próprias necessidades aberta e diretamente. Faz isso de maneira indireta, deixando as pessoas se sentirem obrigadas a retribuir.
Pensamentos	Para ser uma boa pessoa, devo colocar as necessidades dos outros à frente das minhas. Fico incomodado quando as pessoas não reparam ou não ligam para o que fiz por elas. São muito egoístas e ingratas. Dou muito e não penso o bastante em mim. Posso fazer qualquer pessoa gostar de mim. Se eu não salvar as pessoas, quem vai salvar?
Sentimentos	Expressar as próprias necessidades diretamente parece egoísmo. Tem medo de que insistir nas próprias necessidades vá afastar os outros. Se ressente de não ser valorizado, mas tem dificuldade em expressar isso.
Mentiras para justificar	Não faço isso por mim. Ajudo os outros altruisticamente e não espero nata em troca. O mundo seria um lugar melhor se todo mundo fizesse o mesmo.
Impacto em si mesmo e nos outros	Pode colocar em risco as próprias necessidades, sejam emocionais, físicas ou financeiras. Pode levar a ressentimento e desgaste. Outros podem desenvolver dependência em vez de aprenderem a cuidar de si mesmos e podem se sentir obrigados, culpados ou manipulados.

Fonte: Chamine, 2013, p. 33-34.

A função original do prestativo é ganhar a atenção e a aceitação ao ajudar os outros. Trata-se de uma tentativa indireta de satisfazer às suas necessidades emocionais. É alimentado por duas suposições originais que são aprendidas na infância: (i) devo colocar as necessidades dos outros à frente das minhas; (ii) devo dar amor e afeição para poder receber o mesmo em troca; preciso conquistar esses sentimentos, mas não sou digno disso.

A baixa pontuação no sabotador prestativo pode acarretar comportamentos como: acomodação negligente, até mesmo a ponto de delegar suas responsabilidades primordiais; insensibilidade às necessidades da equipe; compreensão em relação às suas faltas; dificuldade de reconhecer o talento e a dedicação da equipe; normalmente, costumar ignorar sua necessidade de apreço e afeto.

4.2.2.4 O hiper-realizador

O cúmplice hiper-realizador é altamente dependente de desempenho e de realizações constantes para obter o respeito próprio e a autovalidação. É altamente concentrado no sucesso externo, o que leva a tendências *workaholic* insustentáveis e à perda de contato com as necessidades emocionais e de relacionamento mais profundas. Tem como características marcantes: ser altamente competitivo; ser atento à própria imagem; dar muita importância ao *status*. Além disso, é bom em disfarçar suas inseguranças e costuma transmitir uma imagem positiva. Adapta sua própria personalidade para se enquadrar no que seria mais impressionante para os outros. Orientado para os objetivos e com traços de vício em trabalho, dedica-se mais ao aperfeiçoamento de sua imagem pública do que à introspecção. Pode se autopromover e normalmente mantém as pessoas a uma distância segura (Chamine, 2013).

Quadro 4.16 – O hiper-realizador

HIPER-REALIZADOR	
Descrição	Dependente de desempenho e realizações constantes para respeito próprio e autovalidação. Altamente concentrado em sucesso externo, o que leva a tendências workaholic insustentáveis e perda de contato com necessidades emocionais e de relacionamento mais profundas.
Características	Competitivo, atento a imagem e status. Bom em disfarçar inseguranças e mostrar uma imagem positiva. Adapta a personalidade para se encaixar ao que seria mais impressionante para os outros. Orientado para os objetivos e com traços de vício em trabalho. Mais dedicado a aperfeiçoar a imagem pública do que à introspecção. Pode se autopromover. Mantém as pessoas a uma distância segura.
Pensamentos	Preciso ser o melhor no que faço. Se não posso ser excelente, nem vou me dar ao trabalho. Devo ser eficiente e eficaz. As emoções atrapalham o desempenho. O foco tem que ser no pensamento e na ação. Posso ser qualquer coisa que queira. Sou valioso enquanto for bem-sucedido e os outros pensarem bem de mim.
Sentimentos	Não gosta de insistir em sentimentos por muito tempo: eles o distraem na realização de objetivos. Às vezes se sente vazio e deprimido, mas não passa muito tempo pensando nisso. Precisa se sentir bem-sucedido. É isso que importa. Se sente valioso por meio de suas realizações. Pode ter medo de intimidade e vulnerabilidade. A intimidade com outros pode permitir que eles vejam imperfeições.

(continua)

(Quadro 4.16 – conclusão)

HIPER-REALIZADOR	
Mentiras para justificar	O objetivo da vida é alcançar realizações e produzir resultados. Mostrar uma boa imagem me ajuda a alcançar resultados. Sentimentos são apenas uma distração e não ajudam em nada.
Impacto em si mesmo e nos outros	A paz e a felicidade são fugazes e efêmeras em breves celebrações de conquistas. A autoaceitação é continuamente dependente do próximo sucesso. Perde contato com sentimentos mais profundos, o eu mais profundo e a capacidade de se conectar intimamente com outros. Os outros podem ser atraídos para o turbilhão de desempenho do Hiper-Realizador e se tornarem similarmente desequilibrados em seu foco na realização externa.

Fonte: Chamine, 2013, p. 34.

A função original do hiper-realizador é condicionar a autoaceitação e o amor-próprio ao desempenho contínuo. Isso costuma ser resultado de validação condicional ou de uma completa ausência de figuras paternas. No entanto, mesmo com pais amorosos e que demonstram aprovação, as crianças com esse perfil costumam ter a sensação de que só podem ser amadas em troca de conquistas ou quando são obedientes, dóceis e adaptadas às regras. Existe uma dificuldade de compreender que podem ser amadas incondicionalmente.

A baixa pontuação nesse sabotador pode gerar comportamentos como: dificuldade de aceitar metas, concretizar objetivos e cumprir prazos; desvalorização de resultados pessoais; problemas ao promover sua imagem positivamente.

4.2.2.5 A vítima

O cúmplice vítima é emocional e temperamental para conquistar atenção e afeição. Seu foco recai em sentimentos internos, principalmente os dolorosos. Tem tendência a ser "mártir", e entre suas características podemos citar: ao ser criticado ou mal compreendido, tende a se recolher; é bastante dramático e temperamental; quando as coisas ficam difíceis, quer desmoronar e desistir; normalmente, sufoca a própria raiva, o que resulta em depressão, apatia e fadiga constantes. Além disso, é inconscientemente ligado à ideia de experimentar dificuldades e percebe seus ganhos na atenção que recebe ao revelar problemas emocionais ou ao ser temperamental e mal-humorado (Chamine, 2013).

Quadro 4.17 – A vítima

VÍTIMA	
Descrição	Estilo emocional e temperamental para conquistar atenção e afeição. Foco extremo em sentimentos internos, principalmente os dolorosos. Tendência para mártir.
Características	Se criticado ou malcompreendido, tende a se recolher, fazer beicinho e emburrar. Bastante dramático e temperamental. Quando as coisas ficam difíceis, quer desmoronar e desistir. Sufoca a raiva, o que resulta em depressão, apatia e fadiga constantes. Inconscientemente ligado a ter dificuldades. Recebe atenção tendo problemas emocionais ou sendo temperamental e mal-humorado.
Pensamentos	Ninguém me entende. Pobre de mim. Coisas terríveis sempre me acontecem. Eu talvez tenha desvantagens ou defeitos únicos. Sou o que sinto. Queria que alguém me salvasse dessa terrível confusão.

(continua)

(Quadro 4.17 – conclusão)

VÍTIMA	
Sentimentos	Tende a remoer sentimentos negativos por muito tempo. Se sente sozinho e solitário, mesmo quando perto da família e de amigos íntimos. Tem sentimentos de melancolia e abandono. Enfatiza a inveja e comparações negativas.
Mentiras para justificar	Ao agir assim, eu pelo menos tenho um pouco do amor e atenção que mereço. A tristeza é uma coisa nobre e sofisticada que mostra profundidade excepcional, além de discernimento e sensibilidade.
Impacto em si mesmo e nos outros	A vitalidade é desperdiçada no foco em processos internos e ressentimentos. Alcança o efeito oposto ao afastar as pessoas. Os outros se sentem frustrados, impotentes ou culpados por não poderem colocar mais do que um band-aid temporário no ferimento da Vítima.

Fonte: Chamine, 2013, p. 35.

A função original da vítima é extrair um pouco da afeição das pessoas que, de outro modo, não estariam prestando atenção nela. O estado de espírito imita um falso sentimento de estar vivo. A vítima é, por vezes, associada a uma experiência de infância relacionada ao fato de a criança não se sentir vista ou aceita, o que a leva a acreditar que há algo de errado com ela.

A baixa pontuação nesse sabotador pode acarretar os seguintes comportamentos: dificuldade de aceitar seus limites físicos e mentais; negligência com cuidados com a saúde; tendência a aceitar mais trabalho que a equipe, colocando-se em uma posição de maior capacidade; medo de mostrar vulnerabilidades; frieza diante das necessidades dos outros, sobretudo em aspectos emocionais.

4.2.2.6 O hiper-racional

O cúmplice hiper-racional coloca um foco intenso e exclusivo no processamento racional de tudo, incluindo os relacionamentos. Pode ser percebido como frio, distante e intelectualmente arrogante. Como características, destacamos: apresenta uma mente intensa e ativa; por vezes passa por dissimulado; é reservado e não permite que muitas pessoas conheçam seus sentimentos mais profundos, os quais, em geral, são evidenciados por meio da paixão pelas ideias. Ainda, prefere apenas observar a loucura que o cerca e analisar o ambiente com certa distância. Pode perder a noção do tempo graças à sua extrema concentração. Por fim, tem uma forte tendência ao ceticismo e ao debate (Chamine, 2013).

Quadro 4.18 – O hiper-racional

HIPER-RACIONAL	
Descrição	Foco intenso e exclusivo no processamento racional de tudo, incluindo relacionamentos. Pode ser percebido como frio, distante e intelectualmente arrogante.
Características	Possui uma mente intensa e ativa; às vezes passa por intelectualmente arrogante ou dissimulado. É reservado e não deixa muitas pessoas conhecerem seus sentimentos mais profundos. Em geral, mostra os sentimentos por meio de paixão pelas ideias. Prefere apenas observar a loucura que o cerca e analisar de longe. Pode perder a noção do tempo graças à intensa concentração. Tendência forte para ceticismo e debate.

(continua)

(Quadro 4.18 – conclusão)

HIPER-RACIONAL	
Pensamentos	A mente racional é onde ele está. Os sentimentos atrapalham e são irrelevantes. Muitas pessoas são tão irracionais e medíocres no que pensam. As necessidades e emoções dos outros atrapalham meus projetos. Preciso eliminar invasões. O que mais valorizo é sabedoria, entendimento e discernimento. Meu valor próprio está ligado a dominar sabedoria e competência.
Sentimentos	Frustrado pelos outros serem emocionais e irracionais. Ansioso para preservar tempo pessoal, energia e recursos contra invasões. Se sente diferente, sozinho e incompreendido. Costuma ser cético e cínico.
Mentiras para justificar	A mente racional é a coisa mais importante. Ela deve ser protegida da invasão desagradável das emoções e necessidades confusas das pessoas para que consiga concluir o trabalho.
Impacto em si mesmo e nos outros	Limita a profundidade e a flexibilidade dos relacionamentos no trabalho e na vida por meio de análise, em vez de vivenciar sentimentos. Intimida as pessoas com mente menos analítica.

Fonte: Chamine, 2013, p. 35-36.

A função original do hiper-racional é sobreviver em circunstâncias de desordem e em um ambiente caótico na infância. A fuga para a mente racional limpa e organizada gera uma sensação de segurança ou de superioridade intelectual. O indivíduo com essa disposição também ganha atenção e elogios ao se mostrar a pessoa mais inteligente de determinado lugar.

A baixa pontuação nesse sabotador pode implicar comportamentos como: dificuldade de considerar aspectos emocionais, causando problemas de relacionamento; expor-se excessivamente e ser facilmente manipulado; tornar-se exageradamente prático, negligenciando a lógica ou determinados processos.

4.2.2.7 O hipervigilante

O cúmplice hipervigilante apresenta ansiedade contínua e intensa em relação a todos os "perigos" da vida e um grande foco no que pode dar errado. A vigilância é tamanha que o indivíduo com essa disposição sequer consegue descansar direito. Sua ansiedade constante e as dúvidas crônicas sobre si mesmo e os outros são características marcantes do hipervigilante, assim como a sensibilidade extraordinária a sinais de perigo. Vive em constante expectativa de vivenciar contratempos e geralmente desconfia do que os outros estão fazendo. Sua expectativa é que as pessoas tendem a "estragar tudo". Pode buscar por tranquilidade e orientação em procedimentos, regras, autoridades e instituições (Chamine, 2013).

Quadro 4.19 – O hipervigilante

	HIPERVIGILANTE
Descrição	Ansiedade contínua e intensa quanto a todos os perigos da vida e grande foco no que pode dar errado. Vigilância que nunca pode descansar.
Características	Sempre ansioso, com dúvidas crônicas sobre si mesmo e os outros. Sensibilidade extraordinária a sinais de perigo. Expectativa constante de contratempos e perigo. Desconfia do que os outros estão fazendo. A expectativa é de que as pessoas vão estragar tudo. Pode procurar tranquilização e orientação em procedimentos, regras, autoridades e instituições.

(continua)

(Quadro 4.19 – conclusão)

HIPERVIGILANTE	
Pensamentos	Quando a próxima coisa ruim vai acontecer? Se eu cometo um erro, tenho medo de todo mundo pular no meu pescoço. Quero confiar nas pessoas, mas fico desconfiado dos motivos delas. Preciso saber quais são as regras, embora nem sempre as siga.
Sentimentos	Cético, até mesmo cínico. Costuma ser ansioso e altamente vigilante.
Mentiras para justificar	A vida é cheia de perigos. Se eu não ficar alerta, quem vai ficar?
Impacto em si mesmo e nos outros	É uma maneira difícil de viver. A ansiedade constante queima uma grande quantidade de energia vital que poderia ser usada de maneiras excelentes. Perde credibilidade por ver perigo até onde não tem. Os outros começam a evitar o Hipervigilante porque a intensidade da energia nervosa os esgota.

Fonte: Chamine, 2013, p. 36.

A função original de sobrevivência do hipervigilante é evitar ameaças e perigos e proteger-se dessas circunstâncias. Esse perfil costuma se originar de experiências no começo da vida, em que a fonte de segurança (a figura paterna ou materna) era imprevisível e não confiável. Também pode surgir em virtude de eventos dolorosos e inesperados que fizeram a vida parecer ameaçadora e insegura.

A baixa pontuação nesse sabotador pode acarretar comportamentos como: negligência em relação a perigos e riscos iminentes; comportamento desatento; excesso de confiança sem critérios, o que o leva a ser percebido como ingênuo; tendência a não gerenciar os resultados, por acreditar excessivamente na palavra de outras pessoas.

4.2.2.8 O inquieto

O **cúmplice** inquieto está em constante busca por uma maior excitação na próxima atividade ou procura se manter sempre ocupado. Raramente se sente em paz ou fica satisfeito com a atividade que exerce no momento. Distrai-se facilmente, embora execute muitas tarefas simultaneamente. Aprecia a excitação e a variedade, e não o conforto e a segurança. Foge de sentimentos desagradáveis muito rapidamente e está sempre em busca de estímulos diferentes (Chamine, 2013).

Quadro 4.20 - O inquieto

INQUIETO	
Descrição	Inquieto; em constante busca de maior excitação na próxima atividade ou se ocupando constantemente. Raramente fica em paz ou satisfeito com a atividade do momento.
Características	Distrai-se facilmente e pode ficar muito disperso. Permanece sempre ocupado, executando muitas tarefas e planos diferentes. Procura excitação e variedade, não conforto e segurança. Salta (foge) de sentimentos desagradáveis muito rapidamente. Procura novos estímulos constantes.
Pensamentos	Isso não é satisfatório. A próxima coisa que vou fazer tem que ser mais interessante. Esses sentimentos negativos são horríveis. Preciso mudar minha atenção para alguma coisa envolvente. Por que ninguém consegue me acompanhar?

(continua)

(Quadro 4.20 – conclusão)

INQUIETO	
Sentimentos	Impaciente com o que está acontecendo no presente. Quer saber o que vem depois. Tem medo de perder experiências que valham mais a pena. Se sente inquieto e quer mais e mais opções. Tem medo de o foco em um sentimento desagradável crescer e se tornar esmagador.
Mentiras para justificar	A vida é curta demais. Precisa ser vivida intensamente. Não quero perder nada.
Impacto em si mesmo e nos outros	Por baixo da superfície de diversão e animação do Inquieto há uma fuga baseada na ansiedade de estar presente e vivenciando cada momento intensamente, o que pode incluir lidar com coisas desagradáveis. O Inquieto evita um foco real e duradouro nos assuntos e relacionamentos que realmente importam. Os outros têm dificuldade em acompanhar o frenesi e o caos criados pelo Inquieto e são incapazes de construir qualquer coisa sustentável nesse ambiente.

Fonte: Chamine, 2013, p. 36-37.

A função original de sobrevivência do inquieto é encontrar novas fontes de excitação, prazer e autopromoção constantes. Isso pode ser associado a experiências do começo da vida nas quais houve atenção inadequada dos pais ou circunstâncias dolorosas. A complacência do inquieto não só fornece atenção substituta, como também propicia uma fuga para não ter de lidar com a ansiedade e a dor.

A baixa pontuação nesse sabotador pode acarretar comportamentos como: excessiva acomodação; resistência à mudança própria e do grupo; sentimento de conformismo mesmo diante de situações desagradáveis.

4.2.2.9 O controlador

A alta pontuação no cúmplice controlador indica uma necessidade baseada na vontade de assumir responsabilidades e controlar situações, forçando as ações das pessoas à sua própria vontade. Esse cenário resulta em alta ansiedade e impaciência, quando as coisas não saem conforme o esperado. Entre as principais características desse perfil, destacamos: forte necessidade de controlar e assumir responsabilidade; a conexão com outras pessoas se dá por meio de competição, desafio, atos físicos ou conflitos, em vez de ocorrer por emoções. Além disso, a pessoa com esse perfil costuma ser determinada, confrontadora e direta e geralmente tende a tirar os outros de suas zonas de conforto. Aprecia quando sente que "fez o impossível" e contraria a probabilidade. Normalmente é estimulado por conflitos e se conecta por meio deles. Surpreende-se quando percebe que outras pessoas se magoam e é comum que as intime. Sua comunicação direta é usualmente interpretada como raiva ou crítica (Chamine, 2013).

Quadro 4.21 – O controlador

CONTROLADOR	
Descrição	Necessidade baseada em ansiedade de assumir a responsabilidade e controlar situações, forçando as ações das pessoas à sua própria vontade. Resulta em alta ansiedade e impaciência quando não é possível.

(continua)

(Quadro 4.21 – conclusão)

CONTROLADOR	
Características	Forte necessidade de controlar e assumir responsabilidade. Conecta-se com outros por meio de competição, desafio, atos físicos ou conflitos, em vez de por emoções mais delicadas. Determinado, confrontador e direto. Leva as pessoas além de suas zonas de conforto. Ganha vida quando faz o impossível e contraria a probabilidade. Estimulado por conflitos e conectado por meio deles. Surpreso por os outros se magoarem. Intimida os outros. A comunicação direta é interpretada pelos outros como raiva ou crítica.
Pensamentos	Estou no controle ou fora de controle. Se eu trabalhar com afinco o bastante, posso e devo controlar a situação para que transcorra como quero. Os outros querem e precisam que eu assuma o controle. Estou fazendo um favor para eles. Ninguém me diz o que fazer.
Sentimentos	Sente alta ansiedade quando as coisas não transcorrem como ele quer. Fica com raiva e intimidado quando os outros não o seguem. Impaciente com os sentimentos e estilos diferentes dos outros. Sente-se magoado e rejeitado, embora raramente admita.
Mentiras para justificar	Sem mim, você não consegue fazer muita coisa. Você precisa forçar as pessoas. Se eu não controlar, serei controlado, e não consigo suportar isso. Estou tentando terminar o serviço por todos nós.
Impacto em si mesmo e nos outros	O Controlador consegue resultados temporários, mas com o custo de os outros se sentirem controlados, ressentidos e incapazes de alcançar suas maiores capacidades. O Controlador também gera uma grande quantidade de ansiedade, pois muitas coisas no trabalho e na vida não são controláveis.

Fonte: Chamine, 2013, p. 37.

A função original de sobrevivência do controlador é assumir o controle do ambiente desordenado, anárquico, confuso. É importante destacar que, por baixo da bravata do controlador, costuma haver um medo escondido de ser controlado por outros ou pela vida. Esse cúmplice costuma ser associado a experiências no começo da vida nas quais a criança é obrigada a se desenvolver rapidamente, passar tempo sozinha e assumir o controle de um ambiente caótico ou perigoso para poder sobreviver física e/ou emocionalmente. Além disso, esse perfil é associado à sensação de ser magoado, rejeitado ou traído, acarretando a decisão de jamais voltar a ser tão vulnerável.

A baixa pontuação nesse sabotador pode gerar os seguintes comportamentos, entre outros: dificuldade de assumir as próprias responsabilidades e gerenciar as entregas; impasse na organização de prioridades e na gestão dos compromissos; tendência a aguardar as cobranças para enfim "se mexer", o que o faz evitar conflitos a todo custo.

4.2.2.10 O esquivo

O cúmplice esquivo tem a característica de sempre manter o foco no positivo e no agradável, mas de uma forma extrema. É comum que fuja de tarefas e de conflitos difíceis e desagradáveis, o que o leva a dizer "sim" para coisas que não deseja realmente. Além disso, costuma minimizar a importância de alguns problemas reais e tenta rechaçar outros. Revela bastante dificuldade para dizer "não". Resiste aos outros por meios passivo-agressivos, em vez de enfrentá-los diretamente. Perde-se em rotinas e hábitos reconfortantes e usualmente procrastina tarefas desagradáveis (Chamine, 2013).

Quadro 4.22 – O esquivo

ESQUIVO	
Descrição	Foco no positivo e no agradável de uma forma extrema. Fuga de taretas e conflitos difíceis e desagradáveis.
Características	Evita conflitos e diz sim para coisas que não deseja realmente. Minimiza a importância de alguns problemas reais e tenta rechaçar outros. Tem dificuldade em dizer não. Resiste aos outros por meios passivo-agressivos, em vez de diretamente. Perde-se em rotinas e hábitos reconfortantes; procrastina as tarefas desagradáveis.
Pensamentos	Isso é desagradável demais. Talvez, se eu deixar de lado, o problema se resolva sozinho. Se eu cuidar disso agora, vou magoar alguém. Prefiro não fazer isso. Se eu entrar em conflito com outros, posso perder minha ligação com eles. Encontrei um equilíbrio. Não quero mexer nele. Prefiro fazer as coisas do jeito que alguém quer a criar uma confusão.
Sentimentos	Tenta permanecer equilibrado. Sente ansiedade pelo que foi evitado ou procrastinado. Tem medo de que a paz conquistada com dificuldade seja interrompida. Reprime raiva e ressentimento.
Mentiras para justificar	Você é uma boa pessoa por poupar o sentimento dos outros. Nada de bom pode resultar de um conflito. É bom ser flexível. Alguém precisa ser o pacificador.

(continua)

(Quadro 4.22 - conclusão)

	ESQUIVO
Impacto em si mesmo e nos outros	Negar os conflitos e as negatividades que existem impede que o Esquivo trabalhe com eles e os transforme em dádivas. Sentir-se entorpecido para a dor é diferente de saber como colher sabedoria e poder da dor. O que é evitado não desaparece e acaba infeccionando. Os relacionamentos são mantidos em um nível superficial por meio da fuga de conflitos. O nível de confiança dos outros é reduzido porque eles não sabem ao certo quando a informação negativa está sendo omitida.

Fonte: Chamine, 2013, p. 38.

A função original de sobrevivência do esquivo é buscar a fuga de situações desafiadoras ou reduzir tensões e amenizar conflitos enfrentados no ambiente familiar. O esquivo pode surgir tanto de uma infância feliz quanto de uma infância difícil. No primeiro caso, a criança pode não ter aprendido a flexibilidade de lidar com emoções difíceis. Já no segundo, o esquivo pode aparecer para bancar o pacificador e aprender a não acrescentar negatividade ou tensão própria dos conflitos familiares já existentes.

A baixa pontuação nesse sabotador pode acarretar comportamentos como: dificuldade de sentir prazer por viver e de compartilhar momentos positivos com a equipe; inventar problemas e gerar desconfortos relacionados ao trabalho.

Considerando todo o exposto a respeito dos sabotadores, podemos afirmar que o indivíduo que não tem plena consciência desses cúmplices e da forma como estes agem será facilmente dominado por eles. Contudo, quando a pessoa os identifica, os coloca sob observação e os aceita, passa a ter a opção de exercer domínio sobre eles.

4.2.3 Contextos de aplicação do *assessment* de sabotadores

Assim como os *assessments* apresentados anteriormente, o de sabotadores também tem aplicações no contexto individual, promovendo autoconhecimento, reflexões e oportunidades de desenvolvimento, mas também pode ser empregado no contexto de desenvolvimento de equipes.

Para esse *assessment*, escolhemos como contexto de aplicação as oportunidades em desenvolvimento individual, as quais podem ser abordadas por meio do plano de desenvolvimento ondividual (PDI), e no âmbito de orientações estratégicas que podem ser adotadas pelo líder.

4.2.3.1 O insistente

Desenvolvimento individual

No PDI, a observação de uma alta pontuação no sabotador insistente requer um *feedback* cauteloso. O líder eficaz sabe que o parceiro interno de negócios estará na defensiva diante de qualquer ponto que possa ser entendido como crítica, até mesmo questionando evidências e fatos de comprovação. Nesse contexto, será ainda mais difícil apontar os prejuízos no âmbito relacional. Logo, uma boa estratégia para o líder é posicionar-se como alguém que deseja ouvir, assim como considerar com imparcialidade os questionamentos feitos pelo sabotador. O *feedback* pode ocorrer sob a estrutura de causa e consequência, em formato de perguntas em vez de explicações. A reflexão decorrente pode apresentar maior índice de sucesso quando, com base nas respostas, se chegar à necessidade de desenvolver um novo comportamento, ou seja, terminando com *feedforward*.

Desenvolvimento da equipe

Uma equipe com pontuação geral alta no sabotador insistente pode apresentar um clima de trabalho mais tenso e propenso a constantes conflitos de relacionamento. Ainda que o motivo do conflito seja a busca por uma entrega de qualidade, por exemplo, o alto grau de exigência pode provocar uma insatisfação desproporcional em relação aos problemas reais. Nessa ótica, portanto, o líder eficaz tem a oportunidade de se manter atento não apenas às definições dos critérios de qualidade, mas também à necessidade de estabelecer com clareza as margens de erro ou de flexibilização. Para o alto insistente, a qualidade da entrega sobressai ao prazo. Logo, é uma boa estratégia ir além do acompanhamento de prazos da entrega final e promover uma gestão que comporte a clara definição de prazos de entrega por etapa, possibilitando um ajuste ágil mediante novos acordos, se necessário.

4.2.3.2 O prestativo

Desenvolvimento individual

No PDI, a observação de alta pontuação no sabotador prestativo pode indicar grande necessidade de aprovação e reconhecimento, principalmente no aspecto pessoal. É importante que, no *feedback*, o líder aponte os aspectos apreciativos, mas é igualmente relevante esclarecer os papéis, as responsabilidades e as "não responsabilidades". O desejo exagerado por aprovação pode sugerir o ambiente perfeito para que outras pessoas deleguem suas responsabilidades ao profissional com esse perfil, o que constitui negligência. Esse tipo atitude deve ser corrigido de forma igualitária, pois tanto o cúmplice quanto o outro são responsáveis, isto é, a velha máxima "eu só estava tentando ajudar" de nada vale nesse cenário. A transparência na comunicação é fundamental.

Desenvolvimento da equipe

Uma equipe com pontuação geral alta no sabotador prestativo corre o risco de se tornar dependente de *feedbacks* apreciativos rotineiros para manter sua *performance*. Além disso, esse contexto pode contribuir para a criação de uma espécie de cultura de bajulação em busca de vantagens individuais ou para o atendimento de necessidades de afeto, o que atrapalha no trabalho em equipe. Portanto, o líder eficaz pode implantar modelos de *feedback* que contemplem tanto a apreciação e o reconhecimento quanto indicadores claros de *performance*. A implantação de indicadores-chave de desempenho (no inglês, *key performance indicators* – KPIs), assim como a definição de *workflow* (fluxo de trabalho), será excelente para impedir que a eficiência e a entrega do projeto obedeçam a fatores subjetivos e a preferências pessoais.

4.2.3.3 O hiper-realizador

Desenvolvimento individual

No PDI, a observação de alta pontuação no sabotador hiper-realizador pode acarretar problemas como impaciência, ou seja, o profissional com esse perfil pode "passar por cima" de outras pessoas sem negociar, alegando urgência. Ainda, até mesmo em posição de liderança, o hiper-realizador pode forçar que os liderados avancem na carga horária ou façam hora extra sem uma real necessidade. Portanto, o responsável pelo *feedback* deve checar não apenas os resultados gerados pelo parceiro interno de negócios como também seus impactos nas relações e no ambiente.

Desenvolvimento da equipe

Uma equipe com pontuação geral alta no sabotador hiper-realizador apresenta facilidade para trabalhar com metas e desafios constantes. No entanto, o líder eficaz deve zelar para que o desejo por produzir respeite os acordos de prestação de serviço vigentes, impedindo excessos que podem até mesmo se voltar contra a própria organização no momento do término do contrato. Além disso, convém estar atento à saúde física e mental da equipe, estabelecendo-se com rigidez a necessidade de descansar como um fator impulsionador para a produtividade de longo prazo.

4.2.3.4 A vítima

Desenvolvimento individual

No PDI, a observação de uma alta pontuação no sabotador vítima aponta para a necessidade de internalizar a autorresponsabilidade atrelada à posição ocupada na organização, o que pode ocorrer mediante o esclarecimento das atividades, dos prazos e dos critérios de entrega. Além disso, é interessante oferecer um espaço de apoio, desde que previamente combinado, no qual não serão permitidas reclamações com relação à equipe ou à empresa. Nesse caso, tal espaço servirá estritamente para que o profissional com esse perfil possa receber orientação ou explicar a necessidade de obter recursos para sua entrega. O ideal, nesse contexto, é que o profissional se comprometa com um plano de ação objetivo e com a especificação adequada de suas atividades concretas.

Desenvolvimento da equipe

Uma equipe com pontuação geral alta no sabotador vítima deve focar acordos claros de entrega, critérios e prazos. Além disso, níveis elevados nesse sabotador podem indicar falta de autorresponsabilidade, o que dá abertura para justificativas e desculpas intermináveis, além da tendência geral de apontar como "vilões" da não entrega ou da falta de *performance* os fatores externos, colocando-se a "culpa" na falta de clareza na comunicação, nos colegas de equipe, no cliente ou até mesmo no ambiente. Sob essa ótica, é extremamente necessário atentar para que a narrativa não seja direcionada a questões estritamente pessoais ou a fatores incontroláveis, como política, clima ou mercado. Por fim, caso esse cúmplice manifeste indisposição para cumprir com os acordos assumidos na matriz de responsabilidade após o protocolo de *feedback* e advertência, o desligamento deve ser executado antes de o impacto se estender diretamente a toda a equipe.

4.2.3.5 O hiper-racional

Desenvolvimento individual

No PDI, a observação de uma alta pontuação no sabotador hiper-racional deve considerar um programa de aprendizado com metas claras sobre a percepção de entrega nos âmbitos técnico e relacional e de participação social. Diagnósticos como avaliação 360° podem respaldar a necessidade de desenvolver a inteligência emocional ou a competência social. Nessa ótica, o líder deve esclarecer que os requisitos da posição profissional são compostos de aspectos técnicos e comportamentais.

Desenvolvimento da equipe

Uma equipe com pontuação alta no sabotador hiper-racional apresenta forte necessidade de definições, bem como de um manual de processos e de total clareza quanto à sua atuação. Assim, o líder tem a missão de desenvolver o senso de equipe, a consideração pelo prejuízo causado por relações estritamente formais e a conscientização em torno de um objetivo comum. É importante observar constantemente a máxima "estamos no mesmo barco", já que, se o "barco" tiver um "furo", todos acabarão "naufragando" juntos. É preciso ponderar que programas motivacionais tendem a não ter boa aceitação desse perfil. Nessa direção, a proposta de *team building* com desafios, sobretudo que permitam uma análise lógica do comportamento, pode gerar melhores resultados.

4.2.3.6 O hipervigilante

Desenvolvimento individual

No PDI, a observação de uma alta pontuação no sabotador hipervigilante muitas vezes implica uma conduta mais pessimista diante do grupo. Logo, o plano deve considerar o desenvolvimento da percepção de engajamento nos projetos ou na própria função exercida. Da mesma maneira, é importante avaliar e esclarecer o compromisso com atitudes simples de colaboração em relação à equipe, a fim de que o profissional com esse perfil se aproxime de todos e contribua para gerar um clima de confiança, o qual é essencial para a produtividade.

Desenvolvimento da equipe

Uma equipe com pontuação alta no sabotador hipervigilante tende a apresentar maior dificuldade de estreitar vínculos. A confiança é a base do processo de conexão inerente ao sucesso no relacionamento com parceiros internos de negócios, bem como com fornecedores e clientes. O líder eficaz tem a oportunidade de analisar calmamente o impacto desse comportamento nas relações de projeto e institucionais. Ainda, o enfraquecimento do hipervigilante está atrelado à transparência nos processos, a critérios bem definidos para a tomada de decisão e, também, ao fomento a uma cultura de colaboração. Ademais, é fundamental que o líder esteja preparado para investidas de negatividade, pois pode existir a tendência de que, em projetos subsequentes, a equipe se concentre em formular cenários extremamente negativos e que jamais chegarão a se realizar.

4.2.3.7 O inquieto

Desenvolvimento individual

No PDI, a observação de uma alta pontuação no sabotador inquieto deve considerar que projetos de longo prazo não serão viáveis. Logo, o plano de desenvolvimento precisa contemplar a conversão da percepção de entregas de longo prazo em conclusões de etapas. Manter como atividade uma reflexão pontual de ganhos e perdas ao final de cada etapa do projeto pode influenciar positivamente o engajamento, assim como esclarecer que não se trata sempre de "começar do zero", mas de avançar à próxima fase com novos critérios de avaliação de *performance* e metas.

Desenvolvimento da equipe

Uma equipe com pontuação alta no sabotador inquieto, para ser bem aproveitada, pode ser gerida por uma plataforma de projetos integrados por equipes multidisciplinares. Sob essa perspectiva, caso haja condições para isso, o líder eficaz poderá estabelecer um modelo de gestão em W, em que cada parceiro interno de negócios possa assumir posições e oferecer contribuições em dois ou mais projetos. A mitigação do risco de implantação desse modelo atrelada ao sabotador inquieto foca o monitoramento das entregas considerando-se o cronograma de cada projeto, o que exige um acompanhamento próximo e dinâmico. Outro aspecto de relevância consiste em assegurar que a equipe mantenha suas atenções no que de fato é importante, a fim de garantir que a energia do time seja investida com o objetivo de produzir o resultado desejado, evitando-se distrações em relação às entregas acordadas.

4.2.3.8 O controlador

Desenvolvimento individual

No PDI, a observação de uma alta pontuação no sabotador controlador pode indicar dificuldade para trabalhar em equipe ou, até mesmo, revelar certa responsabilidade por um clima desmotivante. Nesse contexto, o plano de desenvolvimento deve alinhar os comportamentos esperados ao desejo de crescimento do parceiro interno de negócios. É importante ajudar o indivíduo com esse perfil a perceber que, ao assumir responsabilidades que não são suas por conta de impaciência ou ansiedade, ele estará atrasando seu próprio crescimento e retardando o desenvolvimento da equipe, impossibilitando a aplicação bem-sucedida de treinamentos voltados à melhoria de todos. Nesse cenário, a pessoa fica "amarrada" ao operacional e, apesar de sua alta capacidade para gerir processos, não poderá avançar na liderança caso não aprenda a delegar.

Desenvolvimento da equipe

Uma equipe com pontuação alta no sabotador controlador demostra preferência por liderar, mas apresenta muita dificuldade de seguir ordens. Nesse sentido, o líder eficaz pode assumir uma cultura de gestão que privilegie uma atuação mais autônoma. O risco de o parceiro de negócios adotar uma postura mais "isolada" na organização (agindo como uma "ilha") é constante. Portanto, é imprescindível manter toda a equipe consciente de seus objetivos, bem como em relação à interdependência dos setores/processos para o sucesso nas entregas e à disponibilidade de fazer parte das reuniões de alinhamento. As diretrizes de flexibilização, tanto para processos como para a gestão de pessoas, devem ser consideradas de forma transparente, de modo a evitar frustrações. O mesmo se aplica aos questionamentos sobre as consequências e os resultados decorrentes de decisões rígidas, o que contribuirá para ponderar sobre o estabelecimento de uma exceção.

4.2.3.9 O esquivo

Desenvolvimento individual

No PDI, a observação de uma alta pontuação no sabotador esquivo revela, em geral, a necessidade de desenvolver a autoconfiança. Para construir essa competência, o plano deve mapear atividades que envolvam um processo de tomada de decisão não compartilhado. Ou seja, deve-se esclarecer com exatidão o procedimento que será defendido pelo parceiro interno de negócios.

Essa estratégia garantirá o bem comum, ainda que possa, em determinado momento, gerar certa insatisfação particular. Além disso, como diretriz principal, o *feedback* deve reforçar o critério de tomada de decisão formal, isto é, os acordos profissionais, opondo-se a interesses particulares, quando necessário. Por fim, um bom líder pode ainda se oferecer para cuidar da retaguarda do indivíduo com esse perfil, em caso de críticas ou confrontos.

Desenvolvimento da equipe

Uma equipe com pontuação alta no sabotador esquivo pode apresentar dificuldade de se posicionar. Em um cenário crítico, o líder eficaz deve estabelecer um clima de apoio e suporte nas decisões difíceis. Em decorrência da dificuldade mencionada, caso o cargo exija ter relacionamento com o público, é interessante elaborar treinamentos que ensinem técnicas e metodologias de gestão de conflitos e negociação. Para uma gestão mais personalizada, os *feedbacks* devem ser oferecidos em ambientes seguros e mais privados, a fim de que sejam mais eficazes.

5 Motivadores e âncoras de carreira

Icaro Victor Barboza
Erika Gisele Lotz

Ajude as pessoas a se tornarem mais motivadas guiando-as à fonte de seu próprio poder.

(Thomas, citado por Ribas, 2018b, p. 35)

Neste capítulo, discutiremos os seguintes temas:

- » a abordagem de âncoras de carreira;
- » o contexto de aplicação do *assessment* nos níveis individual e de grupo;
- » a abordagem dos motivadores de Spranger;
- » o *assessment* das 12 forças impulsionadoras;
- » o contexto de aplicação desse *assessment* na gestão estratégica de pessoas.

5.1 O que são motivadores

Motivadores são "forças que nos impulsionam a realizar o que temos prazer, com maior facilidade de investimento de tempo e alocação de energia" (Ribas, 2018b, p. 10).

O *assessment* de motivadores é alicerçado na obra de Eduard Spranger, que, no ano de 1928, publicou o livro *Types of Man*, um trabalho que, por meio de observações e pesquisas, identificou e definiu com clareza **seis atitudes** distintas que integram o comportamento humano: teórica, econômica, estética, social, política e religiosa.

Essas atitudes, também denominadas **motivadores**, protagonizam as reações positivas ou negativas do indivíduo a determinado estímulo ou comunicação. Elas impulsionam os comportamentos e fornecem informações sobre paixões, paradigmas de pensamento e direcionamentos de escolha de vida e carreira. Os motivadores influenciam pontos de vista e embasam o que o sujeito valoriza à sua volta, mediante filtros, tendências e decisões. Também definem a direção e os comportamentos e revelam como as pessoas alcançam seus objetivos (Ribas, 2018b).

Além disso, os motivadores oferecem informações a respeito das **recompensas** que as pessoas esperam e desejam nos ambientes que frequentam, assim como contribuem para definir os motivos que levam uma pessoa à ação e à identificação dos propósitos e dos caminhos que opta por trilhar.

Há uma forte relação entre a motivação – motivo que leva a uma ação – e os valores – tudo o que é importante para uma pessoa. Os valores humanos são "um conjunto de fundamentos que incentivam a vivência humana. São as motivações pessoais de todos os indivíduos, ou seja, razões ou causas que nos levam a exercer determinadas atividades com maior ou menor intensidade" (CIS Assessment, 2022).

A princípio, o estudo de valores era atribuído apenas a psicólogos, que manualmente avaliavam todos os aspectos do mapeamento. Contudo, Bill Bonnstetter desenvolveu uma nova avaliação para tal estudo. O processo, que demandou mais de um ano, resultou em 12 perguntas que conduziam o respondente a, por 12 vezes, comparar as dimensões umas às outras. Esse contexto contribuiu para melhorar a confiabilidade da análise, e os índices Alfa de Cronbach comprovaram a validade dos resultados.

A empresa TTI Success Insights, fundamentada nos resultados obtidos pelo Centro de Pesquisa Cognitiva Aplicada, desenvolveu, por meio de eletroencefalogramas, um instrumento que define 12 forças impulsionadoras. Esse método mantém os motivadores de Spranger e identifica a intensidade das forças impulsionadoras entre baixo e alto (Quadro 5.1).

Quadro 5.1 – Tipos de pessoas: atitudes e motivadores

TIPOS DE PESSOAS Spranger	TTI SUCCESS INSIGHTS			
Atitudes	Motivadores			
Teórica	Teórico	Conhecimento	Alto	Intelectual
			Baixo	Instintivo
Econômica	Utilitário	Utilidade	Alto	Eficiente
			Baixo	Desprendido
Estética	Estético	Ambiente	Alto	Harmonioso
			Baixo	Objetivo
Social	Social	Os outros	Alto	Altruísta
			Baixo	Intencional
Política	Individualista	Poder	Alto	Comandante
			Baixo	Participante
Religiosa	Tradicional	Metodologias	Alto	Estruturado
			Baixo	Receptivo

Fonte: Ribas, 2018b, p. 38.

É interessante notar que o motivador mais forte, ou seja, de maior predominância, exerce influência em um conjunto de decisões relativas à vida pessoal e à carreira de um indivíduo. Entre tais escolhas, Ribas (2018b, p. 36) destaca:

1. Área específica de estudo acadêmico
2. Com quem a pessoa terá maior identificação para conversar
3. O que irá valorizar como objeto de compra
4. O nível de progresso que busca na vida
5. As opiniões do indivíduo sobre as pessoas
6. O que o indivíduo faz com o tempo livre
7. Suas escolhas de carreira
8. Ambientes e conversas que irá evitar

A combinação única de dois ou três motivadores principais guiará as escolhas e decisões do indivíduo ao longo da vida. Um motivador com uma intensidade muito baixa pode levar a uma aversão extrema a determinado tipo de situação ou pessoa (Ribas, 2018b).

Como apresentado anteriormente, cada uma das 12 forças impulsionadoras (motivadores) é classificada em fator alto (A) ou fator baixo (B). Além disso, como veremos na sequência, cada motivador envolve: necessidades peculiares; aspectos que valoriza; objetivos e cenários potencializadores de estresse ou impulsionadores de ação; um conjunto de afinidades; carreiras alinhadas; ambiente de trabalho ideal; estratégias de comunicação; e pontos de atenção.

5.1.1 Teórico

5.1.1.1 Alto teórico – intelectual

A verdadeira e definitiva redenção está no conhecimento.

(Reyes, citado por Ribas, 2018b, p. 51)

O alto teórico (Quadro 5.2), que recebe o título de *intelectual*, empreende buscas constantes por oportunidades de aprendizado, aquisição de conhecimentos e crescimento intelectual.

Quadro 5.2 – Alto teórico – intelectual

Alto teórico – intelectual	
Necessidades	Investigar, estudar, descobrir, sistematizar e analisar, buscar conhecimento.
Valoriza	Conhecimento, estudo, objetividade, fatos, completo entendimento, informação, pesquisa, teoria, busca pela verdade, coleta de dados, análise, aprendizado, descobertas, profundidade, racionalidade, questionamentos.
Objetivos	Utilizar a habilidade cognitiva para entender, descobrir, sistematizar e adquirir conhecimentos.
Potencializadores de estresse	» Falta de oportunidades para saber ou descobrir. » Exposição a experiências subjetivas e irracionais. » Carreira sem espaço para crescimento intelectual. » Falta de incentivo para continuar aprendendo.
Impulsionadores de ação	» Solucionar problemas e mistérios. » Crescimento intelectual e descobertas.

(continua)

(Quadro 5.2 – conclusão)

Alto teórico – intelectual	
Afinidade com	Educação continuada; constante atualização técnica e conceitual em sua área de atuação; seminários, treinamentos e congressos; pesquisa e investigação; análises, sistematizações e soluções de problemas; convívio com especialistas da área de atuação; acesso a novas tecnologias e linhas de pensamento.
Carreiras alinhadas	Pesquisa acadêmica; pesquisa científica; áreas técnicas; programação de *softwares*; advocacia; medicina; docência; contabilidade etc.
Benefícios para o time	» Resolver problemas intelectuais. » Abordagem objetiva e racional. » Identificação, diferenciação, generalização e sistematização. » Ser fonte de conhecimento.
Ambiente de trabalho ideal	» Aquele que ofereça acesso a congressos vinculados à área de especialização; treinamentos e oportunidades de atualização frequentes. » Aquele que forneça oportunidades para pesquisa e tempo para isso. » Convívio com especialistas e autoridades de sua área; ambiente de trabalho no qual o conhecimento seja valorizado.
Estratégias de comunicação	» Focar o fato racional e objetivo. » Mostrar estudos que comprovem o que está sendo apresentado. » Preparar-se reunindo todas as informações necessárias e as respectivas fontes.

Fonte: Elaborado com base em Ribas, 2018b.

É importante informar que cada força impulsionadora traz consigo um conjunto de pontos favoráveis e contrapontos, que são pontos de atenção – em outras palavras, algumas "armadilhas". Entre elas, podemos citar: tendência a dar muito mais atenção à aquisição do conhecimento do que efetivamente à sua aplicação e utilização; tendência à arrogância intelectual, o que faz com que o sujeito seja percebido como "dono da verdade"; agir de forma preconceituosa com aqueles que não têm o mesmo nível de formação; fazer cursos e adquirir livros em demasia; por ser impessoal, parecer frio e insensível ao se comunicar.

5.1.1.2 Baixo teórico – instintivo

Um grama de ação vale mais que uma tonelada de teoria.

(Engels, citado por Ribas, 2018b, p. 51)

O baixo teórico, também denominado *instintivo*, tende a tomar decisões respaldado por experiências passadas. O conhecimento, para essa pessoa, é visto como um meio necessário (quando necessário) a ser aplicado para resolver um problema ou uma questão. O indivíduo com esse perfil tem as características de preferir uma abordagem rápida e prezar por informações seletivas com foco na aplicação prática e imediata de seus conhecimentos.

5.1.2 Utilitário

5.1.2.1 Alto utilitário – eficiente

Tudo alcança aquele que trabalha duro enquanto espera.

(Edison, citado por Ribas, 2018b, p. 62)

O alto utilitário (Quadro 5.3), também denominado *eficiente*, é caracterizado por agir com foco nos ganhos e nos resultados que determinada ação lhe acarretará. Em outras palavras, tudo o que o sujeito com esse perfil faz deve trazer um retorno sobre o investimento, em uma relação custo-benefício.

Quadro 5.3 – Alto utilitário – eficiente

Alto utilitário – eficiente	
Necessidades	Obter retorno de todos os investimentos em tempo, talento e recursos.
Valoriza	ROI, maximização, lucro, materialismo, capitalismo, riqueza, empreendedorismo, praticidade, acúmulo, benefício, resultados mensuráveis, acúmulo material, economia, utilidade, segurança financeira, eficiência, produtividade, dinheiro, gestão, investimentos, aproveitamento.
Objetivos	Obter um retorno compensador de todo o investimento de tempo e recurso realizado e assegurar a utilidade, a eficiência e a eficácia em todos os momentos.
Potencializadores de estresse	» Desperdício de recursos. » Investimentos com pouco retorno ou abaixo da expectativa. » Falta de premiação financeira ou material pelas conquistas e pelos objetivos atingidos. » Ter de esperar, sem conseguir realizar algo que considera útil.
Impulsionadores de ação	» Utilizar recursos para atingir resultados. » Obter retorno mensurável sobre seus investimentos (tempo, energia, dinheiro). » Aplicar de forma criativa seus recursos. » Acumular bens materiais. » Obter lucros nas negociações. » Produzir e crescer sendo útil.
Afinidade com	Eficiência; praticidade; remuneração atrelada à *performance* individual e proporcional ao esforço; bônus e incentivos; acúmulo de riqueza e retorno de investimentos.
Carreiras alinhadas	Vendas; compras; finanças; investimentos; bolsa de valores; empreendedorismo; administração de bens; engenharia; logística.

(continua)

(Quadro 5.3 – conclusão)

Alto utilitário – eficiente	
Benefícios para o time	» Utilizar e alocar recursos de maneira eficiente. » Facilidade no estabelecimento de prioridades. » Abordagem prática e calculista.
Ambiente de trabalho ideal	» Aquele que o remunera de forma proporcional aos resultados que gera. » Deve fornecer avaliação e promoção por resultados. » Liberdade para estabelecer prioridades e limites próprios de crescimento. » Aquele em que possa implementar ideias de ganho de eficiência.
Estratégias de comunicação	» Linguagem pautada em custo-benefício. » Comunicação direta, focada em ganhos, para que não admita a ideia de estar perdendo tempo. » Apresentar como algo pode ser maior, mais rápido e melhor.

Fonte: Elaborado com base em Ribas, 2018b.

É importante que o alto utilitário mantenha a atenção para aproveitar as oportunidades de viver bons momentos sociais e em família, os quais podem ser perdidos caso o sujeito com esse perfil não tenha conseguido prever um retorno positivo de seus investimentos de recursos.

Além disso, é preciso avaliar a tendência de administrar o tempo, pois é comum que fatores como saúde, amigos e família sejam relegados a segundo plano. Ainda, o alto utilitário eficiente deve cuidar para não priorizar pequenas economias financeiras em detrimento da felicidade de quem está à sua volta. Por ter dificuldade de relaxar, pode atingir um patamar de estresse que afete algo que lhe é muito caro: a alta produtividade.

5.1.2.2 Baixo utilitário – desprendido

> *A medida real de sua riqueza é quanto você valeria se perdesse todo o seu dinheiro.*
>
> **(Meltzer, citado por Ribas, 2018b, p. 62)**

O baixo utilitário, também denominado *desprendido*, busca concluir tarefas pela simples necessidade de concluí-las. Apresenta maior facilidade de vivenciar momentos de relaxamento e leveza, assim como de manter sempre em perspectiva o equilíbrio entre vida e trabalho.

Salientamos que, na presença de baixíssima intensidade no utilitário, a pessoa, por não priorizar o retorno financeiro ou resultados imediatos, pode aceitar negociações desfavoráveis, negar justas recompensas pelo seu esforço ou, até mesmo, colocar-se em situações economicamente difíceis em virtude de seu desprendimento.

5.1.3 Estético

5.1.3.1 Alto estético – harmonioso

> *Se um homem quiser ocupar-se incessantemente de coisas sérias e não abandonar de vez em quando o divertimento, sem perceber, fica louco ou idiota.*
>
> **(Heródoto, citado por Ribas, 2018b, p. 73)**

O alto estético (Quadro 5.4), também chamado de *harmonioso*, é caracterizado por ter pontos de vista subjetivos. O indivíduo com esse perfil preza pela qualidade de vida e pela harmonia nos relacionamentos, bem como valoriza a beleza e a forma. Ainda, procura viver o momento presente e praticar a contemplação do belo em todas as suas manifestações, seja na natureza, seja na arte.

Quadro 5.4 – Alto estético – harmonioso

	Alto estético – harmonioso
Necessidades	Ter equilíbrio e harmonia na própria vida e proteger os recursos naturais.
Valoriza	Beleza, harmonia, contemplação, aparência, ecologia, autorrealização, paz, equilíbrio na vida, imaginação, expressão, elegância, natureza, criatividade, forma, experiências, subjetividade, sensações, arte, liberdade de expressão, conforto.
Objetivos	Aproveitar e experimentar a beleza em volta e permitir que ela se aplique a tudo o que pode ser visto. Dar valor à experiência subjetiva e à autorrealização.
Potencializadores de estresse	» Eventos ou relacionamentos que perturbem a forma, a harmonia e a beleza em si, nos outros e no ambiente. » Pessoas muito objetivas e diretas na comunicação. » Dificuldade de sentir em sua plenitude e de fazer o que tem vontade. » Ambientes que não permitam o desenvolvimento pessoal. » Ambientes caóticos e circunstâncias desordenadas.
Impulsionadores de ação	» Oportunidades para apreciação, deleite e busca da forma, da harmonia, da beleza e do equilíbrio. » Experiências subjetivas. » Compreensão dos sentimentos próprios e alheios. » Ambientes que promovam a autonomia para estabelecer horários e rotinas e para manifestar suas ideias. » Liberdade para expressar suas impressões.

(continua)

(Quadro 5.4 – conclusão)

Alto estético – harmonioso	
Afinidade com	Crescimento e desenvolvimento pessoal, físico, mental e espiritual; treinamentos; seminários; programas de desenvolvimento pessoal e interpessoal; ações que promovam a forma, a beleza e a harmonia; oportunidades para atingir o equilíbrio em todas as áreas da vida.
Carreiras alinhadas	Criação em marketing; *webdesign*; artes plásticas; música; arquitetura; paisagismo; dança; cinema; teatro; fotografia; ambientalismo; esteticista etc.
Benefícios para o time	» Contribui para a paz e a harmonia entre as pessoas. » Deixa o ambiente visualmente mais belo e agradável. » Pensa em alternativas, abordagens diferentes e "fora da caixa". » Leitura subjetiva do mundo à sua volta.
Ambiente de trabalho ideal	» Onde tenha a qualidade de vida preservada. » Esteticamente belo. » Aquele que dê liberdade para expressar sua criatividade. » Aquele que preze pelo relacionamento harmônico entre as pessoas. » Abertura para estabelecer horários e rotinas.
Estratégias de comunicação	» Tom de voz harmônico em momento adequado. » Abordagem empática. » Demonstrar intenção de minimizar ou eliminar dores e desconforto. » Focar o desenvolvimento e o respeito à natureza de cada um. » Identificar áreas que estejam em desequilíbrio e buscar restaurar a forma, a harmonia e a beleza.

Fonte: Elaborado com base em Ribas, 2018b.

Com relação aos pontos de atenção, o alto estético deve zelar para não negligenciar os impactos negativos que podem surgir por não planejar o futuro, bem como para não dar pouca importância ao lado material e financeiro da vida. Além disso, o sujeito harmonioso deve evitar situações de atrito ou estresse e gastose xcessivos – principalmente em momentos inapropriados – com viagens e objetos de arte. Por fim, outro ponto de atenção diz respeito à tendência de negar ou evitar o lado caótico dos problemas sociais.

5.1.3.2 Baixo estético – objetivo

Talvez o caos e o acaso sejam a ordem natural das coisas.

(Coe, citado por Ribas, 2018b, p. 73)

Por sua vez, o baixo estético, também denominado *objetivo*, apresenta elevada habilidade para viver em ambientes caóticos, priorizando a funcionalidade dos ambientes que frequenta. Além disso, revela facilidade para comunicar assuntos que possam romper com a harmonia de um ambiente.

Outra de suas características é lidar com os problemas de forma direta, objetiva e prática, tendo em vista o resultado que espera produzir, apesar dos desconfortos na harmonia das relações que possam decorrer desse comportamento. Ainda, é relevante mencionar que o sujeito com esse perfil costuma definir regras e critérios claros para padronizar objetivamente linhas de ação, evitando a subjetividade e ambiguidades de interpretação.

5.1.4 Social

5.1.4.1 Alto social – altruísta

Na caridade, não há excesso.

(Bacon, citado por Ribas, 2018b, p. 84)

O alto social (Quadro 5.5), também chamado de *altruísta*, caracteriza-se pela busca de oportunidades e pela atuação para ajudar e desenvolver o outro, pois isso o faz sentir-se bem e autorrealizado. Por isso, as pessoas que se encaixam nesse perfil são altruístas por natureza e não têm o hábito de esperar algo material em troca.

Quadro 5.5 – Alto social – altruísta

	Alto social – altruísta
Necessidades	Ajudar os outros e tornar o mundo um lugar melhor.
Valoriza	Altruísmo, doação, assistencialismo, sacrifício, educação, auxílio para desenvolver a si mesmo e aos outros, compaixão, colaboração, benevolência, generosidade, caridade, ensino, abnegação, voluntariado, contribuição, humanitarismo, apoio, solidariedade, compartilhamento.
Objetivos	Investir seu talento, tempo e recursos ajudando os outros a atingir seus potenciais. Eliminar o ódio e o conflito do mundo e melhorar o bem-estar das pessoas.
Potencializadores de estresse	» Ênfase no resultado ou em questões puramente materiais. » Decisões e ações que não levem as pessoas em consideração e companheiros de trabalho desengajados ou infelizes.

(continua)

(Quadro 5.5 – conclusão)

	Alto social – altruísta
Impulsionadores de ação	» Oportunidade para desenvolver o potencial dos outros. » Defender causas justas. » Melhorar a sociedade. » Eliminar conflitos e dores. » Ajudar pessoas que apresentam necessidades e dificuldades.
Afinidade com	Prestar auxílio; oportunidades de eliminar dores e conflitos e melhorar a sociedade; atuar em causas globais justas.
Carreiras alinhadas	Assistência social; trabalhos voluntários; pedagogia e educação; enfermagem; aconselhamento pessoal; treinamento e desenvolvimento de pessoas; serviços humanitários; atendimento ao cliente; *coaching* etc.
Benefícios para o time	» Prontidão para ajudar as pessoas. » Disponibilidade para compartilhar conhecimentos e experiências. » Contribui para a saúde do clima organizacional. » Prazer em colaboroar para o crescimento e o desenvolvimento dos outros. » Facilidade para priorizar as necessidades alheias.
Ambiente de trabalho ideal	» Empresa que apoie causas sociais. » Ambiente colaborativo e solidário. » Abertura para ensinar, apoiar e ajudar os outros. » Onde o trabalho em equipe seja fomentado e valorizado. » Onde a avaliação e o desempenho não gerem competição e individualismo.
Estratégias de comunicação	» Mostrar como os outros se beneficiarão. » Explicar de que modo a dor e o conflito podem ser diminuídos. » Esclarecer como o potencial das pessoas pode ser elevado. » Mostrar sensibilidade e compreensão pelos sentimentos dos outros. » Ter interesse pelas necessidades das pessoas com as quais interage.

Fonte: Elaborado com base em Ribas, 2018b.

Quanto aos pontos de atenção, o alto social deve se manter atento ao comportamento de priorizar os outros em detrimento das próprias necessidades. Em virtude de seu comportamento altruísta, tende a se prejudicar por acreditar demasiadamente em pessoas que conhece há pouco tempo e sobre as quais tem pouca informação. Ainda, costuma ser emocionalmente chantageado e manipulado principalmente quando os outros percebem sua natureza bondosa. Também é necessário que dedique mais tempo para planejar um plano de carreira ou para obter maiores ganhos financeiros. Por fim, o sujeito com esse perfil deve zelar para que não faça trabalhos sem cobrar por eles e não deixe de viver em função das prioridades das pessoas com as quais convive.

5.1.4.2 Baixo social – intencional

De nada vale ajudar quem não se ajuda

(Confúcio, citado por Ribas, 2018b, p. 84)

O baixo social, também conhecido como *intencional*, tem um filtro mais rigoroso no que se refere a ajudar os outros. Para que isso ocorra, o sujeito com esse perfil deve estar convencido da finalidade ou do propósito de sua contribuição. Ou seja, ele precisa de argumentos racionais para se convencer de que a energia empregada em tal ajuda não será em vão.

5.1.5 Individualista

5.1.5.1 Alto individualista – comandante

> *Sonhe grande, pois ter sonhos grandes dá o mesmo trabalho dos sonhos pequenos.*
>
> **(Lemann, citado por Ribas, 2018b, p. 95)**

O alto individualista (Quadro 5.6), também denominado *comandante*, preza por posições hierárquicas elevadas e de liderança que lhe permitam conduzir pessoas a uma estratégia vencedora. Além disso, costuma valorizar em demasia manifestações e símbolos de poder, *status* e prestígio.

Quadro 5.6 – Alto individualista – comandante

Alto individualista – comandante	
Necessidades	Atingir posição de destaque e liderar pessoas.
Valoriza	Poder, vencer obstáculos, reconhecimento, liderança, estratégia, autoridade, carreira, ambição, sucesso, controle, prestígio, individualismo, autopromoção, crescimento, *status*, superação, vitória, comando, destaque, realização.
Objetivos	Atingir o ponto mais alto na vida e obter o máximo poder possível. Liderar e dirigir os outros. Ser vitorioso e o melhor em tudo o que faz.
Potencializadores de estresse	» Ameaça real ou percebida que possa causar perda de poder. » Inabilidade ou falta de oportunidade para progredir. » Falta de respeito e reconhecimento do outro sobre a posição social conquistada. » Falta de perspectiva de crescimento e/ou de oportunidades para se destacar. » Ambiente de trabalho que não retrate seu *status*.

(continua)

(Quadro 5.6 – conclusão)

Alto individualista – comandante	
Impulsionadores de ação	» Alcançar altas posições hierárquicas. » Formar alianças estratégicas para o próprio avanço; » Planejar, executar e conduzir pessoas em uma estratégia vencedora. » Liderar e exercer influência sobre os outros. » Ter liberdade para construir o próprio destino. » Conquistar o sucesso. » Ser o melhor naquilo a que se propõe.
Afinidade com	Oportunidades para progredir rapidamente; autoridade no mesmo nível da responsabilidade; possibilidade de liderar, dirigir e controlar a si e aos outros; recompensas e reconhecimento relacionados à posição atingida; plano de carreira.
Carreiras alinhadas	Cargos políticos; posições de liderança; cargos executivos (CEO) e demais carreiras que recompensem o sucesso e o prestígio.
Benefícios para o time	» Prazer em liderar pessoas. » Eleva a exigência por resultados. » Habilidade em relacionamentos políticos. » Valoriza a equipe e a conduz ao êxito. » Capacidade de elaborar estratégias vencedoras.
Ambiente de trabalho ideal	» Onde haja oportunidade de crescimento rápido; » Possibilidade de conviver com pessoas importantes e bem-sucedidas. » Ter a oportunidade de expressar seu sucesso por meio de símbolos, tais como o tamanho da sala, uma vaga exclusiva, secretária etc. » Aquele que proporcione grande quantidade de desafios e metas difíceis e/ou desafiadoras. » Ter reconhecimento público por seus feitos ou mediante prêmios de valor.
Estratégias de comunicação	» Mostrar como o poder e o *status* podem contribuir para ajudar os outros. » Focar as oportunidades de exercer liderança. » Estar em destaque na comunicação. » Sentir-se valorizado por seus feitos. » Ter a sensação de que venceu ou de que tomou a decisão mais adequada.

Fonte: Elaborado com base em Ribas, 2018b.

Com relação aos pontos de atenção, o alto individualista deve se manter atento para não mudar abruptamente a forma de se relacionar com uma pessoa apenas pelo fato de esta não fazer mais parte de sua estratégia. Também deve avaliar seu filtro seletivo que o faz ver somente aquilo que quer, pois isso pode afastar outras pessoas de seu convívio, inclusive na dimensão pessoal.

Outro ponto frágil desse motivador é que, dada a relevância atribuída a símbolos de *status* e poder, o sujeito com esse perfil pode ser impelido a gastar excessivamente com coisas que possam expressar materialmente suas mudanças de estágio na carreira.

Além disso, uma vez que o comandante busca crescer rapidamente na carreira, ele pode não ter paciência de esperar e acabar "atropelando" a ordem natural das coisas, o que pode acelerar e aumentar as mudanças de emprego.

Por fim, a pessoa com esse perfil precisa tomar cuidado com a visão e a abordagem utilitarista em relação aos outros, pois é comum adotar como critério de convivência a opção de manter próximo quem é importante para o momento ou o futuro próximo em relação a seus objetivos de conquista, poder e crescimento profissional.

5.1.5.2 Baixo individualista – participante

> *No exato minuto em que um homem se convence de que é interessante, ele deixa de sê-lo.*
>
> ***(Leacock, citado por Ribas, 2018b, p. 95)***

O baixo individualista, também conhecido como *participante*, expressa maior conforto em ocupar posições de apoio (como membro de uma equipe, por exemplo) e tem pouca necessidade de ser reconhecido como alguém que fez a diferença. Seu foco maior reside na contribuição e na colaboração.

5.1.6 Tradicional

5.1.6.1 Alto tradicional – estruturado

> *A religião assemelha-se à chuva: quando cai em bom terreno, refresca as plantas e fá-las crescer.*
>
> **(Maomé, por Ribas, 2018b, p. 106)**

O alto tradicional (Quadro 5.7), também denominado *estruturado*, busca viver em alinhamento com um sistema de vida, o qual lhe fornece as regras claras do que é certo ou errado. O sujeito que apresenta esse perfil tende a se apoiar em um sistema de vida adquirido externamente.

Quadro 5.7 – Alto tradicional – estruturado

Alto tradicional – estruturado	
Necessidades	Perseguir o mais alto significado da vida por meio de um sistema definido para viver.
Valoriza	Sistemas, tradição, religião, comprovação, rigidez de crenças, manutenção da cultura, resistência a princípios diferentes, regras para viver, ideologia, filosofia de vida, dogmas, conservadorismo, relutância ao diferente, regulamentos, consistência, significado de vida, livros e regras.
Objetivos	Buscar encontrar o mais alto valor na vida ou no sistema de vida mais adequado a todos.
Potencializadores de estresse	» Oposição a suas causas e crenças. » Mudanças apenas pelo fato de mudar, especialmente se elas entram em rota de colisão com seus sistemas de crenças. » Sinais de falta de respeito a suas crenças.

(continua)

(Quadro 5.7 – conclusão)

Alto tradicional – estruturado	
Impulsionadores de ação	» Buscar o divino na vida. » Converter os outros para seu sistema. » Defender uma causa justa ou criar uma causa. » Entender a totalidade da vida. » Viver e aplicar seus princípios em todas as situações.
Afinidade com	Regras para si e os outros seguirem a vida; sistemas, crenças e princípios; metodologias estruturadas; causas para defender; tradições; respeito a suas crenças e princípios; liberdade para praticar seu sistema de vida; cultura organizacional alinhada a seus valores.
Carreiras alinhadas	Justiça; Forças Armadas; reformador; pregador, pastor e/ou padre; em ONGs apoiadas pelo seu sistema de vida; agente da lei etc.
Benefícios para o time	» Defender sistemas comprovadamente corretos. » Ter uma abordagem metódica e previsível. » Dedicar-se a preservar e disseminar a cultura organizacional, quando ela está alinhada a suas crenças e a seus valores. » Apreço pela estrutura e pela ordem. » Defender quem é porta-voz daquilo em que ele acredita. » Valorizar a união por uma causa.
Ambiente de trabalho ideal	» Onde suas crenças sejam respeitadas, permitindo-lhe preservá-las e praticá-las. » Aquele em que a tradição tenha um lugar de destaque. » Onde métodos e regras sejam respeitados e seguidos.
Estratégias de comunicação	» Sempre respeitar suas crenças. » Cuidar ao sugerir alternativas diferentes daquelas que se alinham àquilo em que o sujeito com esse perfil acredita. » Trazer elementos espirituais para a conversa. » Destacar como seus planos contribuirão para atingir um ideal.

Fonte: Elaborado com base em Ribas, 2018b.

Quanto aos pontos de atenção, o alto tradicional deve cuidar para não se afastar de amigos e familiares, quando estes deixam de compactuar com seu sistema de vida ou seus pontos de vista. É importante buscar desenvolver maior tolerância às diferentes formas de as pessoas viverem. Além disso, o sujeito com esse perfil deve zelar para não se fechar a oportunidades de melhorar processos e métodos, uma vez que tem o hábito de manter a forma tradicional de fazer as coisas. Do mesmo modo, é necessário cuidar com a predisposição de se blindar no momento de ouvir argumentos que possam lhe parecer contraditórios. Por fim, é preciso prestar atenção para não cair na "armadilha" de limitar o próprio desenvolvimento e crescimento em razão de sua interpretação do sistema de vida que segue.

5.1.6.2 Baixo tradicional – receptivo

> *Eu acredito no respeito pelas crenças de todas as pessoas, mas gostaria que as crenças de todas as pessoas fossem capazes de respeitar as crenças de todas as pessoas.*
>
> **(Saramago, citado por Ribas, 2018b, p. 106)**

Por seu turno, o baixo tradicional, também denominado *receptivo*, tem maior abertura a diferentes sistemas de crenças e mostra-se receptivo a mudanças, assim como a novas ideias e métodos, tanto na vida pessoal como na profissional. Ainda, o indivíduo com esse perfil tende a criar o próprio sistema de vida, o qual direcionará suas ações.

Considerando todo o exposto acerca desses perfis, salientamos que, assim como nos demais *assessments* apresentados nesta obra, nenhum motivador pode ser considerado isoladamente. Isso significa que é necessário analisá-los à luz da combinação das forças impulsionadoras. Do contrário, será possível incorrer em equívocos por conta de uma análise pautada no reducionismo que gera o rótulo.

5.1.7 Contextos de aplicação

Os *assessments* das 12 forças impulsionadoras são aplicados nas organizações com os seguintes objetivos: (i) autoconhecimento; (ii) conhecimento do outro; e (iii) identificação das forças impulsionadoras predominantes no grupo. Os resultados são utilizados para identificar os pontos de força e os pontos a serem aprimorados, o que permite elaborar estratégias eficazes para o desenvolvimento de indivíduos e grupos.

5.1.7.1 Teórico

» **Estratégias de reconhecimento**: as práticas de reconhecimento favorecem o fator de impulsionamento do alto teórico, que deve levar em consideração o claro incentivo ao estudo, o financiamento de congressos da área e o patrocínio de programas de desenvolvimento como recompensa para o atingimento de metas ou de objetivos.

» **Ambiente facilitador de produtividade**: o ambiente de trabalho para um grupo com predominância de alto teórico precisa ser transpassado por uma cultura de estímulo e valorização da aquisição do conhecimento, com local apropriado para concentração e estudo. Também é interessante promover programas de desenvolvimento interno mediante palestras e *workshops* ou por meio da criação de fóruns de discussão, tanto físicos como *on-line*.

» **Estímulo a projetos de cidadania corporativa**: envolve a criação de projetos que considerem o aprendizado contínuo, o que pode acontecer por intermédio de programas que favoreçam o estudo e o desenvolvimento de competências alinhadas aos valores da organização, assim como dos comportamentos desejados para o fortalecimento de uma cultura erudita ou para um aprofundamento especialista (clube do livro, grupo de estudo etc.).

5.1.7.2 Utilitário

» **Estratégias de reconhecimento**: as práticas de reconhecimento que levam em consideração o fator de impulsionamento do alto utilitário devem prezar pela criação de estímulos financeiros diretos, como bônus por resultado, programas de comissionamento e participação nos resultados da organização. Além disso, é importante esclarecer os aspectos referentes à progressão na carreira, especialmente quanto às faixas de remuneração e aos requisitos para a ocupação de cargos de maior prestígio, a fim de estimular a busca pelo aprimoramento constante.

» **Ambiente facilitador de produtividade**: o ambiente de trabalho para um grupo com predominância de alto utilitário pode ser aquecido com a promoção de uma concorrência saudável que ofereça prêmios por mérito, com gestão dos resultados por *ranking*, estratégias de gamificação ou dinâmicas.

» **Estímulo a projetos de cidadania corporativa**: envolve a elaboração de projetos pensados para a autonomia e a autorresponsabilidade, disponibilizando-se espaços de contribuição e de liderança para refletir, planejar e resolver os problemas da organização.

5.1.7.3 Estético

» **Estratégias de reconhecimento**: as práticas de reconhecimento dos grupos com predominância do fator impulsionador alto estético exigem condições para a criação e a manutenção de um ambiente harmônico. Para atingir o propósito de considerar a preservação da ordem, pode ser interessante adotar subsistemas de mediação de conflitos e fomento à cultura de *feedback* e diálogo, com o intuito de preservar os relacionamentos.

» **Ambiente facilitador de produtividade**: as práticas de reconhecimento dos grupos com predominância do fator impulsionador alto estético demandam condições de um ambiente fisicamente harmônico, considerando-se a arquitetura, as cores e o *design*, em consonância com o tipo de trabalho a ser desenvolvido.

» **Estímulo a projetos de cidadania corporativa**: envolve a criação de programas de identidade corporativa por meio dos quais sejam oferecidos estímulos sensoriais, como no caso de materiais personalizados (uniformes, por exemplo). Além disso, esse estímulo também abrange a adoção de lemas que reforcem o sistema de crenças e valores da organização, assim como experiências lúdicas que incentivem a cooperação entre os integrantes de diferentes áreas.

5.1.7.4 Social

» **Estratégias de reconhecimento**: as práticas de reconhecimento dos grupos com predominância do fator alto social devem evidenciar a importância e o impacto dos programas voluntários e o engajamento dos colaboradores em direção às causas sociais, considerando os resultados positivos gerados tanto para o público interno da empresa como para a comunidade.

» **Ambiente facilitador de produtividade**: deve oportunizar, incentivar e promover programas de trabalho voluntário, com envolvimento individual ou dos grupos da organização. Como exemplos, podemos citar a definição de dias de trabalho para se dedicar a causas sociais, sob remuneração da empesa, e o engajamento em campanhas de ação e de responsabilidade social.

» **Estímulo a projetos de cidadania corporativa**: envolve a criação de programas de responsabilidade e ação social por meio dos quais seja possível abrir espaço para acolher ideias e receber contribuições dos colaboradores ou parceiros. Em outras palavras, trata-se de oficialmente oferecer estímulos e recursos para apoiar a causa social.

5.1.7.5 Individualista

» **Estratégias de reconhecimento**: as práticas de reconhecimento para grupos com predominância de alto individualista encontram sintonia com sistemas de gestão por indicadores de desempenho individual e com planos de carreira mais verticalizados no sistema de gestão. As estratégias de reconhecimento bem-sucedidas para grupos com essa predominância requerem projetos que evidenciem publicamente os parceiros internos de negócios, de forma que estes possam ser condecorados, aplaudidos e elogiados diante de outras pessoas. Elementos simbólicos que possam gerar destaque também preenchem a necessidade de prestígio.

» **Ambiente facilitador de produtividade**: deve contemplar uma cultura de produtividade movida por objetivos mensuráveis e critérios claros, com espaço para a celebração das conquistas. Para esse grupo, uma gestão meritocrática e processual pode ser mais adequada, com liberdade para o autogerenciamento.

» **Estímulo a projetos de cidadania corporativa**: envolve a criação de programas de representação da marca, a possibilidade de participação societária, bem como a concessão de acessos e privilégios por mérito, além da elaboração de programas de desenvolvimento de líderes e acesso a *networking* selecionado.

5.1.7.6 Tradicional

» **Estratégias de reconhecimento**: as práticas de reconhecimento para grupos com fator impulsionador predominante alto tradicional devem contemplar programas de valorização de lealdade e tempo de casa, mediante rituais bem definidos e acesso a privilégios por nível hierárquico compatível com a responsabilidade da posição.

» **Ambiente facilitador de produtividade**: os ambientes de trabalho devem ser formais, com um código de conduta claro e, se possível, pactuado por assinatura. O respeito às regras é fundamental para a sustentabilidade do grupo com essa predominância.

» **Estímulo a projetos de cidadania corporativa**: as promoções dos grupos com fator impulsionador alto tradicional devem respeitar critérios que levem em conta habilidades técnicas, histórico de experiências e estudo formal. Planos de carreira progressivos por tempo são considerados adequados nesse caso.

Após nossa explanação acerca das estratégias de reconhecimento, dos ambientes que facilitam a produtividade e do estímulo a projetos de cidadania corporativa, resta-nos uma questão: De que maneira o conhecimento dos motivadores apoia a gestão estratégica de pessoas?

A principal ideia envolvida na aplicação desse *assessment*, sobretudo no momento de compor políticas de reconhecimento, é promover a assertividade e a efetividade. Assim, ao identificar a predominância de determinado grupo, torna-se possível desenhar estratégias, políticas e práticas alinhadas às necessidades e às expectativas dos parceiros internos. Essa prática contribuirá, de fato, com os propósitos de fortalecer o vínculo com os colaboradores e de favorecer o engajamento, a satisfação e a produtividade.

5.2 O que são âncoras de carreira

Sem trabalho, toda vida apodrece. Mas, sob um trabalho sem alma a vida sufoca e morre.

(Camus, citado por Lucas; Rodrigues, 2008, p. 32)

A abordagem de âncoras de carreira foi desenvolvida por Edgar Schein, PhD em Psicologia Social pela Universidade de Harvard e professor emérito da Sloan School of Management, a escola de negócios do Massachusetts Institute of Technology (MIT), nos Estados Unidos.

As âncoras de carreira consistem em um conjunto de autopercepções relativas a talentos e habilidades, motivos e necessidades, atitudes e valores que as pessoas têm com relação ao trabalho que desenvolvem ou que buscam desenvolver (Schein, 1996).

Também denominadas **inclinações profissionais**, elas atuam como motivadores, pois são estruturas que norteiam decisões de carreiras alicerçadas em motivos, valores pessoais e bases de competências percebidas pelo indivíduo, assim como configuram critérios de avaliação e escolhas profissionais. Sob essa perspectiva, conhecer tais inclinações profissionais permite ao indivíduo confrontar possibilidades e fazer opções de forma coerente com aquilo que verdadeiramente valoriza e com a forma como se vê (Schein, 1996).

De acordo com o autor, tais âncoras ou inclinações (valores pessoais dos quais as pessoas não abrem mão) são classificadas da seguinte forma:

» Autonomia e Independência (AI);
» Competência Administrativa Geral (CAG) – também conhecida como Gerência Geral (GG);
» Competência Técnica e Funcional (CTF);
» Criatividade Empresarial (CE);
» Dedicação a uma Causa (DC);
» Desafio Puro (DP);
» Segurança e Estabilidade (SE);
» Estilo de Vida (EV).

A seguir, apresentaremos mais detalhes acerca de cada uma delas.

» **Autonomia e Independência (AI)**: pessoas com essa inclinação apreciam definir o próprio trabalho, isto é, como realizá-lo. Dessa forma, são sujeitos que gostam de ter o poder de escolha com relação a quando trabalhar. Além disso, valorizam a liberdade e a independência. Por isso, tendem a buscar carreiras que lhes permitam manter essa autonomia.
» **Competência Administrativa Geral (CAG)**: pessoas com essa inclinação têm a ambição de assumir os mais altos postos de comando de uma organização, de modo que, por meio do compartilhamento de responsabilidades, possam articular e integrar esforços entre os integrantes da equipe e os resultados pretendidos.
» **Competência Técnica e Funcional (CTF)**: pessoas com essa inclinação são fortemente voltadas às suas áreas técnicas de conhecimento e às habilidades específicas. A percepção de realização profissional está atrelada ao exercício

da capacidade profissional em sua área de interesse. Ainda, sujeitos com esse perfil prezam por desenvolver sua *expertise* em níveis cada vez mais elevados, e seu senso de identidade está associado ao exercício de suas capacidades. Em outras palavras, o profissional se sente totalmente realizado quando seu trabalho lhe permite ser desafiado nas áreas de sua especialidade.

» **Criatividade Empresarial (CE)**: pessoas com essa inclinação são voltadas ao uso da criatividade. Abraçam prontamente a oportunidade de criar sua própria organização ou empreendimento. Além disso, apreciam sua capacidade e disposição para assumir riscos e superar obstáculos. Desejam mostrar ao mundo que podem criar um empreendimento que resulte de seu próprio esforço.

» **Dedicação a uma Causa (DC)**: pessoas com essa inclinação prezam por trabalhos alinhados a seus valores pessoais e gostam de se comprometer com causas importantes. Algumas das características mais marcantes dos sujeitos com esse perfil são o relacionamento interpessoal e a devoção a ensinar/ajudar o outro, a fim de tornar o mundo melhor. Por esse motivo, apreciam atividades por meio das quais possam realizar algo que consideram útil às pessoas, ou seja, estar a serviço do outro.

» **Desafio Puro (DP)**: pessoas com essa inclinação buscam por oportunidades para trabalhar na solução de problemas aparentemente insolúveis, bem como para vencer oponentes duros ou superar obstáculos difíceis. Para elas, a única razão significativa para estarem em determinada carreira é que esta lhes permita vencer o impossível. Esse desafio pode ser encontrado em trabalhos intelectuais, como no caso de um engenheiro que se interessa somente por projetos extremamente difíceis; outro exemplo pode ser o de um consultor estrategista que procura entrar em contato apenas com clientes à beira da falência, cujos recursos tenham sido todos esgotados.

» **Segurança e Estabilidade (SE)**: pessoas com essa inclinação optam por caminhos que lhes proporcionem estabilidade e segurança e fazem escolhas de carreira que tendam à baixa volatilidade, focando empregos de longo prazo. Essa âncora está estreitamente relacionada à estabilidade e à segurança financeira (a exemplo de aposentadoria e planos de pensão ou segurança no emprego).

» **Estilo de Vida (EV)**: pessoas com essa inclinação valorizam situações que lhes permitam equilibrar e integrar suas necessidades pessoais e familiares e suas exigências de carreira. Além disso, costumam fazer todos os principais segmentos de sua vida trabalharem em conjunto para a obtenção de um todo integrado. Portanto, precisam de uma situação de carreira que lhes forneça flexibilidade suficiente para alcançar essa integração.

A classificação das âncoras ou inclinações de carreira remete a um conjunto de necessidades comuns a determinados grupos e não deve ser concebida e interpretada como uma tentativa de rotulá-las, dado que pode haver sobreposição entre elas (Schein, 1996).

Nesse sentido, os indivíduos apresentam necessidades próximas das características das diversas outras âncoras. Isso significa que uma pessoa pode ter âncoras de carreira primárias e secundárias, o que flexibiliza o conceito proposto por Schein (Faro et al., 2010).

5.2.1 O inventário

A aplicação do inventário de âncoras de carreira possibilita ao indivíduo e à organização identificar as preferências relacionadas ao trabalho, contribuindo para a obtenção de maiores conhecimentos acerca dos perfis e das perspectivas dos colaboradores sobre suas trajetórias profissionais. Tais informações podem ser úteis para a elaboração de um planejamento de carreira, mediante ações da área de gestão de pessoas (Cantarelli; Estivalete; Andrade, 2014).

> ### *Para saber mais*
>
> HALF, R. **Teste âncoras de carreira**. 2 out. 2021. Disponível em: <https://www.roberthalf.com.br/blog/carreira/teste-ancoras-de-carreira>. Acesso em: 25 dez. 2022.
>
> O *assessment* de âncoras de carreira pode ser facilmente encontrado na internet. No endereço eletrônico indicado, é possível fazer o *download* do teste e replicá-lo.

5.2.2 Contexto de aplicação

O *assessment* de âncoras de carreira, assim como os abordadossabordados anteriormente, além de oferecer ao profissional um bom entendimento a respeito de preferências e valores individuais, também constitui um instrumento bastante importante quando analisado sob a ótica do grupo, além de ser útil definir estratégias de gestão e identificar aspectos que, mesmo não sendo predominantes na equipe analisada, podem chamar atenção.

A seguir, apresentaremos as implicações desse *assessment* nos níveis individual, de grupo e de políticas e aspectos de gestão.

5.2.2.1 Nível individual

O inventário de âncora de carreira possibilita ao profissional o autoconhecimento o entendimento de padrões e de escolhas e o senso de realização e/ou insatisfação para com o trabalho, caso a atuação da pessoa esteja distante de seu motivador de carreira. Este é o objetivo de aplicação original do instrumento: identificar os impulsionadores de maior valência para o profissional.

Para esclarecermos isso melhor, tomemos por exemplo o resultado ilustrado no Gráfico 5.1, a seguir.

Gráfico 5.1 – Gráfico de resultados de âncora de carreira

Análise da predominância de âncoras de carreira

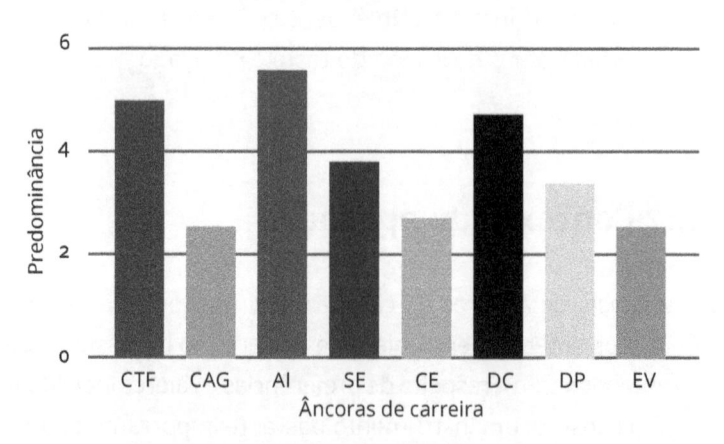

Âncora	Predominância
CTF	5,0
CAG	2,5
AI	5,5
SE	3,8
CE	2,7
DC	4,7
DP	3,3
EV	2,5

Os escores mais altos informam as principais necessidades, valores e crenças de um indivíduo ou grupo e que serão observadas pelo seu comportamento. Nesse caso, temos a predominância das âncoras AI, CTF e DC, que predispõem a práticas que respeitem os interesses genuínos do profissional para atuar de forma independente (AI), fazendo uso de seu conhecimento (CTF) e por uma causa (DC).

Mas podemos afirmar que a análise desse instrumento se esgota quando observamos apenas as pontuações mais altas? Será que os escores menos elevados não poderiam oferecer informações relevantes a respeito dos impulsionadores e das escolhas em relação à carreira do profissional ao longo da vida?

Sim, as inclinações com pontuações mais baixas também oferecem reflexões e *insights* acerca de valores e motivadores que impactam as escolhas, a longevidade e a sustentabilidade da carreira.

Os escores de mais baixa pontuação indicam o que **não** exerce influência impulsionadora, isto é, o que não motiva, pois não encontra congruência com os valores pessoais. Por vezes, eles podem desencadear ou originar situações de forte desconforto.

O resultado que podemos observar no Gráfico 5.1 apresenta um baixo escore para EV, o que significa baixa relevância na tomada de decisão com vistas ao equilíbrio nos aspectos pessoal e profissional. Ainda, esse escore pode indicar a tendência de sobrepor o trabalho às demais áreas da vida, o que, além disso, pode acabar comprometendo a qualidade dos relacionamentos pessoais e os cuidados com a saúde. Logo, ele sinaliza para uma atenção especial ao profissional em questão, para que não acabe tornando um *workaholic*, ou seja, uma pessoa que trabalha compulsivamente.

Da mesma forma, é importante perceber que o baixo escore da âncora CAG pode configurar um desconforto para ocupar posições de cargos hierárquicos de comando. Ou seja, caso o profissional seja promovido, é possível que ele se sinta desmotivado ou apresente baixa *performance*. Em outras palavras, essa pessoa não ambiciona altos postos de comando, pois prefere uma carreira que lhe oportunize obter destaque em seu campo de *expertise*.

5.2.2.2 Nível de grupo

O *assessment* âncoras de carreira também oferece uma excelente oportunidade de análise acerca de impulsionadores de grupo. Isso porque identifica preferências, pontos de confluência entre os integrantes do time e áreas essenciais para o desenvolvimento do negócio, as quais, quando não presentes ou se em níveis muito baixos, apontam para a necessidade de maior atenção e para a elaboração de uma estratégia.

A seguir, apresentaremos um passo a passo para a aplicação desse *assessment* em grupo.

» **Passo I.** certifique-se de que todos os integrantes do grupo responderam ao *assessment* de âncoras de carreira.
» **Passo II**: construa uma planilha com as âncoras de carreira, atentando para a a legenda de cada uma. Em seguida, elabore um mapa de grupo, conforme o exemplo apresentado no Quadro 5.8.

Autonomia e Independência (AI)
Competência Administrativa Geral (CAG) ou Gerência Geral(CAG)
Competência Técnica e Funcional (CTF)
Criatividade Empresarial (CE)
Dedicação a uma Causa (DC)
Desafio Puro (DP)
Segurança e Estabilidade (SE)
Estilo de Vida (EV).

Quadro 5.9 – Mapa de grupo

MAPA DE GRUPO								
Nome	AI	CAG	CTF	CE	DC	DP	SE	EV

» **Passo III**: registre os resultados conforme ilustra a Tabela 5.1:

Tabela 5.1 – Mapa de grupo

MAPA DE GRUPO								
Nome	AI	GG	CTF	CE	DC	DP	SE	EV
Marcos	4	2,6	5,6	3,8	6,4	4,4	4	5,6
Kelly	5,2	1,2	4,2	4,5	4,4	1,8	6,2	6,2
Denis	5,8	3,2	3,6	2,2	3,5	3,8	4,5	4,8
Daniel	5,4	2,8	3	2,2	3	3,2	5,2	6,2
Roni	5,6	1,4	3,4	3,6	3,8	3,5	5	6

Depois de coletar o resultado de cada integrante, pode-se criar o mapa das âncoras de carreira e proceder às análises. Para evidenciar os pontos de conexão entre os membros da equipe e suas possíveis áreas de atenção, é possível utilizar um mapa de cores, conforme o exemplo apresentado a seguir (Quadro 5.9):

Quadro 5.10 – Mapa de cores

	Maior pontuação
	Segunda maior pontuação
	Âncora situacional
	Âncora situacional de menor intensidade
	Âncora de baixa pontuação
	Âncora de menor pontuação

Imagine que o grupo que estamos utilizando deo exemplo componha uma equipe de sócios de um empreendimento. O que a análise de grupo nos indica em termos de pontos em comum e pontos de atenção, tendo em vista a sustentabilidade do grupo e do negócio?

Pontos de encontro do grupo

Os dados revelam que o equilíbrio entre vida e trabalho é altamente valorizado por todos os integrantes, assim como a *expertise*, ou seja, ao aprofundamento técnico – cada qual em sua área de especialização. Além disso, podemos perceber que eles conferem muita importância à autonomia e à independência.

Pontos de atenção

Observe que a âncora de GG é a que recebe as mais baixas pontuações. Nesse caso, identificamos a tendência de que os sócios preferem se manter em suas áreas de excelência técnica e, com efeito, não ambicionam a gerência geral. Esse ponto requer atenção, pois à medida que o negócio evolui, surge a necessidade de contar com um gestor generalista, que possa articular todas as áreas e pensar estrategicamente nos rumos da empresa.

Também cabe destacar que a predominância da âncora de AI, aliada à necessidade de manter um equilíbrio entre vida e trabalho, representa a tendência de cada um estabelecer suas prioridades e seus modelos de trabalho ao fazerem parte de um projeto maior, mas não necessariamente pensando em conjunto.

A CE também requer atenção, pois em relação aos aspectos específicos da área de atuação, a pessoa pode perder a oportunidade de se voltar ao mercado e identificar inovações e avanços, de modo a manter o empreendimento competitivo.

5.2.2.3 Nível de políticas e práticas gestão estratégica de pessoas

O resultado da pesquisa referente ao mapeamento das âncoras de carreira permite identificar, de forma geral, a preponderância de necessidades, valores e crenças predominantes na organização. Nessa ótica, torna-se possível desenvolver políticas e práticas de gestão estratégica de pessoas eficientes e eficazes.

A seguir, apresentamos algumas análises possíveis feitas a partir da identificação das âncoras predominantes no grupo.

5.2.2.3.1 Resultado de predominância da âncora de carreira Autonomia e Independência (AI)

» **Política de benefícios**: a predominância com AI expressa um desejo maior por liberdade de escolha. Quanto mais flexível a política de benefícios puder ser, maiores aceitação e satisfação ela poderá gerar. Em vez de benefícios padronizados, a organização poderá permitir a cada parceiro interno de negócio que componha sua própria carteira de benefícios conforme o valor disponível.

» **Planejamento de carreira**: a predominância com AI expressa a preferência por manter vínculos pontuais, que permitem a revisão constante dos acordos – por exemplo, por projetos com prazo determinado, remunerações variáveis e flexibilidade de horário.

» **Liderança**: a predominância com AI performa melhor com lideranças menos autocráticas, isto é, que dão espaço para a cocriação e a liberdade de atuação.

» **Transição de carreira**: a predominância com AI aponta para uma alta inclinação a transições, visto que os profissionais dessa âncora prezam por liberdade, estão constantemente aprendendo para se manterem atualizados e comumente buscam se reinventar para aumentarem sua competitividade.

5.2.2.3.2 Resultado com predominância da âncora de carreira Competência Administrativa Geral (CAG)

» **Política de benefícios**: a predominância com CAG expressa a necessidade de alcançar resultados em grupo. Nesse sentido, a política de benefícios e de incentivo deve seguir o velho lema um por todos, todos por um. Em relação a benefícios variáveis, é mais pertinente estabelecer metas por equipe ou por projeto, e não apenas individuais.

» **Planejamento de carreira**: a predominância com CAG caracteriza a liderança como caminho de crescimento natural. Desse modo, criar oportunidades para desenvolver a liderança nos mais diversos níveis hierárquicos, desde o operacional, pode motivar fortemente a equipe com esse perfil.

» **Liderança:** a predominância de CAG aponta para um apreço maior pela oportunidade de liderar, assim como pelo próprio processo de preparação para isso. Portanto, uma organização atenta logo promoverá programas de desenvolvimento de liderança, e o líder deverá desenvolver programas de sucessão.

5.2.2.3.3 Resultado com predominância da âncora de carreira Competência Técnica e Funcional (CTF)

» **Política de benefícios:** a predominância com CTF expressa a necessidade de alcançar a excelência na função exercida. Uma organização na qual essa âncora prevalece sobre as demais valorizará o aprimoramento constante por meio de treinamentos e de incentivo ao estudo. Certamente, bonificações e promoções atreladas à implantação de guias de processos de qualidade e certificações serão respeitadas e valorizadas.

» **Planejamento de carreira:** a predominância de CTF tende a expressar uma valorização maior do crescimento na carreira mediante a aquisição de conhecimentos formais e de tempo de experiência e menos pelos resultados. Nessa ótica, a organização deve esclarecer os requisitos e critérios de ocupação de cada cargo, assim como sua matriz de responsabilidade.

» **Liderança:** a predominância com CTF aponta a preferência de uma liderança mais formal e menos relacional. Assim, o líder deve realizar a gestão de pessoas por intermédio de políticas e processos gerenciais bem definidos. O conhecimento do empreendimento e de seus vieses técnicos é fundamental para assumir a posição de liderança, que não está somente restrita à facilitação. Ou seja, espera-se que o líder em uma organização com âncora CTF seja uma autoridade no negócio.

5.2.2.3.4 Resultado com predominância da âncora de carreira Criatividade Empresarial (CE)

» **Política de benefícios**: a predominância com CE revela a necessidade de desenvolver maiores autonomia e criatividade. Logo, a empresa deve ater-se à criação de programas de recompensa por contribuições criativas para a melhoria dos processos ou ganho de resultado. Parceiros internos que apresentem essa âncora têm maior apreço por experiências novas e momentos descontraídos. Assim, para se diferenciar como marca empregadora, a organização pode ofertar políticas de recompensa, com viagens e participação em eventos.

» **Planejamento de carreira**: a predominância de CE aponta para uma predisposição dos profissionais para tentar montar seus próprios negócios. Assim, possibilitar, por exemplo, que um funcionário se desenvolva profissionalmente e continue prestando serviços à empresa por meio de seu próprio negócio será um grande diferencial. Para estruturar esse tipo de modalidade, algumas organizações já estão formalizando programas de *partners*, com a criação de ecossistemas de negócios.

» **Liderança**: a predominância com CE revela uma estrutura de liderança mais horizontal, o que permite a participação de todos nas tomadas de decisão e a aceitação das contribuições que visem ao aprimoramento ou desenvolvimento de processos. Em uma organização com âncora CE predominante, o líder deve cuidar para não perder a autoridade, razão pela qual precisa estar constantemente esclarecendo os acordos firmados com os parceiros de negócios internos.

5.2.2.3.5 Resultado com predominância da âncora de carreira Dedicação a uma Causa (DC)

» **Política de benefícios**: a predominância com DC sinaliza para a necessidade de os parceiros internos de negócios terem total clareza do propósito da organização, assim como de atuarem de forma ativa com vistas à melhoria contínua. Ao considerar essa necessidade, a gestão estratégica de pessoas pode, por exemplo, incluir, em sua política de benefícios, a opção por um dia de trabalho voluntário por mês em uma instituição parceira ou obra própria. O engajamento em campanhas atreladas a causas também é uma ótima estratégia para conceder algum benefício extra.
» **Planejamento de carreira**: a predominância de DC revela pouca necessidade de ascensão pessoal, desde que o indivíduo possa se manter conectado aos resultados do grupo. Por isso, a organização deve cuidar para não deixar de reconhecer os méritos e a importante contribuição dos profissionais com o passar dos anos, concedendo oportunidades para que estes possam se desenvolver constantemente e, assim, evitarem a acomodação.
» **Liderança**: a predominância com DC tende a se identificar com um estilo de liderança mais democrático ou servidor. Para o profissional que manifesta essa predominância, a liderança representa uma oportunidade de servir ao grupo e de impactar a causa. Nessa ótica, é importante que a organização forneça *feedbacks* constantes sobre o andamento dos projetos, apresentando os impactos gerados e os retornos pessoais, a fim de valorizar as contribuições individuais.

5.2.2.3.6 Resultado com predominância da âncora de carreira Desafio Puro (DP)

» **Política de benefícios**: a predominância com DP aponta para a necessidade de esclarecer aos parceiros internos de negócios as metas que darão direito a bônus ou a outras formas de reconhecimento. Sob essa perspectiva, no programa de benefícios para esse grupo, pode-se adotar um caráter mais meritocrático, no intuito de manter um estímulo constante.

» **Planejamento de carreira**: a predominância com DP revela a necessidade de os parceiros internos de negócios encontrarem pontos de superação para se manterem motivados. O planejamento de carreira para um grupo com a âncora DP pode ser estruturado por projetos com começo, meio e fim. Dessa forma, a empresa poderá promover, com maior , como no caso dassertividade, ciclos de satisfação constante, escalando a deplexidade da contribuição de cada profissional de acordo com sua experiência.

» **Liderança**: a predominância com DC em um grupo caracteriza uma tendência à identificação com um líder que expresse autoridade pela coragem e inteligência. Assim, o grupo estará disposto a assumir riscos e a se dedicar com muita intensidade para atingir um resultado extraordinário, sacrificando, inclusive, sua própria comodidade ou segurança. Nessa ótica, o líder deve se manter atento para que a equipe não se entedie com a rotina. Logo, poderá ser interessante esclarecer, a todo momento, a importância da contribuição de cada um para o objetivo final.

5.2.2.3.7 Resultado com predominância da âncora de carreira Estilo de Vida (EV)

» **Política de benefícios**: a predominância com EV aponta para a necessidade de os parceiros internos de negócios conquistarem o direito de flexibilizar sua rotina para atender às suas necessidades pessoais. A política de benefícios deve priorizar os cuidados relacionados ao corpo e à mente, assim como a possibilidade de assistência, se necessário. O grupo com essa prevalência tende a desejar flexibilidade de horários e reconhecimento pessoal pelas suas entregas, inclusive com a intenção de, sempre que possível, estender os benefícios conquistados a seus entes queridos.

» **Planejamento de carreira**: a predominância com EV revela a necessidade de o indivíduo manter suas oportunidades de crescimento alinhadas às suas necessidades pessoais. Ou seja, sacrificar a convivência familiar para obter uma promoção não é uma opção. Portanto, quando possível, a organização deve oferecer maior flexibilidade de atuação, como no caso daa opção de trabalho em modelo híbrido (parte presencial e parte em regime de *home office*).

» **Liderança**: a predominância de EV para a liderança indica uma consta busca por qualidade de vida tanto para o próprio indivíduo como para a equipe. Nesse sentido, a liderança EV está ciente de que sua equipe tem baixa adesão a horas extras, sobretudo em finais de semana, por conta da importância atribuía ao equilíbrio em todas as áreas da vida. Dessa forma, o líder compreende que seu alto comprometimento segue os acordos prévios do contrato de prestação de serviço.

5.2.2.3.8 Resultado com predominância da âncora de carreira Segurança e Estabilidade (SE)

» **Política de benefícios**: a predominância com SE indica a necessidade de os parceiros internos de negócios se sentirem seguros. A política de benefícios pode exercer um papel importante para construir essa segurança psicológica, a exemplo de processos de gestão com *feedback* constante para sinalizar pontos de desenvolvimento, oferta de previdência privada e assessoria de *outplacement* – no caso de desligamento.

» **Planejamento de carreira**: a predominância com SE aponta para a necessidade de uma total transparência em relação aos critérios de desligamento, à priorização dos talentos internos e aos programas de recrutamento interno, a fim de oportunizar mudanças de áreas, caso o colaborador tenha a intenção de mudar de carreira ou área. Em geral, é comum encontrar essa predominância em carreiras públicas ou em empresas familiares.

» **Liderança**: a predominância com SE para a liderança tende a gerar um ambiente mais paternalista no que se refere à relação entre líder e liderado. Nesse caso, os liderados desejam ser protegidos, ou seja, costumam aceitar apenas as correções oriundas de seus líderes diretos. Sob essa ótica, é importante que a organização defina os critérios de gestão tanto para a promoção quanto para os desligamentos, com o objetivo de evitar favoritismos ou desvalorizações sem justa causa.

5.2.2.3.9 Outras aplicações para o *assessment* de âncoras de carreira

Além das aplicações anteriormente apresentadas, o resultado do *assessment* também pode ser considerado em processos seletivos internos, especialmente quando se trata de movimentações verticais. A esse respeito, é salutar observar se o profissional promovido a diretor ou gerente geral tem em sua âncora primária ou secundária a inclinação para a Competência Administrativa Geral (CAG).

A experiência tem demonstrado que o profissional que ascende a postos elevados em uma organização (ou seja, a cargos de gestão) e que tem essa âncora de carreira alta tende a obter altos níveis de desempenho. Por outro lado, quando essa âncora se revela em pontuações muito baixas, pode significar a tendência de o profissional não ter apego ao cargo e, com efeito, não permanecer por muito tempo exercendo a atual função.

6 Valores e linguagens de reconhecimento e recompensa

Icaro Victor Barboza
Erika Gisele Lotz

O que faz andar o barco não é a vela enfunada, mas o vento que não se vê...

(Platão, 2023)

Neste capítulo, discutiremos os seguintes temas:

» *assessment* de valores e seu contexto de aplicação;
» *assessment* de linguagens de reconhecimento e recompensa e seus contextos de aplicação.

6.1 O que são valores humanos

Valores humanos são "princípios ou crenças, sobre comportamentos ou estados de existência, que transcendem situações específicas, que guiam a seleção ou a avaliação de comportamentos ou eventos e que são ordenados por sua importância" (Schwartz; Bilsky, 1987, p. 551, tradução nossa).

Os valores correspondem a aspectos cognitivos de três imperativos humanos universais: necessidades biológicas; necessidades sociais de interação; necessidades de sobrevivência e bem-estar dos grupos (Schwartz, 1996).

O *assessment* de valores pessoais e conscientização é fruto do modelo estabelecido por Richard Barrett (Figura 6.1), escritor, fundador e presidente do conselho do Barrett Values Centre.

Figura 6.1 – Modelo dos sete níveis de consciência de Richard Barrett

Serviço
Serviço abnegado

Fazer a diferença
Fazer uma diferença positiva no mundo

Coesão interna
Encontrar significado na existência

Transformação
Abrir mão dos medos
Coragem para desenvolver e crescer

Autoestima
Ter uma sensação de valor próprio
Medo: Não sou suficiente

Relacionamento
Sentir-se protegido e amado
Medo: Não sou suficientemente amado

Sobrevivência
Satisfazer nossas necessidades físicas e de sobrevivência
Medo: Não tenho o suficiente

Fonte: Sato, 2018.

6.1.1 Origens do Modelo Barrett

Originariamente desenvolvido no ano de 1997, o Modelo Barrett, que apresenta sete áreas de crescimento e conscientização pessoal, foi inspirado nos postulados da filosofia oriental, na hierarquia das necessidades de Maslow, na teoria da autodeterminação de Deci e Ryan e no Modelo PERMA de bem-estar, desenvolvido por Martin Seligman, precursor da psicologia positiva, assim como no conceito de eudaimonia[1], de Aristóteles.

6.1.1.1 Teoria da autodeterminação

A teoria da autodeterminação (em inglês, *self-determination theory* – SDT), de Edward Deci e Richard Ryan, consiste em uma estrutura para entender a motivação humana. Seu postulado é que a satisfação das necessidades fisiológicas básicas alimenta a motivação, o crescimento e o bem-estar.

De acordo com essa teoria, as necessidades de relacionamento, competência e autonomia são universais e essenciais para a saúde humana.

Nessa ótica, a necessidade de relacionamento remete à sensação de se sentir cuidado e apoiado por meio de relações próximas, confiáveis e seguras, o que expressa a qualidade dos relacionamentos. Já a necessidade de competência tem gênese no desejo de o indivíduo se sentir eficaz em seu ambiente. Por fim, a necessidade de autonomia representa a importância de ter vontade, de poder fazer escolhas, de ser agente e estar no domínio da própria vida.

---

[1] "Na filosofia grega, **Eudaimonia** significa alcançar as melhores condições possíveis para um ser humano, em todos os seus sentidos e não apenas a felicidade, mas também a virtude, a moralidade e uma vida significativa" (Menezes, 2023, grifo nosso).

Quando alinhada à hierarquia das necessidades de Maslow, a SDT se alicerça na premissa de que os seres humanos são naturalmente inclinados à busca e ao crescimento da realização pessoal, quando têm a oportunidade de satisfazer suas necessidades básicas.

Assim, as três necessidades da SDT são análogas às necessidades fundamentais do Modelo Barrett e estão localizadas, na Figura 6.2, nas partes inferior e média, com as denominações "*Relacionamentos*, *Desempenho* e *Evolução*. Observe, na imagem, o ponto de encontro entre o Modelo Barrett e a SDT.

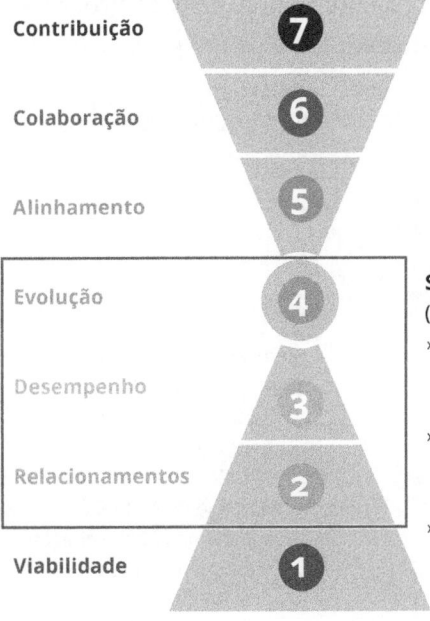

Figura 6.2 – O Modelo Barrett e a SDT

Contribuição — 7
Colaboração — 6
Alinhamento — 5
Evolução — 4
Desempenho — 3
Relacionamentos — 2
Viabilidade — 1

Self-Determination Theory
(Deci; Ryan, 1985; 2017)
» Necessidades básicas de autonomia, competência e relacionamento
» Facilitar a motivação intrínseca, o crescimento e o bem-estar
» Vast empirical evidence across multiple domains, including work, education, athletics, parenting, and health care

Fonte: Wiedemann, 2023, tradução nossa, tradução nossa.

6.1.1.2 Teoria do bem-estar psicológico

A teoria do bem-estar psicológico (em inglês, *psychological well-being theory*), desenvolvida por Carol Ryff, integra importantes trabalhos nas áreas da filosofia e da psicologia, englobando também as perspectivas de Allport, Frankl, Rogers, Maslow, Jahoda, Jung e o conceito de eudaimonia, de Aristóteles.

Cada uma das obras históricas dos autores supracitados contribuiu para compor essa teoria, que abrange seis dimensões-chave do bem-estar psicológico: relações positivas; domínio ambiental; autonomia; autoaceitação; crescimento pessoal; e propósito de vida.

A Figura 6.3, a seguir, apresenta o ponto de encontro entre o Modelo Barrett e a teoria do bem-estar psicológico.

Figura 6.3 – O Modelo Barrett e a teoria do bem-estar psicológico

Bem-estar psicológico
(Ryff, 1989b; 2008)
» Seis dimensões da saúde psicológica
» Relacionamentos positivos, domínio do ambiente, autonomia, autoaceitação, crescimento pessoal e propósito
» 30 anos de evidência de apoio no campo da psicologia clínica

Níveis do Modelo Barrett:
7. Contribuição
6. Colaboração
5. Alinhamento
4. Evolução
3. Desempenho
2. Relacionamentos
1. Viabilidade

Fonte: Wiedemann, 2023, tradução nossa.

6.1.1.3 Modelo PERMA

Desenvolvido por Martin Seligmam e apresentado em seu livro *Florescer*, esse modelo tem seu nome composto pelas primeiras letras dos elementos que o constituem: *positive emotion* (**emoção positiva**), *engagement* (engajamento), *relationships* (relacionamentos), *meaning* (significado) e *achievement* (realização).

O Modelo PERMA tem confluência com o Modelo Barrett em relacionamentos, desempenho (realização), alinhamento (engajamento e emoções positivas) e colaboração (significado). A Figura 6.4 apresenta o ponto de encontro entre os modelos Barrett e PERMA.

Figura 6.4 – O Modelo Barrett e o Modelo PERMA

Modelo Barrett	Modelo PERMA (Seligman, 2011)
7 - Contribuição	» Cinco dimensões do florescer humano
6 - Colaboração	» Emoções positivas, engajamento, relacionamentos, significado e realização
5 - Alinhamento	» Relacionado à vitalidade, à satisfação na vida e à saúde física
4 - Evolução	
3 - Desempenho	
2 - Relacionamentos	
1 - Viabilidade	

Fonte: Wiedemann, 2023, tradução nossa.

6.1.1.4 Eudaimonia

O conceito de eudaimonia, que remete a Aristóteles, expressa uma vida bem vivida. Sob a perspectiva eudaimônica, a verdadeira felicidade abrange um sentimento mais profundo de realização, que nasce do desenvolvimento e da expressão do mais alto potencial. Assim, ela pode ser compreendida como um estado de realização pessoal de viver o seu propósito, cumprindo com o seu potencial de contribuição para o bem comum. A seguir, a Figura 6.5 indica o ponto de encontro entre o Modelo Barrett e a eudaimonia.

Figura 6.5 – O Modelo Barrett e a eudaimonia

Modelo Barrett	Bem-estar eudaimônico (Aristóteles, trad. 1925)
7 Contribuição	» Eudaimonia significa o cumprimento da autorrealização ou propósito
6 Colaboração	» Apoio científico para uma necessidade de contribuição social positiva (Martela; Reikki, 2018)
5 Alinhamento	» Duas formas de bem-estar:
4 Evolução	1. Bem-estar subjetivo ou felicidade – a mais baixa porção do Modelo Barrett
3 Desempenho	
2 Relacionamentos	2. Bem-estar eudaimônico ou significância – maior porção do Modelo Barrett
1 Viabilidade	

Fonte: Wiedemann, 2023.

O Modelo Barrett, além de reunir as contribuições dos modelos descritos, registra uma forte contribuição para a realização do potencial humano, como podemos depreender da Figura 6.6.

Figura 6.6 – O Modelo Barrett e a realização do potencial humano

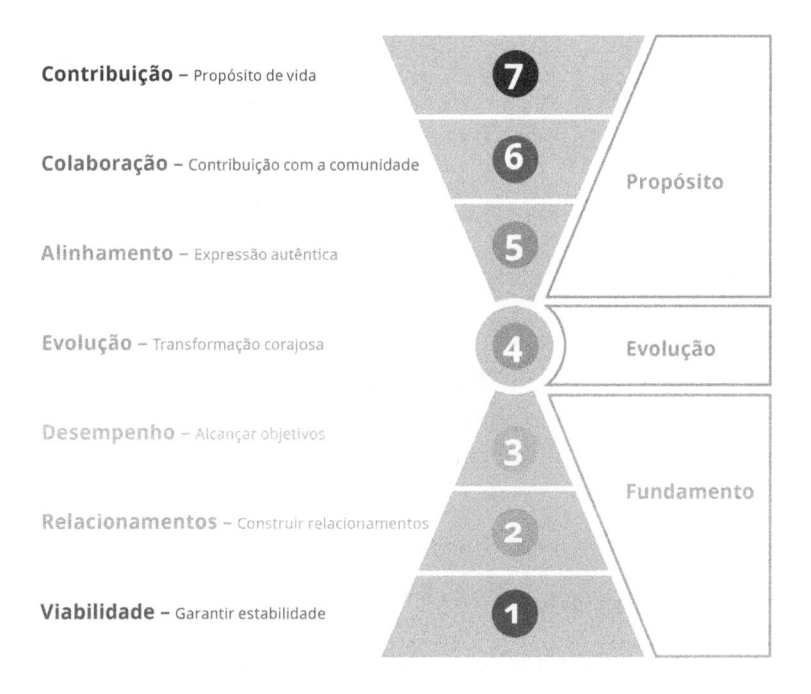

Contribuição – Propósito de vida

Colaboração – Contribuição com a comunidade

Alinhamento – Expressão autêntica

Evolução – Transformação corajosa

Desempenho – Alcançar objetivos

Relacionamentos – Construir relacionamentos

Viabilidade – Garantir estabilidade

7, 6, 5 — Propósito
4 — Evolução
3, 2, 1 — Fundamento

Fonte: Wiedemann, 2023, tradução nossa.

6.1.1.5 Modelo dos sete níveis de consciência, de Richard Barrett

O Modelo Barrett está alicerçado em sete domínios, os quais podem ser divididos em três grandes áreas: interesse próprio, transformação e bem comum, como ilustra a Figura 6.7.

Figura 6.7 – As três grandes áreas do Modelo Barrett

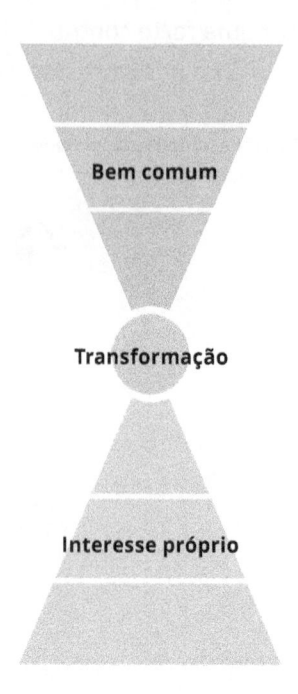

(Diagrama: Bem comum / Transformação / Interesse próprio)

Interesse próprio

Abrange os três primeiros níveis de consciência: sobrevivência, relacionamentos e autoestima. Seu foco reside na satisfação das necessidades básicas, tais como: de segurança, de proteção, de amor, de pertencer e de se sentir bem consigo mesmo, experimentando a satisfação por ser quem se é. A sensação de satisfação dessas necessidades não é duradoura, dado que elas são cíclicas e rapidamente recorrentes. Por esse motivo, geram ansiedade quando não são atendidas.

Contudo, indivíduos que se concentram exclusivamente nos níveis do interesse próprio podem ser influenciados pelos medos que têm de satisfazer suas necessidades individuais e buscam aprovação ou conforto dos outros (Wiedemann, 2023).

Transformação

O foco do quarto nível de consciência está em renunciar aos medos. Durante essa fase do desenvolvimento, o indivíduo estabelece a noção de sua autoridade pessoal, ou seja, de sua própria voz. Assim, escolhe viver em congruência com os valores e as crenças que profundamente se alinham, de fato, a quem ele é em essência.

Bem comum

Engloba os três níveis superiores de consciência: coesão interna, fazer a diferença e serviço. Nessa área concentram as necessidades de encontrar significado e propósito para a própria existência. Esse propósito é expresso por meio de energia e dos talentos pessoais, de modo a contribuir para tornar o mundo um lugar melhor para se viver. Quando essas necessidades são atendidas, geram níveis mais profundos de motivação e compromisso. É nessa área que o indivíduo aprende a desenvolver sua bússola interna, que o guia na tomada de decisões afirmativas para a vida.

Entretanto, indivíduos que se concentram exclusivamente na satisfação das necessidades superiores de bem comum podem não ter as habilidades necessárias para permanecer com os pés no chão. Podem ser ineficazes e nada práticos quando se trata de cuidar de suas necessidades básicas (Wiedemann, 2023).

Domínio pessoal

Vale ressaltar que não operamos somente em um único nível de consciência, ou seja, tendemos a atuar em três ou quatro níveis. Normalmente, as pessoas estão concentradas entre os níveis 1 e 5, tipicamente com uma ênfase específica na coesão interna (o quinto nível), em que buscamos significado em nossa vida. Os sujeitos mais bem-sucedidos são aqueles que investem energia para equilibrar todas as áreas de sua vida, confiam em si mesmos e nos outros, conseguem administrar a complexidade, reagem de forma assertiva aos eventos da vida e se adaptam às situações.

Outra grande contribuição desse modelo para fortalecer o domínio pessoal diz respeito ao entendimento dos valores como positivos ou negativos. Os positivos são impulsionadores, e os negativos são baseados no medo – portanto, são limitantes. Confiança, honestidade e responsabilidade são valores positivos, ao passo que manipulação e vingança, por exemplo, são negativos.

Dessa forma, o domínio pessoal consiste em identificar, superar ou eliminar as crenças que têm gênese no medo. Alinhar crenças ou comportamentos a valores é essencial para que tenhamos autenticidade.

6.1.2 O *assessment* de valores pessoais e conscientização

O *assessment* de valores pessoais e conscientização é disponibilizado gratuitamente no seguinte endereço eletrônico: <https://survey.valuescentre.com/survey.html?id=l6_1Q18se-POYWW9nKtrPXqFAXWotwey&locale=pt_BR>.

Ao acessar a página, o primeiro passo é selecionar o idioma; depois, é só responder ao inventário, que é bastante simples.

O respondente receberá no *e-mail* pessoal o relatório com a apresentação do modelo e seus valores pessoais. Além disso, será convidado a refletir sobre os resultados, a identificar os valores positivos e negativos e a realizar exercícios de autodesenvolvimento.

6.1.3 Aplicação de contexto

A gestão estratégica de pessoas, para ser assertiva, precisa compreender profundamente os tipos de necessidades que elas apresentam (ou seja, tanto os critérios de tomada de decisão quanto as lacunas presentes) para fortalecer o processo de desenvolvimento individual e, por consequência, o comportamento organizacional.

Assim, com a identificação da distribuição dos valores nos sete níveis de consciência, torna-se possível entender quais práticas e comportamentos podem ser esperados e analisar o *fit* cultural alinhado aos desejos da organização.

6.1.3.1 Análise do eixo de interesse próprio

A pontuação predominante do grupo no nível 1 de **sobrevivência** aponta para a necessidade de promover um alinhamento mais claro com relação à urgência de produzir resultados, mediante a aceitação de metas, objetivos e indicadores de produtividade com maior facilidade.

É importante destacar que também haverá uma permanente necessidade de revisar as políticas de remuneração da empresa, assim como o sistema de promoção, a fim de manter a equipe engajada, já que as ações associadas a esse nível costumam ter um impacto mais imediato e passageiro.

Além disso, salientamos que a falta de pontuação de valores no nível 1 pode revelar maior dificuldade em considerar aspectos de resultado e indicadores de produtividade para a gestão. Isso significa que os integrantes do grupo podem negligenciar a exigência de recompensa e ter dificuldade para se posicionar e marcar o valor de seu negócio no mercado.

Por sua vez, a pontuação predominante do grupo no nível 2 de **relacionamento** indica a necessidade de esclarecer a importância do trabalho em equipe, bem como da comunicação e do diálogo, por meio da participação e do envolvimento em eventos organizacionais e em reuniões.

A promoção de encontros formais e informais se faz necessária para manter a motivação da equipe. Essa prática, quando em associação com esse nível, costuma gerar um impacto mais imediato na produtividade das pessoas, assim como em seu engajamento.

Ainda, a falta de pontuação de valores no nível 2 pode representar maior dificuldade para considerar aspectos relacionais como importantes. Nesse caso, a gestão terá dificuldade para engajar os grupos quanto ao trabalho e para implementar políticas de parcerias.

Já a pontuação predominante do grupo no nível 3 de **autoestima** caracteriza a necessidade de esclarecer a importância do reconhecimento de entregas e das capacidades individuais, por intermédio da aceitação de *feedbacks* apreciativos, assim como da participação em condecorações simbólicas pelos resultados obtidos.

A promoção de práticas de *feedbacks* constantes é importante para manter a motivação da equipe, pois essa estratégia, quando vinculada a esse nível de celebração de conquistas (apontando os responsáveis), costuma ter um impacto mais imediato na produtividade da equipe, assim como em seu engajamento.

Por fim, assim como no nível 2, a falta de pontuação de valores no nível 3 pode indicar dificuldade para considerar aspectos relacionais como importantes. Nesse cenário, a gestão enfrentará certos problemas em relação ao engajamento nos trabalhos em grupo e à implementação de políticas de parcerias.

6.1.3.2 Análise do eixo de transformação

A pontuação predominante do grupo no nível 4 de **transformação** aponta para a necessidade de esclarecer a importância da implementação de programas de desenvolvimento humano.

O foco do quarto nível de consciência reside em renunciar aos medos. Durante essa fase do desenvolvimento, o indivíduo estabelece a noção de sua autoridade pessoal, de sua própria voz. Logo, fomentar o autoconhecimento por meio de programas de *coaching* ou *mentoring* individual pode acelerar esse processo, na medida em que ajudará o parceiro interno de negócios a assumir e desenvolver suas competências, bem como a alinhar seus valores e suas crenças à cultura organizacional, promovendo um maior nível de satisfação pessoal no trabalho.

Ao longo dessa etapa, é comum surgirem questionamentos sobre posição, nível hierárquico ou função, os quais poderão contribuir para uma promoção ou transição de área na empresa.

6.1.3.3 Análise do eixo do bem comum

A pontuação predominante do grupo no nível 5 de **coesão interna** indica a necessidade de promover um alinhamento mais claro quanto à compreensão do impacto do trabalho do indivíduo de forma sistêmica. Assim, ele poderá aceitar fazer parte de projetos organizacionais intersetoriais, trabalhando para comunicar e explicar os processos da empresa a fim de obter maior produtividade.

Haverá uma permanente necessidade de revisar as políticas de bem-estar e o código de conduta, além de esclarecer os pilares da gestão quanto às práticas de responsabilidade social da empresa. Isso porque as ações associadas a esse nível costumam gerar no engajamento um impacto de médio e longo prazo.

Salientamos, ainda, que a falta de pontuação de valores no nível 5 pode retratar maior dificuldade para considerar aspectos subjetivos da cultura organizacional. Colaboradores que se concentram nos níveis hierárquicos mais baixos tendem a ter um vínculo mais fraco com a organização. Em outras palavras, o sujeito pode mais facilmente aceitar trabalhar para outra empresa no mercado, o que acaba aumentando a taxa de rotatividade da organização.

A pontuação predominante do grupo no nível 6 de **fazer a diferença** revela a necessidade de esclarecer o impacto do trabalho do colaborador, que poderá medir seus próprios resultados na organização.

Nesse nível, é importante que a gestão possa desenvolver o parceiro interno de negócios tanto por meio do acompanhamento de sua *performance* por indicadores como mediante a apresentação dos resultados obtidos por esse funcionário – no sentido de evidenciar como tais resultados fazem a diferença para o bem-estar organizacional.

Também podemos destacar, como estratégias de gestão, as iniciativas de conhecer os objetivos pessoais do parceiro interno de negócios e possibilitar uma associação direta de seu crescimento com os resultados conquistados, além de oferecer-lhe a oportunidade de realizar seus objetivos. Nesse momento, o engajamento pode atingir quatro fontes de motivação: a motivação pessoal de realização, por meio do resultado financeiro; a participação nos resultados da organização, atestando sua maturidade; o impacto positivo da empresa na sociedade como um todo, mediante o crescimento manifestado na promoção de novos empregos e oportunidades; o engajamento da organização em causas alinhadas aos seus valores e às crenças pessoais, cumprindo com seu papel de responsabilidade social.

Já a pontuação predominante do grupo no nível 7 de **serviço** indica a necessidade de esclarecer ao colaborador a importância de sua autorrealização. Nesse estágio, o parceiro interno de negócios consegue alinhar a entrega principal da empresa para a sociedade à sua própria missão.

A posição profissional na empresa em que trabalha deve estar em consonância com seu desejo de ajudar e de prestar serviços individuais. Por exemplo, o parceiro entende sua missão de transformar vidas por meio da educação de jovens; nesse caso, trabalha em uma instituição educacional que promove e materializa seu propósito. Outro exemplo é o caso do colaborador que entende seu propósito de cuidar dos mais necessitados, a fim de diminuir a dor deles, e trabalha em um hospital social.

O nível de serviço demanda clareza acerca da identidade e do propósito do indivíduo, para que ele obtenha, no exercício de sua profissão, felicidade e autorrealização. Também existe a possibilidade de apoiar indiretamente a causa por meio da abertura e do patrocínio de projetos sociais externos.

6.2 O que são linguagens de reconhecimento e recompensa

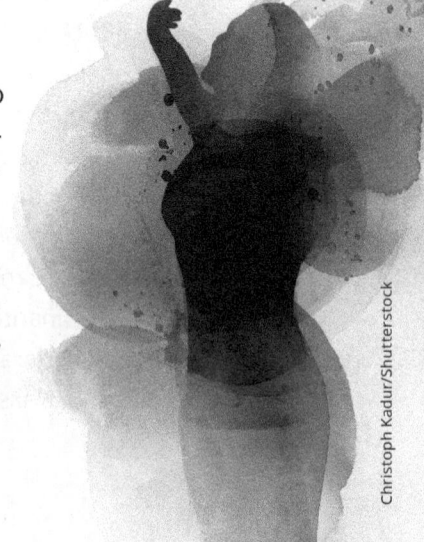

O *assessment* de motivação por meio da valorização pessoal foi desenvolvido por Gary Chapman, doutor em Psicoterapia de Casais e autor da obra *As 5 linguagens do amor*. Em conjunto com Paul White, Chapman desenvolveu esse *assessment* com o objetivo de identificar a linguagem de reconhecimento e de valorização pessoal e profissional (Chapman; White, 2012).

Aquilo que faz com que um parceiro interno de negócios se sinta valorizado pode não ter o mesmo efeito em outro. Quando os gestores aprendem a se comunicar na principal linguagem de valorização das pessoas, torna-se possível elevar o nível de comprometimento, criar um ambiente de trabalho mais positivo, elevar o nível de satisfação, contribuir para que os talentos permaneçam na organização e impactar positivamente os colaboradores, aumentando seus níveis de satisfação e produtividade (Chapman; White, 2012).

Tendo isso em vista, o *assessment* de linguagens de reconhecimento e recompensa se propõe a identificar a **principal linguagem** da valorização pessoal, a **linguagem secundária** e a **linguagem menos significativa**. Sob essa perspectiva, Chapman e White (2012, p. 15) destacam que "tentativas de comunicar a apreciação de forma generalizada dentro de uma organização não são muito eficientes. Para que o reconhecimento e a apreciação sejam eficientes, eles devem ser individualizados e concedidos pessoalmente".

Palavras de afirmação, tempo de qualidade, presentes, atos de serviço e toque físico são as cinco linguagens do inventário de motivação por meio da valorização pessoal. A seguir, vamos detalhar cada uma delas.

1. **Palavras de afirmação**: a pessoa se sente reconhecida e valorizada quando seu interlocutor fala palavras que lhe transmitam mensagens de encorajamento, apreço e reforço positivo. Cabe observar que a mensagem positiva é

fortemente validada pela linguagem corporal, uma vez que esta é predominante. Em outras palavras, se as palavras ditas forem positivas, mas a linguagem corporal for incongruente, o registro mais forte a ser captado pelo recebedor da mensagem será a linguagem não verbal. Disso decorre a importância de que as palavras sejam, de fato, genuínas e verdadeiras.

2. **Tempo de qualidade**: a principal linguagem de valorização diz respeito à atenção que a pessoa recebe e ao tempo a ela dedicado. O sujeito com esse perfil atribui muito significado e valorização à presença do outro, o que envolve, por exemplo, fazerem coisas juntos, passearem, conversarem etc. Essa linguagem também inclui a predisposição de oferecer sua presença e seu tempo e escutar o outro.

3. **Presentes**: em todas as culturas, o ato de presentear representa uma maneira de demonstrar apreço e valorização. Esse ato pode ser representado por meio de carinhos, elogios e tempo. Isto é, a pessoa que apresenta essa inclinação valoriza o tangível, ou seja, o que pode ser tocado, independentemente de haver valor monetário ou não. Dito de outra forma, o valor é atribuído pela pessoa aos símbolos material, visual e sensorial. A materialidade da valorização equivale à prova dos sentimentos envolvidos, e esse apreço poderá ser eternizado e revivido sempre que ela entrar em contato com tal objeto.

4. **Atos de serviço**: o indivíduo que tem o ato de serviço como principal linguagem de reconhecimento valoriza a ajuda que os outros lhe oferecem e a entendem como principal símbolo de apreço, estima e reconhecimento. Ações como antecipar-se a uma tarefa e realizá-la, dividir atribuições e

pequenos cuidados, prestar auxílio em momentos de estresse suplantam presentes materiais e palavras de carinho e fazem com que a pessoa se sinta, de fato, reconhecida e estimada.

5. **Toque físico**: aplica-se ao sujeito que aprecia o contato físico, o abraço, a proximidade com o outro. De acordo com Chapman e White (2012), o toque físico é estudado na área do desenvolvimento infantil como uma forma de comunicar amor, além de representar um processo de valorização e da consequente construção da autoestima. Os autores explicam que bebês que são tomados nos braços, acariciados, beijados e abraçados apresentam um desenvolvimento emocional mais saudável em comparação com bebês que permanecem por longos períodos sendo privados de contato físico. Nesse sentido, o toque físico se configura como um poderoso veículo para transmitir uma mensagem de estima e valorização. Porém, é importante pontuar que, em relação a esse aspecto, há um forte fator cultural, sobretudo no âmbito do trabalho. Em países como Coreia do Sul, Inglaterra e Estados Unidos, as pessoas não costumam tocar e abraçar tanto umas às outras, o que não ocorre em nações como Porto Rico, França e Brasil.

Chapman e White (2012) postulam que a linguagem do amor não se aplica somente aos relacionamentos afetivos, fazendo-se presente também na linguagem de reconhecimento e recompensa no âmbito profissional. A seguir, no Quadro 6.1 constam as linguagens de valoração e alguns exemplos vinculados ao ambiente de trabalho.

Quadro 6.1 – Linguagens de reconhecimento e recompensa e exemplos no âmbito do trabalho

Linguagem	Descrição da linguagem	Exemplos no âmbito do trabalho
Palavras de afirmação	Comunicação de pensamentos pessoais positivos	Reconhecimento verbal e elogios escritos
Tempo de qualidade	Estar com alguém e oferecer-lhe atenção exclusiva	Atividades de integração da equipe, encontros de confraternização, atuação conjunta em trabalhos voluntários
Atos de serviço	Ações expressivas que requerem planejamento e esforço	Oferecer ajuda para aliviar a carga de trabalho
Presentes	Algo tangível que sirva como símbolo de afeição	Vale-presente, políticas de bonificação, viagens
Toque físico	Toque apropriado entendido como apreço	Toques, apertos de mãos, abraços

Fonte: Elaborado com base em Chapman; White, 2012.

Esse quadro, apesar de ser um instrumento bastante simples, pode contribuir para a organização alcançar maior assertividade ao fornecer o reconhecimento aliado ao perfil da equipe. Isso colabora para evitar investimentos em ações que vão na contramão da expectativa de retorno tanto por parte da empresa quando por parte dos profissionais que nela atuam.

6.2.1 Ganhos da aplicação da linguagem de reconhecimento e recompensa na gestão de pessoas

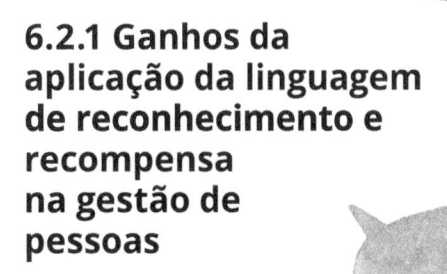

Quando a organização investe recursos para identificar a linguagem de valorização e reconhecimento dos parceiros internos de negócios, bem como a linguagem predominante na equipe, e passa a utilizar as informações os conhecimentos coletados, os gestores, as equipes e os pares são estimulados a assumir uma **atitude de valorização entendida pelo outro**.

Como efeito dessa postura, assegura-se que a comunicação da mensagem alcance o propósito do reconhecimento, da valorização e do reforço em comportamentos positivos. Isto é, pessoas que recebem mensagens de valorização em sua própria linguagem costumam dar um retorno muito maior em termos de desempenho e dedicação.

É muito comum considerarmos que é importante para o outro exatamente aquilo que é relevante para nós mesmos. No caso da liderança, esse pensamento puro pode ser uma grande armadilha. Conforme pontuam os estudos de Chapman e White (2012), a linguagem de valorização pode ser inversa em prioridade em relação ao outro. Como líder, fatalmente, o maior esforço de valorização da equipe surtirá efeito para alguns e pouco efeito para outros. Com base nessa premissa, as reclamações dos integrantes da equipe passam a ser um sinal, e não mais um problema.

A liderança está fortemente atrelada à capacidade de se conectar e criar vínculos. Logo, um líder eficaz manifestará atenção às necessidades dos integrantes de sua equipe, buscando compreender a linguagem de valorização de cada um sempre que possível, a fim de melhorar a comunicação, fortalecer e favorecer o comprometimento e o engajamento.

Portanto, é necessário compreender que, quando os relacionamentos não são nutridos por um senso de apreciação, os efeitos são previsíveis, tais como:

» falta de conexão entre os membros, o propósito e os princípios da organização;
» tendência ao desânimo, o que favorece baixos níveis de engajamento;
» elevação dos níveis de estresse no trabalho;
» tendência a considerar e buscar outras possibilidades de atuar em outra empresa ou projeto.

Diante do exposto, esse *assessment* tem o objetivo de identificar a linguagem de reconhecimento e recompensa, seja individual, seja da equipe. Como resultado, as seguintes oportunidades de aplicação podem ser vislumbradas:

» oferecer *feedbacks* direcionados e assertivos;
» conceber programas de reconhecimento e recompensa que tenham, de fato, valência para os parceiros internos de negócios;
» traçar um caminho e contemplar ações que expressem a apreciação que a empresa tem pelos talentos, sem que seja preciso "adivinhar" o que seria significativo para o parceiro ou a equipe.

Dessa forma, a organização que se mantiver sensível à linguagem de reconhecimento certamente poderá gerar um efeito altamente positivo no time, nas relações interpessoais, na *employee experience* e no fortalecimento do *employer branding*.

6.2.2 Contextos de aplicação

Um dos maiores desafios da organização em geral e dos gestores em específico é manter parceiros internos de negócios e/ou colaboradores engajados. Sabemos que esse estado emocional positivo e de engajamento impacta diretamente a produtividade e o desempenho nas atividades. Contudo, é essencial direcionar esse olhar para além das responsabilidades diretas da liderança, a fim de abranger também a implementação no âmbito das políticas de gestão estratégica de pessoas. É em relação a esse aspecto que a pesquisa de linguagens de valorização pessoal pode contribuir para a eficácia dos programas de benefícios e dos programas de incentivos que serão escolhidos. A esse respeito, emprestamos de Gary Chapman e Paul White (2012, p. 144) as seguintes palavras:

> O modelo de motivação através da valorização pessoal pode ser usado de maneira bem-sucedida em praticamente qualquer cenário organizacional, por mais rígida ou preocupada com finanças que seja a cultura da empresa. O mais importante é que o líder entenda o poder de contar com indivíduos que se sentem valorizados não só por seu trabalho, mas também pelas contribuições que fazem para o sucesso da organização.

Assim como os demais *assessments*, o de linguagem de reconhecimento e recompensa pode ser utilizado para produzir efeitos nos níveis individual e de grupo, assim como para iluminar caminhos estratégicos relacionados à gestão de pessoas.

Na sequência, apresentaremos um conjunto de análises e de contextos de aplicação desse *assessment*. Cada gráfico mostrado será avaliado primeiramente em relação ao nível individual. Logo após, utilizaremos os mesmos resultados para ampliarmos nosso olhar para o grupo. Veremos exemplos aplicados à oferta de *feedback*, desenho do plano de benefícios, plano de carreira e treinamento.

6.2.1.1 Oferta de *feedback*

Para realizarmos nossa análise, tomemos por base o Gráfico 6.1

Gráfico 6.1 – Linguagem principal: palavras de afirmação

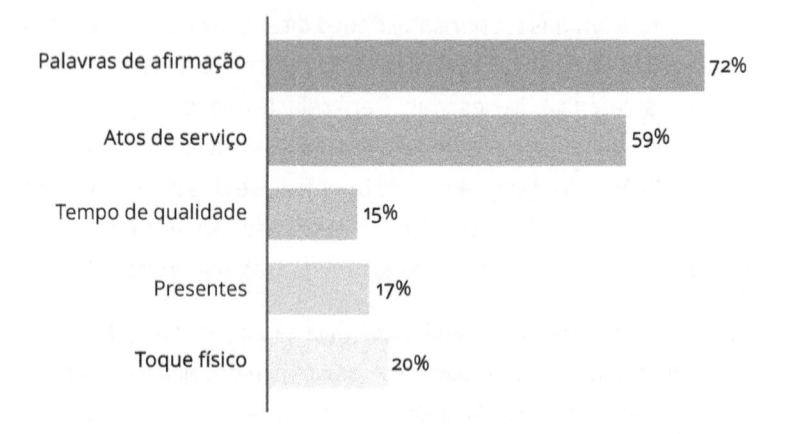

Categoria	%
Palavras de afirmação	72%
Atos de serviço	59%
Tempo de qualidade	15%
Presentes	17%
Toque físico	20%

Aplicação de *feedback* individual

Pensando em termos objetivos, o gráfico revela que o resultado obtido com relação ao profissional corresponde à primeira linguagem de valorização: palavras de afirmação; em segundo lugar estão os atos de serviço. O gestor que dispõe dessa informação, ao oferecer *feedback* a esse profissional, tem a oportunidade de iniciar sua fala com um olhar apreciativo sobre os resultados do colaborador, para depois reconhecer as entregas e os pontos fortes, de modo a fornecer um reforço positivo por meio de um elogio verbal e específico. Ao estabelecer metas de desenvolvimento – seja por meio do plano de sesenvolvimento individual (PDI), seja por meio de acordos informais de desenvolvimento –, o gestor pode se colocar à disposição para acompanhar e apoiar esse parceiro interno de negócios durante toda a jornada, encorajando-o sempre que possível com afirmações que reforcem os traços positivos de caráter e as características de personalidade desse funcionário.

Aplicação de *feedback* em grupo

Observe que, para esse grupo, a linguagem primária é a de palavras de afirmação, enquanto a secundária é a de atos de serviço. Nesse caso, para um *feedback* de equipe, o líder tem a oportunidade de focar o reconhecimento público por meio da fala, apontando os resultados positivos e os comportamentos de destaque, além de não economizar nos elogios. No entanto, como os atos de serviço constituem a linguagem secundária, o ambiente de valorização poderá ser intensificado se o líder se dispuser, durante o reconhecimento verbal, a dar apoio, colocando-se novamente a serviço e fortalecendo o senso de equipe. Outras práticas, tais como a organização do espaço e a gestão dos fornecedores do evento em questão (possibilitando a todos perceberem que estão sendo servidos, para que possam ter o melhor aproveitamento possível), também podem gerar um senso de valorização pessoal.

6.2.2.2 Plano de benefícios

Para fazermos nossa análise, vamos tomar como exemplo as informações contidas no Gráfico 6.2.

Gráfico 6.2 – Linguagem principal: atos de serviço

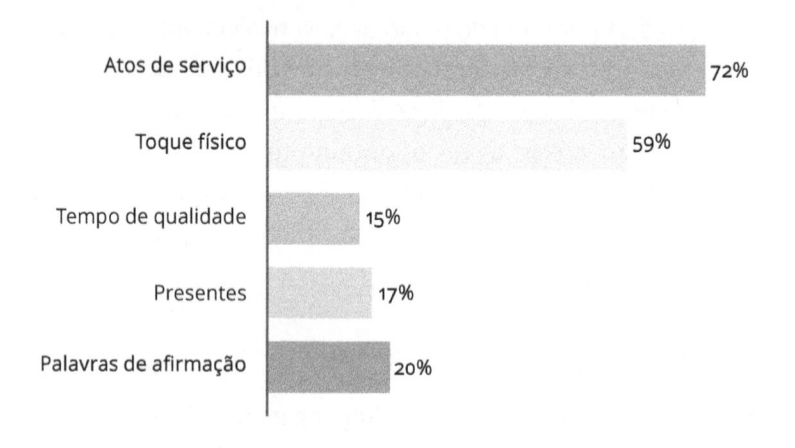

Linguagem	%
Atos de serviço	72%
Toque físico	59%
Tempo de qualidade	15%
Presentes	17%
Palavras de afirmação	20%

Aplicação no plano de benefícios individual

O resultado do inventário indica que o profissional tem por primeira linguagem os atos de serviço; em segundo lugar está o toque físico. O gestor que dispõe dessa informação pode se colocar em uma posição de apoio permanente. O parceiro interno de negócios que detém esse resultado se sente valorizado quando seu líder atua de forma colaborativa, incentivando a troca de serviços entre a equipe e tendo disponibilidade para ouvir. Durante a convivência diária, o líder tem a oportunidade de concentrar parte de sua energia na atitude de se fazer presente, o que pode ocorrer por meio de visitas ao local de trabalho, bem como mediante o oferecimento de ajuda pontual sempre que perceber essa necessidade, expressando de modo direto e prático sua contribuição. Tendo em vista que a linguagem secundária é o toque físico, a presença física, o uso da voz e os cumprimentos são relevantes durante a interação. Sob essa ótica, um bom líder saberá marcar presença e se fazer útil.

Aplicação no plano de benefícios em grupo

Para esse grupo, a linguagem primária são os atos de serviço. Logo, a gestão estratégica de pessoas tem a oportunidade de considerar o plano de benefícios com foco na disponibilização do maior número de serviços, por meio de parceiros ou de fornecedores. Para isso, a empresa pode, juntamente com seus profissionais, levantar um conjunto de possíveis parcerias com prestadores locais, como salões de beleza e *pet shops*, e estabelecer convênios, oferecendo ao grupo um leque de opções.

Também é importante considerar o toque físico para direcionar a principal linha de serviços que alcançará níveis mais elevados de aprovação. Toda proposta de serviço que envolva toque físico potencializará o sentimento de valorização. Nesse caso, a implantação de um serviço interno de *quick massage*, a implementação de momentos de ginástica laboral com exercícios em grupo ou, até mesmo, a promoção de atividades recreativas, como gincanas interativas na festa de encerramento do ano, podem ser escolhas assertivas.

6.2.2.3 Aplicação no plano de carreira

Para realizarmos nossa análise, vamos considerar os dados dispostos no Gráfico 6.3.

Gráfico 6.3 – Linguagem principal: presentes

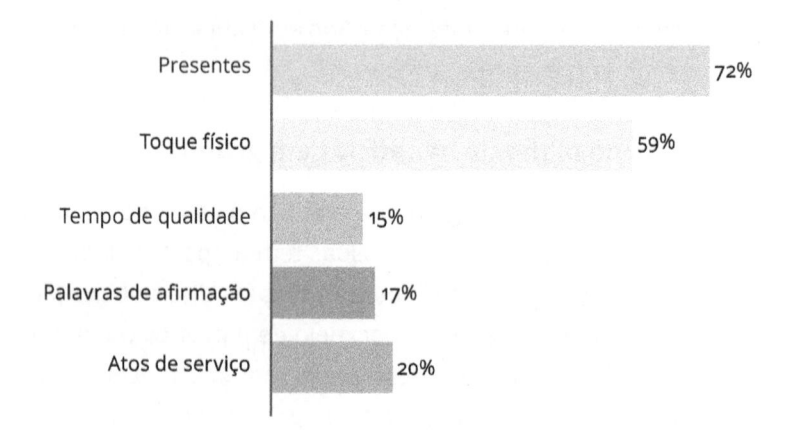

Categoria	Percentual
Presentes	72%
Toque físico	59%
Tempo de qualidade	15%
Palavras de afirmação	17%
Atos de serviço	20%

Aplicação no plano de carreira individual

Em termos objetivos, se a aplicação do inventário indicar que a linguagem principal são os presentes, seguidos do toque físico, será muito importante que o gestor considere que, ao lidar com esse profissional, deverá expor os benefícios e as recompensas por resultado. Dessa forma, é imprescindível que haja o esclarecimento das metas e das expectativas de entrega, assim como das oportunidades de crescimento. Quando houver a progressão de nível – horizontal ou vertical – no plano de carreira, também é interessante que esta seja marcada pela entrega de um presente como um símbolo dessa passagem ou de alguma outra premiação de ordem material. Sendo o toque físico a linguagem secundária, o gestor eficaz aproveitará a oportunidade de se fazer presente nos momentos de reconhecimento, expressando-se por meio do toque e de forma afetuosa,

Aplicação no plano de carreira em grupo

Nesse grupo, quando analisamos a linguagem primária indicada (presentes) aplicada ao plano de carreira, fica claro que os profissionais da organização esperam que sua evolução na carreira seja marcada por reconhecimentos materiais.

Assim, a gestão estratégica de pessoas deve atentar para elementos visuais que demonstrem a progressão de acesso a novos equipamentos, bem como para bonificações em dinheiro, o que pode ser representado por um símbolo visual (como um "cheque gigante") e, até mesmo, por um presente significativo (como um relógio de marca que transmita determinado *status*). Quanto à linguagem secundária apontada (toque físico), é importante que cada entrega de presente seja acompanhada de uma pequena cerimônia de reconhecimento. Por exemplo, o profissional pode receber o presente das mãos do próprio dono da empresa ou de uma figura importante, bem como um abraço, ou ouvir as palmas da equipe no momento do reconhecimento do êxito.

6.2.2.4 Aplicação em treinamentos

Para fazermos nossa análise, tomemos por base o Gráfico 6.4.

Gráfico 6.4 – Linguagem principal: tempo de qualidade

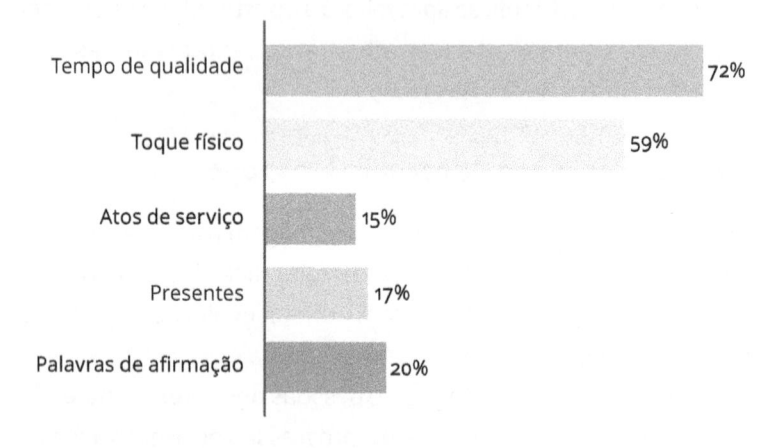

Linguagem	%
Tempo de qualidade	72%
Toque físico	59%
Atos de serviço	15%
Presentes	17%
Palavras de afirmação	20%

Aplicação no treinamento individual

Quando a principal linguagem é o tempo de qualidade, é importante que o gestor observe que o profissional em questão tende a apreciar trabalhos e programas de desenvolvimento em equipe. Portanto, é essencial incluí-lo em treinamentos que utilizem metodologias ativas e dinâmicas para a aprendizagem e que favoreçam interações, *rapport*, atividades colaborativas etc. Sendo o toque físico a segunda linguagem, é muito provável que o profissional preze por momentos de interação, com dinâmicas que envolvam certa proximidade e contato físico com outros participantes.

Aplicação no treinamento em grupo

O grupo que apresenta como linguagem primária o tempo de qualidade requer atenção redobrada para a elaboração de programas e de atividades de treinamento. A escolha e a composição das atividades devem ser extremamente bem estabelecidas e com foco definido, a fim de que os colaboradores tenham a percepção de estarem aproveitando bem o tempo. Caso contrário, eles tenderão a se entediar facilmente e a se desconectar do propósito do treinamento. Além de serem necessários para o aprimoramento de todos, é importante ter em mente que os treinamentos também se convertem em poderosos instrumentos de valorização quando são bem planejados e executados. Sob essa ótica, tanto o encontro quanto a interação são motivadores primários desse grupo.

O tempo de qualidade se inicia na comunicação antecipada, para que cada parceiro interno de negócios possa se preparar e evitar interrupções. Depois, é importante que a condução do gestor permita a interação e garanta um espaço de fala e de contribuição a cada participante.

Por fim, considerando-se o toque físico como linguagem secundária do grupo, haverá maior sentimento de valorização se houver espaço de interação, como recepção, momentos de intervalo (que favoreçam trocas de afeto) e, até mesmo, dinâmicas de grupo como elemento didático do processo de aprendizado.

Cabe observar que, quando o grupo apresenta como linguagem mais baixa o toque físico, recomenda-se certa cautela no sentido de não aplicar dinâmicas que envolvam contato físico, abraços e interações cara a cara, pois os integrantes provavelmente não se sentirão confortáveis com tais atividades.

Tendo em vista o exposto, podemos afirmar que os resultados do *assessment* de linguagens de reconhecimento e recompensa permitem direcionar esforços para as estratégias de gestão de pessoas e concebê-las com elevado nível de assertividade.

Estudo de caso

Aplicação do *assessment* de linguagens de reconhecimento e recompensa

A *startup* MKTDigital está em seu melhor momento. Fundada há pouco mais de três anos pelos empreendedores Caio Costa, formado em Marketing, e Felipe Suji, formado em Tecnologia e Jogos Digitais, recebeu um aporte de 2 milhões de reais para desenvolver um projeto inovador a médio e longo prazos. Porém, em razão da natureza da empreitada, um dos maiores riscos é o vazamento de informações para possíveis concorrentes. Assim, no intuito de mitigar essa possibilidade, uma das solicitações dos investidores foi manter a equipe inicial motivada até a conclusão. Para tanto, a opção adotada foi fazer da baixa taxa de rotatividade um critério para a manutenção dos aportes de investimento.

Considerando a relevância desse critério, os sócios decidiram contratar uma consultoria especializada em benefícios, para pensar estrategicamente em ações de prevenção. O *budget* do projeto comportava muitas possibilidades. Logo, era necessário definir a estratégia mais eficiente. Para essa tarefa, foi designado o consultor sênior especializado em políticas de benefícios Carlos Romão.

Após a reunião de *briefing* do projeto, com a compreensão da necessidade de elaborar uma estratégia assertiva, ficou claro que o sucesso da escolha residiria no diagnóstico, ainda que os sócios estivessem inclinados a oferecer um bônus em dinheiro como principal atrativo.

Calos Romão alegou que o mercado de tecnologia e marketing digital estava superaquecido e que um bônus financeiro, por si só, poderia não ser o suficiente para engajar a equipe por dois anos seguidos, o que colocaria em risco os aportes dos investidores por descumprirem com o item de baixa rotatividade.

Então, o consultor propôs uma pesquisa baseada no *assessment* de linguagens de reconhecimento e recompensa e obteve o resultado mostrado no Gráfico 6.5.

Gráfico 6.5 – Resultado do *assessment*

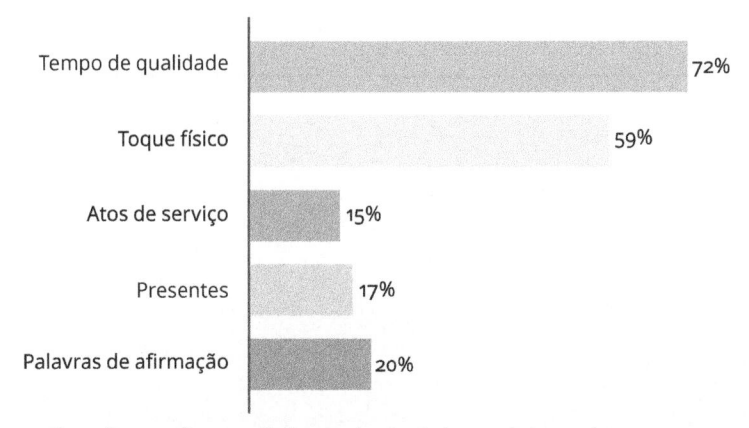

Categoria	Percentual
Tempo de qualidade	72%
Toque físico	59%
Atos de serviço	15%
Presentes	17%
Palavras de afirmação	20%

Romão analisou a ficha cadastral dos colaboradores e percebeu que, em sua maioria, eram casados e com filhos.

Depois de fazer sua análise, o consultor convidou os sócios para uma reunião de devolutiva e, baseado no diagnóstico, propôs que a política de benefícios incluísse práticas de qualidade de vida e segurança para os beneficiários, envolvendo saúde e educação.

A receptividade dos planos foi ótima e reverberou positivamente em toda a organização, inclusive na produtividade. Ainda, Romão sinalizou a importância de oferecer uma premiação (uma viagem de férias com a família) no caso da permanência na empresa até o final do projeto, o que se estendeu a todos os colaboradores. O benefício deveria ser apresentado na festa de fim de ano, com toda a família do beneficiário presente ao término do primeiro ano de projeto.

Como era de se esperar, essa estratégia foi um grande sucesso. Após a conclusão do projeto, a taxa de rotatividade foi menor que 5%, com apenas uma troca, que ocorreu por motivos particulares. A equipe seguiu unida até o lançamento, e todos os integrantes foram contemplados com a viagem e homenageados, assim como Carlos Romão.

Considerações finais

Segundo Agha Hasan Abedi (2023), "a definição convencional de gestão é ter o trabalho feito pelas pessoas, mas a real definição de gestão é desenvolver as pessoas por meio do trabalho". Essa afirmação basicamente resume os conteúdos que abordamos em toda esta obra.

Os *assessments* que discutimos têm o objetivo de promover o autoconhecimento e o apoio necessário para o desenvolvimento individual e do grupo, bem como para a elaboração de políticas assertivas vinculadas à área de gestão de pessoas. Isso significa que jamais devem ser utilizados para limitar, reduzir ou excluir uma pessoa, em qualquer atividade.

Depois de conhecer em detalhes cada *assessment*, você pode estar se perguntando: Afinal, qual deles é o mais indicado para a gestão estratégica de pessoas nas organizações? A resposta a esse questionamento, cabe a cada organização descobrir. Entretanto, para que, de fato, seja possível respondê-lo, primeiramente a empresa precisa, sobretudo, ter absoluta clareza das razões pelas quais objetiva conhecer melhor seus profissionais, seja no nível individual, seja na condição de grupo. Essa definição representará o ponto de partida para o uso inteligente, estratégico e assertivo dos *assessments*.

Também procuramos reforçar, sempre que possível, a necessidade de seguir o protocolo de aplicação de cada *assessment*. Ressaltamos ainda que é fundamental respeitar os princípios éticos referentes ao uso dessas ferramentas. Isto é, o profissional responsável por sua aplicação, além de deter o conhecimento e o domínio da ferramenta a ser usada, deve considerar o propósito e o resultado que deseja obter, tendo cuidado, atenção e sensibilidade ao se relacionar com outros indivíduos. Isso porque somos seres únicos e complexos e agimos com o máximo de nossas capacidades diante dos desafios pelos quais passamos. Só isso já justifica o fato de merecermos o profundo respeito dos demais. Portanto, essa premissa deve basear todo o trabalho envolvido na aplicação do inventário.

Longe de esgotarmos o debate sobre os *assessments*, desejamos sinceramente ter contribuído para o seu aperfeiçoamento, tanto como estudante quanto como líder, se esse for o seu caso, lembrando que o julgamento de valor sobre as pessoas deve dar lugar ao conhecimento do potencial individual e do grupo. Com efeito, assim a organização será capaz de construir e promover programas e propostas congruentes e sustentáveis de gestão de pessoas – uma relação em que todos saem ganhando.

Referências

A MENTE é maravilhosa. **Os 8 tipos de personalidade, segundo Carl Jung**. 6 maio 2016. Disponível em: <https://amenteemaravilhosa.com.br/tipos-de-personalidade-segundo-carl-jung/>. Acesso em: 25 dez. 2022.

ABEDI, A. H. "A definição convencional de gestão...". **Sólides**, 15 fev. 2023. Disponível em: <https://blog.solides.com.br/frases-de-gestao-de-pessoas/>. Acesso em: 23 fev. 2023.

ADATTO. Disponível em: <https://adattorh.com.br/>. Acesso em: 25 dez. 2022.

AL SIEBERT. **The Survivor Personality**: Why Some People Are Stronger, Smarter, and More Skillful at Handling Life's Difficulties... and How You Can Be, Too. New York: Tarcher Perigee, 2010.

ALLPORT, G. W. **Personalidade**: padrões e desenvolvimento. São Paulo: Herder, 1961.

ANTUNES, N. M.; MAGELI, L. **Entendendo o instrumento de perfil comportamental DISC em 8 passos!** 2015. Disponível em: <https://leandromageliconsultor.files.wordpress.com/2015/09/disc-abrh-sp-23-06.pdf>. Acesso em: 22 fev. 2023.

AWEN CONSULTORIA. **Cultura/valores**. Disponível em: <http://www.awenconsultoria.com.br/cultura-valores.html>. Acesso em: 17 jan. 2023.

BARRETT VALUES CENTRE. Disponível em: <https://www.valuescentre.com/>. Acesso em: 25 dez. 2022.

BLANCHARD, K. H. et al. **Leadership and the One Minute Manager**. London: Collins, 1986.

BLOG DO UNASP. **Teste MBTI**: qual desses 16 tipos de personalidade é o seu? 25 set. 2020. Disponível em: <https://unasp.br/blog/teste-mbti-tipos-de-personalidade/>. Acesso em: 25 dez. 2022.

BLOGRH. **O papel das pessoas em uma empresa**. 20 abr. 2017. Disponível em: <https://blogrh.com.br/o-papel-das-pessoas-em-uma-empresa/>. Acesso em: 2 jan. 2023.

BONNSTETTER, B. J.; RIBAS, A. **Manual definitivo DISC**. São Paulo: Success For You Editora, 2016.

BRASIL. Lei n. 13.709, de 14 de agosto de 2018. **Diário Oficial da União**, Poder Executivo, Brasília, DF, 15 ago. 2018. Disponível em: <https://www.planalto.gov.br/ccivil_03/_ato2015-2018/2018/lei/l13709.htm>. Acesso em: 3 jan. 2023.

BRASIL. Ministério Público Federal. **O que é a LGPD?** Disponível em: <https://www.mpf.mp.br/servicos/lgpd/o-que-e-a-lgpd>. Acesso em: 3 jan. 2023.

CAIN, S. **Silêncio:** o poder dos introvertidos num mundo que não para de falar. Lisboa: Temas e Debates, 2012.

CAMPOS, C. da S.; GONÇALVES, M. F. Um olhar prático sobre os lugares na filosofia. **Revista do Tribunal Regional do Trabalho da 10ª Região**, v. 26, n. 2, p. 11-25, 2022. Disponível em: <https://revista.trt10.jus.br/index.php/revista10/article/view/538/456>. Acesso em: 22 fev. 2023.

CANTARELLI, N. M.; ESTIVALETE, V. de F. B.; ANDRADE, T. A. I. S. de. Âncoras de carreira e comprometimento organizacional: ampliando a sua compreensão. **Base – Revista de Administração e Contabilidade da Unisinos**, v. 11, n. 2, p. 153-166, 2014. Disponível em: <http://www.spell.org.br/documentos/ver/31689/ancoras-de-carreira-e-comprometimento-organizacional–ampliando-a-sua-compreensao>. Acesso em: 22 fev. 2023.

CASADO, T. **Tipos psicológicos e estilos de comportamento motivacional**: o diálogo entre Jung e Fromm. Dissertação (Mestrado) – Universidade de São Paulo, São Paulo, 1993.

CFP – Conselho Federal de Psicologia. Resolução n. 2, de 24 de março de 2003. **Diário Oficial da União**, Brasília, DF, 26 mar. 2003. Disponível em: <https://site.cfp.org.br/wp-content/uploads/2012/05/resolux0022003.pdf>. Acesso em: 25 dez. 2022.

CHAMINE, S. **Inteligência positiva**: por que só 20% das equipes e indivíduos alcançam seu verdadeiro potencial e como você pode alcançar o seu. Rio de Janeiro: Objetiva, 2013.

CHAPMAN, G.; WHITE, P. **As cinco linguagens de valorização pessoal no ambiente de trabalho**. São Paulo: Mundo Cristão, 2012.

CHIAVENATO, I. **Gestão de pessoas**: o novo papel dos recursos humanos nas organizações. Barueri: Manole, 2014.

CIS ASSESSMENT. **O que são valores humanos segundo Eduard Spranger**. Disponível em: <https://cisassessment.com/valores-humanos-spranger/>. Acesso em: 25 dez. 2022.

CORREA, R. M.; GUEVARA, A. J. H. Os níveis de consciência organizacional na perspectiva da comunicação humana e as interfaces com a sustentabilidade. **RISUS – Journal on Innovation and Sustainability**, São Paulo, v. 4, n. 3, p. 62-79, 2013. Disponível em: <https://revistas.pucsp.br/index.php/risus/article/viewFile/17916/13306>. Acesso em: 22 fev. 2023.

COSTA, A. R.; SILVA, P. L. O. da; JACÓBSEN, R. T. Plasticidade cerebral: conceito(s), contribuições ao avanço científico e estudos brasileiros na área de Letras. **Entrepalavras**, Fortaleza, v. 9, n. 3, p. 457-476, 2019. Disponível em: <http://www.entrepalavras.ufc.br/revista/index.php/Revista/article/view/1445/653>. Acesso em: 22 fev. 2023.

DELL'AGLIO, D. D.; HUTZ, C. S. Estratégias de coping e estilo atribucional de crianças em eventos estressantes. **Estudos de Psicologia (Natal)**, v. 7, p. 5-13, 2002. Disponível em: <https://www.lume.ufrgs.br/bitstream/handle/10183/23127/000331633.pdf?sequence=1&locale=en>. Acesso em: 22 fev. 2023.

DOMINO, G.; DOMINO, M. L. **Psychological Testing**: an Introduction. Cambridge: Cambridge University Press, 2006.

DUTRA, E. **Onde vamos parar?** Disponível em: <https://www.profitcoach.com.br/conteudos/298/onde-vamos-parar/. Acesso em: 3 jan. 2023.

FADIMAN, J.; FRAGER, R. **Teorias da personalidade**. Rio de Janeiro: HarperCollins, 1979.

FARO, E. S. da C. et al. Âncoras de carreira e transformações no modelo de administração: estudo de caso do Tribunal de Contas da União (TCU). **Cadernos EBAPE.BR**, Rio de Janeiro, v. 8, n. 4, p. 710-733, 2010. Disponível em: <https://www.scielo.br/j/cebape/a/DZ4CxrdGqj4gLshLyRGg9Yp/?format=pdf&lang=pt>. Acesso em: 22 fev. 2023.

G1. **8 em cada 10 profissionais pedem demissão por causa do chefe; veja os motivos**. 22 nov. 2019. Disponível em: <https://g1.globo.com/economia/concursos-e-emprego/noticia/2019/11/22/8-em-cada-10-profissionais-pedem-demissao-por-causa-do-chefe-veja-os-motivos.ghtml>. Acesso em: 25 dez. 2022.

GATES, B. **Tirem-nos as vinte pessoas...** Disponível em: <https://www.citador.pt/frases/tiremnos-as-vinte-pessoas-mais-importantes-e-eu-bill-gates-25432>. Acesso em: 3 jan. 2023.

GOLEMAN, D. **Trabalhando com a inteligência emocional**. Rio de Janeiro: Objetiva, 2001.

GOMES, G. Liderança transformacional: guia completo com definição, objetivos, exemplos e dicas para ser um líder transformacional. **Agendor**. Disponível em: <https://www.agendor.com.br/blog/lideranca-transformacional>. Acesso em: 25 dez. 2022.

GRAMMS, L. C.; LOTZ, E. G. **Gestão da qualidade de vida no trabalho**. Curitiba: InterSaberes, 2017.

HOUAISS, A.; VILLAR, M. de S. **Dicionário eletrônico Houaiss da língua portuguesa**. Versão 3.0. Rio de Janeiro: Instituto Antônio Houaiss; Objetiva, 2009. 1 CD-ROM.

HUXLEY, A. **Conhecimento não é...** Disponível em: <https://www.pensador.com/frase/ODAyMTMz>. Acesso em: 22 fev. 2023.

LAO-TSÉ. **A alma...** 8 fev. 2022. Disponível em: <https://citacoes.in/citacoes/604140-lao-tse-a-alma-nao-tem-segredo-que-o-comportamento-nao-rev>. Acesso em: 22 fev. 2023.

LAO-TSÉ. **Conhecer os outros...** Disponível em: <https://www.pensador.com/frase/ODk5Ng/>. Acesso em: 22 fev. 2023.

LEÃO, S. Setor de RH enfrenta desafio para se adequar à LGPD. **LGPD Brasil**, 30 mar. 2022. Disponível em: <https://www.lgpdbrasil.com.br/setor-de-rh-enfrenta-desafio-para-se-adequar-a-lgpd/>. Acesso em: 25 dez. 2022.

LEITE, M. **Princípios-chave da tipologia da personalidade de Myers & Briggs**. Disponível em: <https://introvertidamente.com/o-que-e-o-mbti/>. Acesso em: 25 dez. 2022.

LENS & MINARELLI. **A pressão no ambiente corporativo**. 14 dez. 2006. Disponível em: <https://www.lensminarelli.com.br/site/wp-content/uploads/pdf/3057-20141127191144-14Dez06_-RH Central_G_A-pressao-no-ambiente-Corporativo.pdf>. Acesso em: 4 jan. 2023.

LIMONGI-FRANÇA, A. C.; RODRIGUES, A. L. **Stress e trabalho**: uma abordagem psicossomática. São Paulo: Atlas, 2002.

LITTLE, B. **Who Are You Really?** The Surprising of Personality. New York: TED Books, 2017.

LOTZ, E. G. **Gestão de pessoas**. Curitiba: InterSaberes, 2021. [material didático desenvolvido para a Escola Politécnica].

LOTZ, E. G.; BURDA, J. **Recrutamento e seleção de talentos**. Curitiba: InterSaberes, 2015.

LUCAS, R. S. de C. C.; RODRIGUES, C. S. **Satisfação com aspectos psicossociais no trabalho e saúde dos profissionais das equipes do Programa Saúde da Família em Recife, Pernambuco**. 2008. Disponível em: <http://www.epi2008.com.br/apresentacoes/CC_23_09_Tarde_PDF/Rilva%20Suely%20de%20Castro%20Cardoso.pdf>. Acesso em: 22 fev. 2023.

MARSTON, W. M. **As emoções das pessoas normais**. São Paulo: Success For You Editora, 2014.

MENEZES, P. **Significado de eudaimonia**. Disponível em: <https://www.significados.com.br/eudaimonia>. Acesso em: 17 jan. 2023.

NETWON, I. **Se eu vi mais longe...** Disponível em: <https://www.pensador.com/frase/MTMwMjY>. Acesso em: 23 fev. 2023.

ORTEGA Y GASSET, J. **Eu sou eu e minha circunstância...** Disponível em: <https://www.pensador.com/frase/MjIyMjE5NQ/>. Acesso em: 22 fev. 2023.

PEREIRA, R. G. **Teste MBTI, o que é?** Como funciona e para que serve. Disponível em: <https://segredosdomundo.r7.com/teste-mbti-personalidade>. Acesso em: 25 dez. 2022.

PLATÃO. **O que faz...** Disponível em: <https://www.pensador.com/frase/MjgzMg/>. Acesso em: 22 fev. 2023.

PUENTE, P. **Assédio moral**: quais são os custos para a empresa? 9 jun. 2021. Disponível em: <https://canaldedenuncias.blog.br/assedio-moral-quais-sao-os-custos-para-a-empresa>. Acesso em: 4 jan. 2023.

RAMOS, L. M. A. Os tipos psicológicos na psicologia analítica de Carl Gustav Jung e o inventário de personalidade "Myers-Briggs Type Indicator (MBTI)": contribuições para a psicologia educacional, organizacional e clínica. **Educação Temática Digital**, Campinas, v. 6, n. 2, p. 137-180, 2005. Disponível em: <https://periodicos.sbu.unicamp.br/ojs/index.php/etd/article/view/779/794>. Acesso em: 22 fev. 2023.

RIBAS, A. **DISC**: tudo o que você precisa saber, mesmo. São Paulo: Success For You Editora, 2018a.

RIBAS, A. **Manual definitivo de motivadores**. São Paulo: Success For You Editora, 2018b.

SANTOS, R. A.; HOYOS GUEVARA, A. J.; AMORIM, M. C. S. Corrupção nas organizações privadas: análise da percepção moral segundo gênero, idade e grau de instrução. **Revista de Administração**, São Paulo, v. 48, n. 1, 2013. Disponível em: <https://www.scielo.br/j/rausp/a/CtB5Yzh9DrrZn5DHpVYXQpr/?lang=pt>. Acesso em: 25 dez. 2022.

SATO, N. **O que está por trás das nossas decisões e ações?** 15 jun. 2018. Disponível em: <https://medium.com/designing-my-life/o-que-est%C3%A1-por-tr%C3%A1s-das-nossas-decis%C3%B5es-e-a%C3%A7%C3%B5es-9c9c17a4c3f9>. Acesso em: 22 fev. 2023.

SCHEIN, E. H. Career Anchors Revisited: Implications for Career Development in the 21st Century. **Academy of Management Executive**, v. 0, n. 0, p. 80-88, 1996.

SCHEIN, E. H. **Identidade profissional**: como ajustar suas inclinações a suas opções de trabalho. Barueri: NBL Editora, 1993.

SCHWARTZ, S. H.; BILSKY, W. Toward a Universal Psychological Structure of Human Values. **Journal of Personality and Social Psychology**, v. 53, n. 3, p. 550-562, 1987.

SCHWARTZ, Y. Trabalho e valor. **Tempo Social – Revista de Sociologia da USP**, São Paulo, v. 8, n. 2, p. 147-158, 1996. Disponível em: <https://www.revistas.usp.br/ts/article/view/86429/89086>. Acesso em: 22 fev. 2023.

SHARP, D. **Tipos de personalidade**: o modelo tipológico de Carl G. Jung. São Paulo: Cultrix, 2021.

SILVA, R. B. **O que é compliance?** Conceitos e ferramentas na visão de um auditor interno. Rio de Janeiro: Albatroz, 2018.

TAMBORIM, A. **Introdução à psicologia de análise de personalidade**. São José dos Campos: Social Intelligence Group, 2021.

WHITELEY, C. **A empresa totalmente voltada para o cliente**: do planejamento à ação. Rio de Janeiro: Elsevier, 1992.

WIEDEMANN, C. **Theoretical Support for the Barrett Model**. Disponível em: <https://www.valuescentre.com/resource-library/theoretical-support-barrett-model>. Acesso em: 17 jan. 2023.

Sobre os autores

Erika Gisele Lotz é graduada em Administração pela Universidade Estadual de Maringá (UEM); especialista em Fundamentos Estéticos para a Arte-Educação pela Faculdade de Artes do Paraná (FAP); e mestre em Turismo e Hotelaria pela Universidade do Vale do Itajaí (Univali). É formada em Coaching pela Coaching Foundation Skills in Coaching (2009) e pela Sociedade Brasileira de Coaching (2013), Master Practitioner em Programação Neurolinguística (2009) e Trainer em Psicologia Positiva pela European Positive Psychology Academy, localizada na Alemanha. Atua como docente em programas de graduação e em MBAs nas áreas de gestão de pessoas e desenvolvimento. Ministra programas voltados ao desenvolvimento e fortalecimento de equipes de alta *performance* em todo o território nacional. É consultora para desenho e implantação de políticas de gestão de pessoas em empresas jurídicas. É mentora de capital humano na consultoria ÉOS Inovação na Advocacia e apresentadora do Programa Talento em Foco na Rádio Uninter. Em parceria com Lorena Gramms, publicou as seguintes obras: *Administração estratégica e planejamento* – Editora Ibpex (2004); *Gestão de talentos* – Editora InterSaberes (2012); *Aprendizagem organizacional* – Editora IFPR (2013); *Coaching e mentoring* – Editora InterSaberes (2014); *Gestão da qualidade de vida no trabalho* – Editora InterSaberes (2017). Ainda, em parceria com Jocely Burda, publicou o livro *Recrutamento e seleção de talentos* – Editora InterSaberes (2015).

Icaro Victor Barboza é bacharel em Administração de Empresas pelo Centro Universitário FEI (Fundação Educacional Inaciana) e pós-graduado em Educação pelo Serviço de Aprendizagem Comercial (Senac), sendo ambos os cursos realizados em São Paulo. Tem certificação em *Coaching* Pessoal e Profissional e em Programação Neurolinguística, além de certificação internacional em Análise de Perfil Comportamental DISC. Atua como mentor de Gente e Negócios; é líder do movimento Empreendedorismo Ativo; sócio-fundador da empresa IVS Desenvolvimento, com foco em programas de liderança e gestão de pessoas; sócio-administrador da Reconsulte Contabilidade; e sócio do RH Integra Academy. É professor de programas de MBA nas áreas de gestão e desenvolvimento de pessoas, tendo sido responsável pela formação de mais de 2.500 profissionais de RH. É idealizador e coautor das seguintes obras, todas publicadas pelo Instituto Vem Saber: *Desperte sua melhor versão* (2017); *A arte de brilhar* (2019); *Sucesso profissional* (2020). É treinador comportamental especializado em *coaching*, *mentoring* e análise de mapeamentos comportamentais, além de prestar consultoria e assessoria empresarial.

Impressão: Reproset